# 新媒体环境下图书馆阅读引导与读者服务协同推进研究

胡清　傅振国　著

北方联合出版传媒(集团)股份有限公司

万卷出版有限责任公司

**图书在版编目（CIP）数据**

新媒体环境下图书馆阅读引导与读者服务协同推进研究 / 胡清，傅振国著. -- 沈阳 ： 万卷出版有限责任公司，2024. 8. -- ISBN 978-7-5470-6584-6

Ⅰ. G252.17

中国国家版本馆 CIP 数据核字第 2024VF3521 号

出版发行：万卷出版有限责任公司

　　　　　（地址：沈阳市和平区十一纬路29号　邮编：110003）

印　刷　者：济南文达印务有限公司

经　销　者：全国新华书店

幅面尺寸：170mm×240mm　　1/16

字　　数：325千字

印　　张：19.5

出版时间：2025年1月第1版

印刷时间：2025年1月第1次印刷

责任编辑：朱婷婷

责任校对：张　莹

装帧设计：瑞天书刊

ISBN 978-7-5470-6584-6

定　　价：68.00元

联系电话：024-23284090

传　　真：024-23284448

# 前　言

当今社会，图书馆不仅是知识的宝库，更是服务读者、引导知识传播的重要阵地。随着读者需求的日益多样化和信息技术的飞速发展，图书馆的读者服务工作面临着前所未有的机遇与挑战。本书正是基于这一背景，从读者服务工作的实际出发，全面而深入地剖析了图书馆读者服务工作的内容、原则、方法和体系。

基于对图书馆管理理念、服务内容、服务方式及人力资源管理的深入研究，本书对图书馆读者服务工作的创新进行了全面探讨。在读者服务队伍建设方面，本书从读者队伍结构、读者心理与需求等多个角度进行了全面分析，提出了多样化的读者服务方法体系，旨在帮助图书馆工作者更精准地开展服务工作；在数字化服务方面，分析了数字化服务的现状与发展趋势，并提出了利用数字技术提升读者服务质量的建议；在读者服务评价方面，提出一系列科学合理的评价方法，这些方法不仅能够使图书馆及时发现问题，持续改进服务质量，还能促进图书馆服务工作的良性循环。

本书在编写过程中，参考了国内外同人的大量著作、论文及相关文献，对他们的贡献表示由衷的感谢。同时，作者也深知自己知识水平和资源的有限性，因此书中难免存在不足之处。恳请专家、同行及广大读者不吝赐教，提出宝贵的意见和建议，以便不断完善和改进。

# 目　录

# 第一章　新媒体与阅读概述

## 第一节　新媒体环境下信息传播的特征

### 一、新媒体环境界定

随着外部环境的不断变化、技术的演进和社会条件的改变，新媒体时代的兴起使得信息环境对人们的影响变得更加复杂和深刻。这种影响不仅仅牵涉日常生活的各个方面，同时也在深刻地改变着人们的工作方式、思考方式和生存方式。

早在 20 世纪 60 年代，加拿大著名的传播学者麦克卢汉就提出了"媒介即信息"和"媒介是人的延伸"的观点。他深入阐述了媒介与人体之间存在的密切关联，指出媒介的无所不在与无时不在的特性。从传播学的角度深入分析，现代"媒介"这一概念蕴含三重意义：首先，其代表了信息传播的基本符号体系，如文字、图片等；其次，其作为信息的载体或工具，广泛涵盖图书、杂志、报纸、收音机、互联网等多种形态；最后，其还涉及那些专门从事信息生产与传播的机构，如出版社、杂志社、报社及网站等。值得注意的是，"媒体"一词相较于"媒介"而言，其出现时间较晚，可视作媒介概念在传播学领域中的进一步延伸。在学术探讨中，媒介与媒体均被视为信息传递的重要渠道，但媒介更多体现了其作为物理性中介的特质，而媒体则更多地承载了社会性中介的角色与功能。

媒体发展的历史如同一幅科技进步的画卷，每一个新媒体的诞生都代表着人类对传播方式的无尽追求和创新。初期的报纸借助纸张的发明，开启了新闻信息的大众传播之路。随后，广播利用无线电波将声音传播到千家万户，电视则通过互动图像技术为人们带来了视听享受。进入数字时代，互联网作为第四媒体，充分利用了高新技术，普及速度之快、影响范围之广堪称史无前例。而如今，手机媒体以第三代移动通信技术（3G）为支撑，迅速崛起成为人际传播的主流和大众传播的重要力量。它不仅集数字、交互、移动、宽频和个性于一身，更代表着移动通信技术的最高成就。虽然目前 5G 技术仍处于初级应用阶段，但已经展现出其作为媒体终端的巨大潜力。

目前对于新媒体的定义并没有一个统一的标准，但一般来说，新媒体是一种基于数字技术的媒体形态，具有互动性、即时性、个性化等特点，相对于传统媒体而言，新媒体的出现和发展带来了媒体传播方式的变革和人们信息消费习惯的改变。

尽管新媒体的内涵和外延尚无定论，但可以肯定的是，新媒体的出现和发展深刻地影响了我们的生活和工作方式。随着技术的不断进步和社会的不断发展，新媒体的形式和功能也会不断拓展和丰富，成为我们生活中不可或缺的一部分。

新媒体是近年来快速崛起的现代化传媒形态，充分利用数字技术、网络技术的先进优势，依托互联网、无线通信网等多元渠道，以计算机、手机等智能终端为载体，向广大用户全面提供信息与娱乐服务，展现了其独特的传播力和影响力。

新媒体的互动性是其重要特征之一，用户可以通过同步或异步的互动信息交流与其他用户进行交流和分享。这种互动性使得信息的传播更加高效和广泛，同时也使得用户更加主动地参与到信息的传播过程中。

新媒体的另一个重要特征是全球化，它可以突破时间、地点甚至国界的局限，使得信息的全球流动成为可能。无论是身处何地，只要有网络连接，就可以通过新媒体获取到来自世界各地的信息和娱乐内容。

移动多媒体是新媒体中的一种重要形式，它包括手机短信、彩信、游戏、电视、报纸等。这些媒体利用移动通信技术，通过手机等便携式终端向用户提供信息和娱乐服务。随着智能手机的普及和技术的不断进步，移动多媒体的应用场景越来越广泛，成为人们日常生活中不可或缺的一部分。

此外，网上即时通信工具、虚拟社区、电子信箱、门户网站、公共讨论组、播客、微博、SNS等也是新媒体的常见形式。这些媒体利用互联网技术，通过各种在线平台向用户提供信息和娱乐服务。它们具有便捷性、多样性、实时性和个性化等特点，深受广大用户的喜爱。

在每一个历史时期内，均存在具有独特代表性的媒体形式。相较于前一历史时期的主流媒体，后一历史时期所出现的媒体，即被称为新媒体。因此，新媒体这一概念是相对的，其内涵随着时代的更迭而不断变化，并无绝对固定的指向。随着时间的推移，新媒体也在不断演变和更新，以适应时代的需求和变化。

我们认为，新媒体这一领域，与诸多学科如传播学、管理学等相似，亦可细化为狭义与广义两个层面进行探讨。

狭义的新媒体指与既往典型媒体相比较，在传播理念、技术手段及实施方式等关键维度上实现了质的飞跃的媒体形态。其在信息的编码、解码、展现模式及终端产品等层面，均呈现出与传统媒体截然不同的鲜明特征。传播学界的权威学者，如施拉姆等，已前瞻性地预见了信息时代下传播方式的深刻变革，他们着重强调了从传统的点对面传播模式向点对点传播模式的转变，并指出个人将在更大程度上实现对"媒介"的主动利用，而非仅仅作为"媒介"的被动受众。"来自远处的信息将占更大比例。了解世界的巨大电子窗口以及与地球上任何地方的人进行直接联系的能力，可能会调整个人和政府之间的关系，并为他们提供了世界的另一种景象……信息可能会成为能迅速接触它并能有效处理它的人的力量的源泉。"

从这一视角出发，网络媒介与移动媒介相较于传统媒体，展现出显著的差异性。它们依托比特技术作为传播基石，巧妙融合了文字阅读的深度、视听体验的丰富以及行为互动的即时性，共同构筑了具有交互特性的新兴媒体形态——新媒体。新媒体的兴起，为民众充分利用前沿信息技术、探索创新传播路径、强化信息传播执行力提供了不可或缺的基石，并在此过程中催生了一系列重要的发展契机与可能性。

在广泛定义的新媒体范畴内，其边界得到了显著拓展，不仅涵盖了网络媒体与手机媒体这两大核心领域，还深刻融入了经由技术革新而焕发新生的传统媒体形态。具体而言，这些媒体包括但不限于车载电视、地铁电视、楼宇电视以及遍布户外的电子显示屏（诸如 LED、LCD、DLP 等各类大屏幕显示技术）和家庭数字电视等。从接收终端的革新、技术应用的飞跃，直至电视节目播出与接收模式的转变等多维度审视，此类媒体虽在传播的时间维度与空间布局上与传统电视媒体呈现出一定的差异性，但其核心本质仍是传统电视媒体在技术与形态层面的深刻分化与升级，体现了媒体行业在技术进步推动下的不断创新与发展。

新媒体在融合中呈现出不断分化的趋势，同时也有融合的迹象。应当意识到，新媒体作为一把双刃剑，既在持续茁壮成长，亦潜藏着异化的风险。放任其自由演进，恐将偏离技术缔造者的初衷与公众的普遍期许，进而可能对人类社会之公共利益构成威胁。鉴于此，政府和相关部门亟须强化媒体导向作用，以确保公共利益免受侵扰，维护社会的和谐稳定。

## 二、新媒体环境下的信息传播特征——与传统媒体环境相比

### （一）传播者中心地位的淡化

在传统大众传播体系中，传播者主导着信息的流通，控制着信息的数量和质量，且对社会产生深远影响，成为了信息的"守门人"。这种体系赋予了传播者极大的权力。然而，新媒体时代的到来改变了这一格局。借助互联

网和移动设备，普通人也能自由地传播信息，这不仅拉近了传播者与受众之间的距离，还削弱了传统传播者的权威地位。新媒体的高度互动性使得人际传播和信息传播逐渐融合，打破了地域限制，形成了复杂的传播环境。这种变化促使传播者必须重新审视自己的传播理念、行为方式、传播过程、传播效果以及应承担的责任，以适应新形势下的信息传播需求。

### （二）信息接受者角色和地位的变化

在传统媒体环境中，信息接收者被称为"受众"，这一术语突出了他们在信息传播过程中所处的被动位置。然而，随着新媒体的飞速发展，信息传播者与接收者之间的关系发生了重大变化。新媒体时代，传播者和接收者的角色不再截然分明，他们首先都是网络或手机用户。这种身份的重叠使得每个用户都有可能成为信息的生产者和传播者，从而打破了传统的信息传递模式，使信息传播更加互动和动态。他们通过电脑化的大规模信息交流系统相互联系，既可以成为新闻和信息的接收者，也可以成为新闻和信息的传播者。因此，用"新媒体用户"这个词来描述这个现象更为准确。它不仅涵盖了传统的信息接收者的角色，还包括了信息传播者的角色。这个词语更能体现新媒体时代信息传播的互动性和双向性。

新媒体环境下，用户在信息传播链条中的角色与地位发生了显著变迁，此变化深刻体现在信息选择、生产、传播及接收的各个环节之中。

1.信息选择自主化显著增强：得益于新媒体的数字化特性，用户得以自主决定信息的内容、形式、接收时段乃至排列次序，极大地提升了用户的选择权。用户依据个人价值观与偏好，主动塑造贴合自身需求的个性化信息传播生态。

2.信息生产步入社会化新阶段：新媒体平台为个体及组织提供了信息发布的便捷渠道，使得信息接收者亦能直接参与信息的创造与传播过程，实现了从被动接收向主动传播的转变，播客、微博等新兴媒介形态正是这一趋势的生动体现，彰显了信息生产社会化的鲜明特征。

3.信息交流模式实现双向化革新：依托新媒体技术的强大支撑，信息接收者与传播者之间构建起直接且高效的双向沟通桥梁。此双向传播模式不仅赋予了公众表达自我与即时反馈的权利，更从根本上颠覆了传统媒体时代传播者主导的传播格局。

4.信息流向趋向分散化与接收个性化：在新媒体浪潮的冲击下，信息流动路径日益多元化、分散化，并朝着极致个性化的方向发展。相较于传统大众传播模式下的大规模、点对面的单向传递，新媒体环境下的信息传播更加灵活多变，能够针对特定小群体乃至个体需求提供量身定制的精准服务，从而实现了信息传播的深度个性化与高度灵活性。

## （三）传播秩序的变化

新媒体的广泛运用与深入普及，已深刻重塑了传统媒体的生态环境，开辟出更为广阔且多元化的信息传播渠道，构建了一个更为复杂且层次分明的传播格局，同时营造出更为自由且竞争激烈的传播氛围。在此情境下，传统的大众传播模式遭遇了来自"小众"传播与个人化传播的双重挑战，致使既有的稳定传播结构遭受冲击，信息传播的覆盖面实现了前所未有的扩张，传播领域的竞争态势也随之加剧。各类媒体机构为保持并提升市场竞争力，纷纷重新审视并明确自身的角色定位与价值导向。

随着传播环境的不断演变，既有的管理体系正面临新的考验，这些考验聚焦于信息真实性的保障、数字版权保护机制的完善、网络侵权行为的隐蔽性应对，以及网络犯罪活动的有效防控等方面，已成为媒体领域与社会各界共同关注的焦点。因此，在新媒体时代背景下，重新构建一套既开放包容又规范有序的传播秩序，成为了一项至关重要的任务。

# 第二节　新媒体环境对阅读的影响

## 一、关于阅读

阅读不仅仅是阅读书籍，而是一种广泛的交流与互动过程。传统观念往往将阅读等同于读书，但实际上，阅读是读者与各种形式的文本（不仅是书籍，还可以是整个宇宙）之间的互动。这一过程体现了阅读的实践活动和精神活动的双重性质，是读者在与文本交流中实现自我提升和认知扩展的一种表现形式。通过这种交流，阅读主体和文本相互影响，共同构建了丰富的阅读体验和理解。

首先，阅读作为人类认知活动的基本方式，是获取并理解信息的重要途径。在犹太教与基督教的古老信仰体系中，宇宙被构想为一本由数字与字母精心编织的"神圣之书"。掌握宇宙奥秘的关键，便在于恰当地解读这些数字与字母的深层含义，并巧妙地运用它们进行组合。通过这样的方式，能够赋予这部浩瀚无垠的文本以某种形式的生命，使其部分地展现其内在的智慧与奥秘。因此，阅读书页上的字母只是阅读的一种形式。

其次，阅读的对象——文本的范畴也极其宽泛。例如，天文学家通过审视一幅已消逝星辰的图谱，来探寻宇宙的奥秘与信息；玩纸牌者则通过解读伙伴微妙的手势，以打出制胜之牌，掌握游戏中的动态与信息；精神科医生则致力于辅助患者解析困扰其心灵的梦境，从中获取病人的心理状态与需求；夏威夷的渔夫凭借将双手探入海中，感知海流的脉动，以获取海洋的奥秘与变化；而农民则仰观天象，以天空中的云彩与星辰为指引，预判天气的变化，掌握环境的脉动。所有这些"阅读"行为，均体现了对符号的精准辨识与深刻解读能力，与书本阅读者所运用的技巧异曲同工。

### （一）狭义的阅读

传统的"阅读"是指按照《现代汉语词典》的定义，即看（书报等）并领会其内容。一些学者认为，阅读作为一种文化现象和人类行为，随着文字符号的出现而发展起来。传统的阅读资料核心在于印刷形式的文字材料，其中包括书籍、报纸、杂志等多种媒介类型，构成了信息传递的重要基石。

### （二）相对广义的阅读

广义的阅读涵盖了信息时代中人们对视听产品的消费。现代阅读不仅限于书籍，还包括通过报纸、杂志、电视、广播、网络和手机等多种媒体进行的信息选择、获取和浏览。这一过程体现了阅读的多样性和广泛性，不仅涵盖了传统的纸质文本阅读，也包括了数字文本的阅读方式

### （三）广义的阅读

阅读的定义在信息时代得到了极大的扩展，不再局限于书籍和文字。加拿大著名小说家阿尔维托·曼古埃尔在《阅读史》中强调了阅读的广泛性，指出阅读是对世界的全面认知。同时，心理学家道林和莱昂认为阅读是对各种记号的解释，这些记号包括自然现象如手相和野兽的足迹，也包括任意符号如地图标示、文字和盲文。随着数字技术和通信技术的广泛应用，传统媒体和新媒体的融合使可供阅读的信息内容大幅增加。因此，阅读应被视为包括传统纸质阅读和数字化阅读在内的所有形式。这种广义的定义反映了现代社会中信息获取和传播的多样性，强调了阅读作为认知和解释各种信息符号的重要手段。

## 二、新媒体环境对阅读的影响

阅读是维护与发展人类文化的重要载体，同时也是继承文明、更新知识

体系及提升民族整体素质的基本途径。中国是一个有着悠久阅读历史的国家，对于一个民族来说，其思想基础和核心价值体系的建设离不开阅读。

从中华民族悠久文明的历史演进视角审视，自先民智慧创制文字，并巧妙运用其作为日常信息交流之媒介以来，信息记录与传承的载体历经沧桑巨变。从远古时期的甲骨、青铜重器，至异国风情的莎草纸、坚韧羊皮，再到华夏独有的竹简、木版、简帛、纸张，直至现代科技的结晶——胶片、磁带、光盘、网络及智能手机，这一系列载体见证了人类文明的持续进步与创新。尤为值得一提的是，造纸术的辉煌发明及纸张的广泛普及，标志着一个崭新阅读时代的开启，书籍因此成为千百年来知识传承与文明播撒的核心载体，承载着智慧的光芒，照亮人类前行的道路。

纸质文献拥有着跨越千年的悠久历史，这一悠久的传承背景，是其他任何形式的文献所无法媲美的。在人类历史的长河之中，纸质文献作为文化的重要载体，为文化的积累、传承与创新提供了不可或缺的条件，而阅读则成为了连接过去与未来、传承与创新的关键桥梁。在 20 世纪 90 年代以前，即个人电脑及网络技术尚未广泛渗透社会的时期，纸质阅读一直作为阅读文化的主流形式，引领着社会文化的潮流。

在研习传统经典之作的过程中，哲人的睿智思想将我们的心灵深深触动，通过知识与智慧的明灯，我们得以更加清晰地辨别美与丑、善与恶的界限，进而驱动我们的人生之路不断向前迈进。阅读的力量，使我们的内心得以拓展与强化，同时也为我们构筑起一座心灵的避风港，让我们在纷扰喧嚣的外部世界中，依旧能够保持内心的平和与宁静。

然而，伴随着信息技术与传播手段的日益精进，新媒体的涌现为公众开启了前所未有的感官新纪元，赋予了人们区别于传统纸质媒体时代的全新"读写素养"。此素养涵盖了依托特定硬件与软件平台，高效处理与获取信息的全方位信息技能体系。这一素养，已成为现代人在职场奋斗、日常生活、知识学习及社交互动中不可或缺的基础支撑。

鉴于此，个体需适时调整时间配置，更准确地说，是不可避免地需在新媒体领域投入可观的时间与精力。借鉴发达国家之先行经验，此种读写素养的演进与新媒体的广泛渗透，非但非昙花一现之景，实为历史发展长河中一股不可逆转的持续性潮流。

客观地审视，针对人类阅读行为而言，新媒体环境犹如一柄双刃剑，其深远影响具体体现在以下几个重要层面。

### （一）新媒体与传统媒体的融合使得阅读文本泛化

作为知识与信息的载体，文本的持续演进，在形式、数量、质量、传播范围及内容层面，均将深刻触动阅读模式的转型，包括其方式、数量、规模与功能的全面革新。在传统媒体架构下，文本构成了阅读活动的核心，涵盖了各类可供深入解读的文字资料。然而，伴随新媒体浪潮的涌动，传统媒体间的界限渐趋消融，各类媒体形态相互交织，媒体融合已成为当代传播领域的鲜明潮流。尤为显著的是，视觉文本，依托影视图像符号作为主要表达手段，借助光电通道、影视技术及多媒体平台作为传播渠道，正逐步确立其在文化传播中的核心地位。

与之相关的是，随着时代的进步，人类的阅读对象和方式已发生深刻变革，尤其体现在阅读对象的演进上。当前，视觉文本正日益成为文化传播的主导力量，这一趋势对传统的阅读动机、心理机制、性质、效应及价值等层面均产生了深远影响。与此同时，社会竞争的日益激烈促使生活节奏显著加快，公众的阅读偏好逐步趋向于休闲化、功能化、大众化和简约化。

在此过程中，深度阅读与浅阅读两大阅读模式相互交织、相得益彰。深度阅读，旨在提升学业水平，助力升学与就业，而浅阅读则侧重于娱乐、休闲及快速获取分类信息等功能。两者的有机结合，不仅丰富了阅读内容，更推动了阅读表现形式的前所未有的繁荣与多元化发展。

阅读文本的普及性源于万物间的相互借鉴与交融。从传播的发展历程审视，其模式正逐步向多元化、非单一化的方向演进。依据保罗·莱文森所倡导的补偿性媒介理论，每一种新兴媒体均是对既往媒体或其特定功能的补偿与完善。当前，各类展现补偿特性的技术正呈现深度融合的态势，尤以手机媒体为显著代表。在此背景下，人际传播、组织传播与大众传播三者相互交织，构成了有机统一的传播体系。这一发展趋势的必然结果，便是多维传播格局的逐步形成。

在广泛阅读文本的情境之下，各类文本在知识体系的系统性、获取途径的便捷性、阅读成效的显著性以及对人类认知结构的深远影响等方面，均展现出鲜明的差异性。展望未来，数字文本与印刷型文本将经历持续的融合进程，彼此借鉴优势，弥补不足，最终实现长期并存、共同繁荣的和谐局面。

### （二）基于新媒体的开放式信息存取使得浅阅读逐渐成为大众阅读的主流

"开放存取"这一术语，在初时主要流行于信息科学界，其本质上是一种推动科研成果自由流通、无版权及授权束缚的倡议。在这一框架下，科研人员能够将其通过同行评审的学术论文，无偿地置于网络空间，以此促进学术知识的迅速普及与共享。此概念之雏形，源自凯勒先生 1995 年的深刻洞见，他提出，开放存取的实现，不仅需要构建稳固的互联网物理架构，更要确保这些架构的易用性、成本效益，并配套完善的信息资源体系。更为核心的是，这样的环境应当是开放的、去中心化的，便于用户自由探索，即便是最基本的接入方式，也应当鼓励用户同时扮演信息生产者与消费者的双重角色。

在新媒体蓬勃发展的背景下，开放存取的精神得到了充分的释放。正如万维网的创始人伯纳斯·李所言，每个人在新媒体时代都有机会成为信息的生产者和传播者。传统媒体环境下，由于各种因素的限制，用户参与信息生产的机遇显得尤为稀缺。然而，以网络和移动通讯设备，特别是智能手机为代表的新兴媒体，却为个人及组织开辟了更为便捷高效的信息发布途径。

这一变革深刻影响了信息领域的生态，使信息资源呈现前所未有的丰富态势。面对浩如烟海的信息，公众需投入更多时间与精力成本，以搜寻并筛选出符合自身需求的信息资源。然而，值得注意的是，与信息资源的爆炸性增长形成鲜明对比的是，公众的阅读时间并未同步延长，反而在生活节奏日益加快的背景下呈现出缩减的趋势。在此背景下，浅阅读作为一种顺应时代需求的阅读方式，逐渐蔚然成风，并日益成为广大民众阅读活动的主体形式。

浅阅读现象的浮现，系由多维度社会因素的复杂交织所致。首要方面，新媒体技术的革新特性，不仅界定了信息的架构与内涵，更悄然改变着人类的认知路径与取向。在这一全新媒体生态下，公众的信息消费偏好经历了显著的变迁，浅阅读现象的出现，其背后所折射的问题不容忽视：如读写技能的退化、独立思考能力的减弱，乃至社会价值观的模糊与动摇，均需予以严肃审视，并采取有效措施加以应对。

除了媒体环境的塑造作用外，阅读的浅层化趋势亦涉及社会结构、经济发展、历史变迁及文化传承等多个深刻层面与综合因素。从某种角度审视，浅阅读现象亦映射出时代的进步脉络，其本质在于民众如今拥有更为广泛与自主的选择权，能够便捷地筛选并获取符合个人需求的信息资源。

当前，在新媒体背景下，浅阅读已蔚然成风，成为公众阅读的主要方式，其主要功能在于快速获取实用信息及传递叙事文化信息。而关于纯粹的文化传承与思想深度积淀，则更多地依赖于传统纸质阅读的独特魅力与深远影响。

**（三）新媒体建构的虚拟世界极大地满足了人们阅读休闲化的信息需求**

传统阅读被视为一个由浅入深、由表及里的过程。读者依托文字的抽象特性，自概念理解之始，逐步深化至情景构想的层面。依据文本阅读建构主义理论之精髓，阅读实为一项积极的策略性认知活动，其间读者主动剖析文本事件及主人公行为状态，激活内在知识积淀，将即时信息与既有认知融合，共筑文章的情境模拟，从而达成连贯心理表征的建构。故此，阅读不仅与理性思辨紧密相连，更与深刻反思相辅相成，共同构成了一个全面且独立的思考过程。

随着影视媒体的普及，视觉文本凭借其直观性、简明性，结合声音的辅助，为民众提供了更为轻松愉悦的阅读享受，极大地丰富了人们的感官体验。随着网络和手机等新兴媒体的崛起，视觉文本与阅读的表达形式更趋多元化，融合了文字、图像、视频、音频、语言、动画等多种符号手段，为人们带来了前所未有的视听享受和审美体验。同时，信息的即时传递和跨地域共享，使得全球紧密相连，形成了一个多媒体交融的地球村。在这一新媒体构建的虚拟空间里，阅读主体对于感官愉悦的追求得到了极大的满足，阅读动机也随之悄然转变，休闲化阅读成为了众多阅读者追求的主导趋势。今天的人们更多地"倾向于选择轻松的阅读方式，更愿意在比较轻松的心态下，欣赏以轻松的形式呈现的，哪怕是非常严肃的信息"。此等趋势亦显著体现于那些富含时代特色与展现生活新风尚的文化产品之中。

阅读休闲化趋势在当今社会已蔚然成风，其不仅深刻重塑了公众获取信息的路径，更对媒体生态、信息传播及文化领域产生了广泛而深远的影响。在此背景下，一系列前所未有的现象逐渐显现。譬如，部分曾被视为精英阶层专属的严肃作品，通过采用更为贴近大众、深入浅出的表达方式，竟能跨越界限，实现广泛传播与热销。诸如，英国杰出物理学家史蒂芬·威廉·霍金博士所著的宇宙学经典《时间简史》，以其独特的视角和深入浅出的阐述，赢得了全球读者的热烈反响；又如法国著名科学家兼文学家法布尔的杰作《昆虫记》，该书将科学与文学巧妙融合，成为传世之作，深受各界人士喜爱。

这些作品的畅销，实际上反映了人们对于精神需求的追求。在全面小康的今天，人们对于精神生活的需求越来越高，因此对于能够满足这些需求的文化产品也更加关注。这也提醒我们在生产和经营中要更加注重满足人们的精神需求，为人们提供更多高质量的文化产品。

### （四）经济、技术发展及媒体移动化推动阅读移动化

随着经济的迅猛发展以及人民群众生活方式的深刻变革，出行活动的时空范畴持续拓展，同时，信息内容的丰富性与获取方式的多元化需求亦呈现出显著的增长态势。在迈入信息时代的今天，信息的海量涌现与获取途径的广泛多样，赋予了人们前所未有的信息选择自主权。尤为值得一提的是，移动技术的飞速进步，更是赋予了人们一种全新的自由，即能够不受时空限制

的移动阅读，随时随地汲取知识与信息。

移动阅读之蓬勃发展，非凭空臆想之产物，实为对当下纷繁现象与事件之深刻提炼与理论升华。此乃技术与需求交织推动下的必然进程，持续向前，不断演进。媒体向移动端的转型，旨在满足广大民众在移动状态下对信息的迫切需求。无论数字技术的影响力如何被多方衡量，移动阅读的核心驱动力，终归源自于人类对自由无束之深切向往与不懈追求。

鉴于新媒体，特别是移动互联网与手机的兴起，其以海量信息的存储能力和便捷性为显著特征，加之其庞大的用户群体，移动阅读在人们的阅读活动中日益占据核心地位，并逐步演变为主流阅读方式，深深融入人们的日常生活之中。毋庸置疑，移动阅读已成为新时代下人们的一种重要生活方式与生存状态。

人类天生拥有对自由行动及自由获取外界信息的深切向往，移动阅读恰好契合了这两项根本需求。尤为关键的是，随着技术的日新月异与社会经济的蓬勃发展，移动阅读产品及其相关服务的价格水平将呈现下降趋势。在体验持续优化且价格门槛逐步降低的背景下，民众将能依据个人需求，在任何时间、任何地点畅享阅读之乐。展望未来，一旦技术障碍与价格壁垒得以全面突破，人们将满怀热忱地投身于这一融合集体行动自由与信息传递自由于一身的全新自由境界。

值得特别关注的是，移动阅读模式的兴起，使个体能够依据自身需求，在任何时间、任何地点进行阅读，有效拓宽了人们获取知识与认知世界的途径。然而，不容忽视的是，移动阅读环境的复杂性与多样性，也为阅读过程带来了诸多干扰，这些干扰因素限制了阅读主体进行深度思考和复杂决策的能力，进而使得移动阅读的内容呈现出表面化和片段化的特点。

### （五）新媒体技术的支撑使得阅读过程互动化

在施拉姆与奥斯古德所阐述的传播模型中，传统的信息传播流程展现出了鲜明的循环特性，然而，在反馈机制方面却显得相对薄弱。具体而言，消极的反馈现象体现为受众群体对出版物购买兴趣的减退、对广告宣传产品购买意愿的降低，以及广播节目收听率的下滑。在此情境下，传播过程被明确地划分为两个核心阶段：一是信息的有效传递，二是意见的收集与反馈。在此过程中，媒体机构往往占据主导地位，而传播双方之间的沟通与联系尚显不足，反馈方的声音显得较为微弱。这种状况直接导致了互动过程中的实效性、覆盖范围、影响规模及互动方式的显著局限性。

　　然而，正如符号学学者卡西尔曾指出的，人类是符号的动物。在新媒体时代背景下，数字符号的巧妙运用与多种传播符号的深度融合，以及虚拟空间内诸如在线聊天室、BBS 讨论组与公告栏等符号的广泛存在，正逐步将广大民众引领至数字虚拟世界的广阔天地。在这一全新的媒体传播生态中，人民群众的生活方式与心理状态正经历着前所未有的深刻变革。新媒体所展现出的强大互动性，不仅重塑了人们对于信息获取的需求模式与心理接受机制，更促使数字阅读领域的互动性实现质的飞跃，展现出一种平行交流、共融共生的鲜明特征。

　　在信息网络与移动通讯平台中，超文本技术赋予读者以非线性、跳跃式的阅读体验，使读者能够灵活选择起始与终止点，乃至实现无缝的无线接入。此等阅读模式深刻模糊了作者与读者间的传统界限，构建了一个更为开放、互动的阅读生态。于新媒体所塑造的阅读场域内，阅读行为更多地被赋予了交流互动的意涵，而非单纯的个人体悟过程，这与传统阅读模式中作者与读者间相对静态的对话方式形成了鲜明对比。

　　在新媒体时代背景下，互动展现出多向性、非线性的特征，且无法被单一个体所主导。每一位参与互动的读者均拥有话语权与影响力，其间的相互作用促使阅读行为超越了个体范畴，升华为一种集体性的实践。交流，作为阅读活动的核心要素，赋予了互动阅读以动态性、流动性的交流特质，彰显出强烈的时代气息与集体智慧。

## （六）新媒体环境下人们阅读需求的个性化特征更加显著

社会学领域普遍认为，需求的发展遵循着不断演进与日益丰富的客观规律。在生产活动中，人们不仅能够创造出全新的产品，更在此过程中催生出多样化的新需求。为了满足这些不断涌现的需求，人们会不断寻求并创新更为高级的满足手段，推动需求层次不断提升。这种需求与生产相互推动、相互促进的作用机制，正是需求不断丰富和上升的内在规律，亦可称之为需求嬗变规律。

在当前新媒体环境下，人们对于信息的阅读需求呈现出愈发个性化的发展趋势。这一变化主要得益于信息技术与数据挖掘技术、推送技术、智能代理技术等关键技术的深度融合与协同发展，这些技术共同推动了信息服务的个性化和精准化，满足了人们日益多样化的阅读需求。

新媒体的应用彰显了鲜明的个性化色彩，虚拟环境为个体间的互动构建了宏大的平台，极大地促进了人际交往的便捷性，并带来了多元化的乐趣体验。以博客为例，它初步展示了这种个性化的传播模式。读者群体可依据个人兴趣、职业经历等多元维度进行精准的划分，使得信息的传播与接收过程更加凸显了传播者与受众的个性特征。同时，信息传播者与受众角色之间的灵活转换，进一步强化了信息需求的个性化趋势。在广阔的互联网世界中，众多个人网站、BBS 论坛等也充分体现了这一鲜明特色。

每一种传播媒介均具备其固有的倾向特质，网络、手机等现代传媒工具，凭借其突出的自由特征，更易于承载和传播那些时效性强、个性化显著的信息与资讯。通过这些媒介平台，民众能够更加自由地展现个人风采，根据个人兴趣及实际需求，自主挑选并有效利用各类信息资源。

当前，杂志等传统媒介正逐步展现对读者群体进一步细分的显著趋势，与此同时，网络杂志、手机报纸等新兴媒介在分众传播领域积极发挥作用，成效显著。随着新技术的持续应用与新媒体的蓬勃兴起，此趋势愈发显著，展现出不可逆转的发展态势。尼葛洛庞帝所构想的"真正个人化"的后信息时代正稳步走来，预示着未来人们将能够依据个人需求，量身定制专属的"我的日报"，这一美好愿景正逐步变为现实，引领着信息传播的新纪元。

# 第二章　图书馆读者服务基础理论

## 第一节　图书馆读者服务工作的内容及原则

### 一、内容

读者服务是图书馆为满足读者对文献需求而提供的一系列活动，包括提供文献和信息等。读者服务工作是图书馆运营不可或缺的关键环节，其宗旨在于深入发掘与高效利用图书馆资源，旨在为广大读者群体供给迅速且精准的信息服务支持。在此过程中，读者服务不仅是图书馆日常运营中最具活力与创造力的要素之一，更是推动图书馆事业持续健康发展的核心动力所在。读者服务主要分为以下四个部分：情报服务、参考咨询、文献借阅和增值服务。

#### （一）情报服务工作

"图书情报工作"系将图书馆事务与情报业务深度融合的综合性称谓，旨在将图书馆的文献管理职能与情报领域的文献检索功能有机统一。此工作体系构建了一个集高水平文献收集、精细化处理与高效管理能力于一体的图书情报系统，同时，该系统还融入了现代化的服务手段与方式。图书情报服务，作为图书情报工作的核心板块，依托图书馆的丰富资源，借助多样化的服务形式，直接向广大读者提供知识或情报服务，从而有效搭建了图书馆与社会各界紧密相连的桥梁。图书情报服务工作的内容可以分为组织读者和组织服务两个主要部分，这两方面的工作都相当复杂，因此图书情报服务工作的管理也应该视为该工作的重要组成部分。

1.组织读者

读者群体，作为图书情报服务的核心受众群体，是服务流程中最为活跃且持续变化的要素。深入剖析读者群体的特征与需求，是图书情报服务工作的坚实基础，更是推动服务品质迈向新台阶的关键举措。鉴于读者类型的广泛性与多样性，其对文献资源的需求亦展现出丰富多元的特点。

2.组织服务

组织服务是图书情报领域的基石性任务，其核心在于依托详尽的文献资料，为读者群体提供多元化的服务活动。具体而言，这些服务涵盖了阅览便利的提供、个人及团体借阅服务的优化、馆际合作中的互借机制、邮寄借书服务的推广、馆外流通服务的拓展、文献信息的及时通报、书目指引的精准提供、检索辅助的高效实施、专业咨询的深度解答、情报调研的深入剖析、情报交流的广泛促进、编译工作的精心组织，以及图书宣传的积极推广等多个方面。同时，为了进一步提升服务质量与效率，依据服务场所的具体条件与服务设备的配置情况，合理规划了馆内服务区域的布局，增设了馆外流通服务点，并配备了包括复制设备、视听系统、自动化系统等在内的先进服务设施。在服务模式上，注重多元化发展，灵活运用口头沟通、书面报告、直观展示等多种方式，以确保能够全方位、多角度地满足读者的各类需求，推动图书情报工作迈向新的高度。

3.图书情报服务工作的管理

图书情报服务工作的管理，旨在通过科学高效的手段，充分利用各类文献资源，并充分调动人力资源与设备设施的效能，以实现文献传递效率的显著提升，以及阅读指导与服务质量的全面优化，进而达成一种高效有序的组织管埋体系。主要涵盖以下方面：管理图书外借处和阅览室，编制书目和读者目录以满足读者需求；在人力资源配置与物资运用上，需进行科学规划与高效统筹，旨在最大限度地激发人力资源与物力资源的潜能与效益；同时，对服务成效进行深入剖析与综合评估，以探求并确立最为优化的服务模式，确保服务质量的持续提升。

### （二）参考咨询工作

图书馆的参考咨询工作属于读者服务的一部分，它是图书馆的基础业务之一，旨在最大程度地挖掘图书馆馆藏文献信息的潜力，以有效地支持科技转化为生产力的服务。因此，与一般的阅览服务相比，参考咨询工作的目标更广泛、更深入。换句话说，参考咨询工作是图书馆工作中最能发挥文献作用的一项工作，它具有强烈的定制性和高效性，图书馆是否开展参考咨询工作以及其参考咨询工作的能力和水平，通常被视为衡量图书馆读者服务能力和服务质量的重要标志。

参考咨询工作的具体定义目前尚无国际统一标准。一般来说，参考咨询工作系指系统规划并满足读者特定需求之过程，通过有序组织收集相关文献资料,并以规范方式向读者提供详尽文献、文献知识或文献检索路径之服务。据此,参考咨询工作的核心使命在于辅助读者解决工作与学习中的疑难问题,同时肩负教育与知识传播之重任。

1.参考咨询工作的内容

（1）文献调查工作：这一领域通常涉及对特定对象和需求的文献进行调查。工作的核心目标是为满足参考咨询的需求而查找相关文献。

（2）书目工作：书目工作是参考咨询的核心部分，其主要任务是编制二次文献，以便为读者检索所需的文献提供工具。不同类型的图书馆在书目工作方面可能有不同的要求、原则和方法。

（3）参考工作：参考工作的目标是直接提供信息和情报。这可以通过编写三次文献、专题文献报道、文献述评以及编制参考工具书来实现。

（4）文献检索工作：文献检索是图书情报工作的一个关键部分。广泛的文献检索可以通过国际文献库和在线检索方式获取全球各国的最新文献资料。

一般来说，一些图书馆只能完成国内中文文献资料的检索任务。

（5）文献提供工作：在参考咨询工作中，文献提供服务主要面向图书馆的重要读者。对于这些读者，提供的文献内容、类型和数量通常比一般读者要多。在大型图书馆中，还可能提供古籍善本等特殊服务以满足重要读者的需求。

2.参考咨询工作的特点

参考咨询工作是图书馆的重要工作，具有以下特点：

（1）独立且与其他工作相互联系。

（2）挖掘馆藏书刊文献资料潜力，为科研、生产服务。

（3）现代化的标志之一，承担图书馆情报职能。

（4）方式方法灵活富有弹性，以发挥馆藏特长为着眼点。

（5）有情报化趋势，需要专业队伍承担。

3.参考咨询工作的方式

（1）解答咨询。

（2）编制书目索引。

（3）定题服务：系统检索文献资料，主动提供对口文献情报。可指派有经验或专业人员负责，或由小组完成。

（4）专题文献研究：研究对象为某学科或某专题的文献资料。

（5）书刊展览：实质是专题文献展览，有三种形式：工具书、专题研究资料、学术讨论会相关书刊。

（6）累积资料：日常或基础工作，有两种形式：集体进行或工作人员随手搜集。

### （三）文献借阅工作

1.文献外借服务

外借服务具有自由安排、独立使用的特点，但也有局限性，不能满足所有读者的需求。有些文献不能外借，有些文献有借阅范围、品种、册数和时间的限制。因此，图书馆读者服务工作者需采用其他服务方法，满足读者的阅读需求。外借服务主要有六种形式：

（1）个人外借：图书馆为读者服务的基本方式，读者持借书证以个人身份外借馆藏文献，图书馆设置不同借书处满足读者不同需求，个人外借是图书馆文献流通数量最大的外借方式。

（2）集体外借：图书馆为群体读者服务的方式，办理集体借书证，由专人代表小组成员或单位读者向图书馆借书处集体外借批量文献，减少读者往返图书馆的时间，有利于图书馆合理分配有限文献，缓和供求矛盾，节省接待读者的时间，普遍适用于公共图书馆、学校图书馆、科学专业图书馆。

（3）馆际互借：馆际互借是图书馆之间或图书馆与文献情报部门之间建立互借关系，通过邮寄或直接外借等方式，为读者间接借阅所需文献。适用于本地区、国内甚至国际图书馆之间或与文献情报部门之间。此服务方法实现资源共享，打破读者利用图书馆文献的空间界限。

（4）馆外流通借书：馆外图书借阅服务，通过设立馆外流通站点与运用流动服务车等高效途径，实现馆藏资源的广泛覆盖，直接将书籍文献送达读者身边，积极促进借阅活动的深入开展，以更加便捷的方式满足广大读者的学习需求。此服务扩大文献流通范围，方便不能到馆的读者，满足其阅读需求，已成为许多图书馆主动为读者服务的重要方式之一。

（5）预约借书：预约借书是指读者向图书馆提出预约申请，对所需文献进行预先登记。待文献入藏或归还后，图书馆将依据预约登记的先后顺序，正式通知读者前来图书馆，以完成借阅手续的办理。此服务满足读者借阅需求，降低"拒借率"，提高馆藏文献利用率。

（6）邮寄借书：邮寄借书是图书馆通过邮政运输方式，为读者提供所需文献邮寄服务的模式。服务对象包括个人、集体或单位读者。此服务为远离图书馆且急需借阅文献的读者提供了一种有效的服务方法。

2.文献阅览服务

（1）闭架阅览方式：读者不能进入书库挑选文献，需通过馆员提取。读者可以在阅览室但不能进入书库。所需文献需填写借书单，由服务人员取书并办理借阅手续。

（2）开架阅览方式：读者可以进入阅览室或书库，随意挑选文献。这种服务方式受到读者欢迎，也是现代图书馆发展的趋势。许多开架阅览室要求使用代书板防止书架被翻乱。

（3）半开架阅览方式：图书馆将部分文献或新藏文献置于特制可视书架展示，使读者能够直观地了解书籍封面及内容，并通过工作人员获取所需文献。相较于闭架方式，此种开放程度较高的陈列方式使得读者能够亲自查看文献并填写借书单进行借阅。

（4）三结合阅览方式：图书馆同时采用开架、半开架和闭架方式提供阅览服务。根据馆藏文献情况，部分文献公开陈列在阅览室供读者随意阅览；部分文献陈列在半开架书架上，由服务人员帮助借阅；部分文献收藏在书库中，读者须通过服务人员办理借阅手续在阅览室内阅读。

### （四）增值服务

1.个性化服务模式

个性化定制服务方案，即依据用户具体且独特的需求，精心策划并实施的定制化服务措施，同时确保在服务过程中与用户保持紧密的沟通与互动，以此提供具备增值特性的信息服务。鉴于当前社会对信息需求的日益多元化与个性化特征，图书馆应积极响应，通过提供更加具有针对性和个性化的信息服务，以更好地满足广大用户的深层次信息需求。这种服务模式需要对用户的需求进行深入了解和分析，并利用图书馆的资源优势和专业服务人员的知识技能，提供具有独特性和针对性的解决方案或信息服务。

2.团队服务模式

团队服务模式是一种由多学科背景的专业人员组成的团队，共同为用户提供综合性的、一体化的信息服务。这种服务模式需要团队成员之间的密切配合和协作，充分发挥各自的专业知识和技能，为用户提供更全面、更专业的信息服务。通过推行团队化服务模式，图书馆能够大幅增进信息服务的效率与专业性，从而更加周全地响应并满足用户的各项需求。

3.集成化信息服务模式

图书馆通过整合计算机、通信、网络和多媒体技术，实现信息资源的全面共享。运用先进的动态 Web 技术，包括 HTML、XML 以及 PHP/JSP 等，并依托因特网及开放的 IP 地址体系，图书馆已成功将全球范围内的数字化资源，诸如 Web 数据库、学术期刊、商务信息等，汇聚于主页之上，以便用户能够高效、便捷地获取与利用。此种集成化的信息服务模式，是传统与现代技术的深度融合，汇聚了多样化的资源与技术优势，实现了全方位、多层次、多视角的一体化服务供给。图书馆致力于为用户提供全面的信息检索、文献保障、研究分析及预测等综合性服务，旨在充分满足用户日益增长且日益复杂的信息需求。

4.专业化网上服务模式

图书馆精心策划并构建了专业化的信息数据库与个性化的数字图书馆平台，通过其精心设计的网上服务界面，向专业领域的用户提供定制化、高效的信息服务。该平台不仅实时追踪并展示专业领域内信息资源的最新发展动态与技术革新，还为用户提供了一个便捷、直观的信息获取渠道。在资源整理方面，图书馆深入专业领域，进行详尽分类与整合，并设立了专业的搜索工具，或根据各专业的具体方向，自主整合并细分数字化资源，确保用户能够迅速、准确地找到所需的专业资料。

## 二、原则

### （一）以人为本的原则

"以人为本"这一核心理念，旨在科学把握并妥善处理人与其他生产要素之间的辩证统一关系，高度强调人的智慧、创新能力以及其在生产活动中的主导、积极与决定性地位，将人视为推动社会进步与发展的"活力源泉"，体现了对人性价值的深刻认识和尊重。"以人为本"符合辩证唯物主义的认识论。在图书馆工作中，人支配和主导着其他内容，因此应坚持"以人为本"，以读者为中心，满足读者一切合理需求。在内部管理中，重视提高员工素质和业务水平，增强向心力和凝聚力，使读者受益，使图书馆成为读者满意的图书馆。

### （二）充分服务原则

"充分服务"是图书馆工作的核心理念，它强调图书馆工作人员需深入挖掘资源潜力，全方位满足读者的多样化需求，以彰显图书馆在社会文化繁荣中的服务使命。图书馆资源作为社会共有的宝贵财富，每位公民均享有平等获取与利用的权利。文献资源作为动态的知识源泉，其使用频率的提升，直接促进了其价值的最大化。因此，"充分服务"不仅是图书馆事业发展的内在要求，也是社会对于图书馆读者服务工作所寄予的厚望与期待。

为了提供充分服务，图书馆应该：首先，将读者利益置于首位，并树立读者本位意识。这里提到的读者利益主要是指读者充分利用图书馆资源的权利，包括但不限于借阅图书期刊、借阅册数、借阅期限、阅读时间、开馆时间等，以及情报咨询、文献利用、图书证的办理及使用等。任何人不准以任何借口冲击和侵占读者的这些基本权利。

其次，增强读者服务广度，提升文献资源利用的普及程度。图书馆作为社会文献信息传播与交流的重要阵地，各类图书馆在为本单位本系统读者提供服务的同时，亦应面向全社会开放，致力于服务全体社会成员，以拓宽文献信息利用的覆盖面，实现资源共享的最大化。

再次，要切实推进图书馆资源的全面开发、充分利用与广泛宣传报道工作。应深入且广泛地挖掘、展现并传播文献信息，这不仅是读者服务工作的重要组成部分，也是多层面、多渠道提升图书馆资源利用效率的有效举措。

最后，应当深切关注读者需求的动态演变与持续变化。读者需求作为读者服务工作的首要驱动力，满足读者需求是充分服务原则实施的基本准则。因此，读者服务工作必须紧密围绕读者需求的发展变化展开，特别是要在全面满足读者当前文献需求的同时，积极挖掘并激发读者的潜在需求，以推动读者服务工作的不断进步与完善。

### （三）区分服务原则

区分服务是一种以读者需求为导向的图书馆服务方式，旨在根据读者的不同需求特点，提供差异化的文献信息服务。这种服务方式不仅取决于图书馆服务机构的性质、任务和服务方式，还受藏书结构和读者结构的多次、多级别特性的影响。此外，图书馆所承担的各种社会职能也决定了其服务内容的多样性和层次性。通过区分服务，图书馆能够更精准地满足不同读者的需求，提高服务质量和用户满意度，实现其教育、信息传播和文化传承等多项社会职能。

第一，图书馆根据读者需求和藏书特点，设有借阅流通、参考咨询和宣传辅导等部门，开展多种方式的服务活动，如外借、阅览、复制、咨询、检索等。对于重点服务对象，给予区别对待，以满足他们的阅读需求。同时，兼顾一般读者的阅读需要。区别服务原则能分清主次，保证重点，兼顾一般，使馆藏文献及人力、设备等条件用在最需要的地方。

第二，图书馆的文献资源收藏系统，具备动态调整的特性，其架构由多层次、多级别的内容范畴、多样化的载体形态以及灵活多变的利用方式共同构成。同样地，读者群体及其需求特征也展现出动态变化的趋势，包括职业领域广泛、年龄层次多样、文化程度不一、兴趣偏好各异以及使用权限有所区别的各类读者。图书馆的文献资源体系和读者文献需求体系相互对应、相互依赖。读者服务工作应分别组织不同读者，提供分别服务，以保持平衡发展、学以致用、各得其所。

第三，图书馆作为一个综合性的组织体系，其社会职能因各自鲜明的特点而异，呈现出层次分明的结构体系与多元化的功能效果。鉴于其目标与需求的多样性，需针对性地设计并实施多样化的服务内容与服务模式，以确保图书馆能够充分发挥其社会教育的核心功能。社会教育职能必须根据不同教育内容组织利用文献资源，才能达到应有的教育效果。文献信息传递职能涉及各个领域，需要区别服务；文化生活职能要满足读者不同的兴趣、爱好，也必须贯彻区分服务的原则。

1.从图书馆的特点看区分服务原则的重要性

（1）区分服务原则的重要性源于文献信息资源多元化，由于技术发展，文献信息载体由印刷型发展为多种类型并存。数字图书馆的出现使文献信息资源发生巨变，具有快速、灵活的优越性。但印刷型文献具有永久性和稳定性，人们仍需依赖其传统利用方式。图书馆将给印刷型文献永留一席之地。文献信息资源的多样化使读者服务工作方式变得丰富。图书馆在这方面尤为突出，比如设立电子阅览室、建设书目数据库、普及网络资源等，区分服务原则因此奠定物质基础。

（2）区分服务原则的重要性，源自于读者结构的复杂性与多层次性，这种特征由读者在利用图书馆过程中的能力差异、方式方法的多样性，以及对文献信息需求的多元化所共同构成。在图书馆这一知识殿堂中，这种多元、多层次的特质表现得尤为突出，且呈现出鲜明的"族群"特性，各族群间相互关联，共同维持着一个动态平衡的状态。

读者群可以根据学科专业和阅读能力进行划分。不同学科领域的读者群体，在文献信息的需求取向上展现出显著的差异性。具体而言，美术领域的读者对印刷型文献的依赖程度显著高于网络信息资源和电子出版物；而文科领域的读者，相较于电子出版物或网络资源，其需求则显得较为有限；至于理工类读者，特别是新兴学科的学者，他们对网络资源的需求之强烈，远非其他专业读者所能比拟。

图书馆的读者构成呈现出鲜明的层次性特征，每位读者的文献需求能力及其所处的需求层次均处于不断演进之中，而整体读者群体则维持着一种动态的平衡状态。鉴于此，图书馆在开展读者服务工作时，务必深入贯彻区分服务的原则，旨在精准对接并充分满足各类读者的文献信息需求，进而为教学科研工作的顺利推进提供坚实支撑。

（3）区分服务原则的重要性是由图书馆社会职能的多元化决定的。1975年 IFLA 大会确定了现代图书馆的四大基本职能：保存人类文化遗产、开展社会教育、传递情报信息、开发智力资源。图书馆的职能只能定位在这四个方面，现代信息技术的发展只能更新和改进工作方式方法，不能改变基本职能。目前，图书馆界存在片面强调传递情报职能，忽视教育职能、管理和传统服务改进的倾向。这导致图书馆无法满足教学科研要求，同时传统服务质量也无法提高，成为一个非情报机关的实体。

2.区分服务原则在图书馆的运用与实践

（1）区分服务原则要求图书馆在全面提高整个读者服务工作质量时要讲究层次性。图书馆设有不同机构提供四项基本功能服务，包括借阅流通部、参考咨询部、宣传辅导部和情报信息部。这些部门的服务可分为三个层次：基础服务层次、指导性服务层次和开发性服务。基础服务层次满足读者一般需求,指导性服务层次提供读书指导和宣传,开发性服务则进一步挖掘知识、信息，进行知识再生产，以满足读者特定的高层次需求。

三个层次的服务展现了图书馆读者服务从初级到高级、从浅到深的发展路径,传统业务向现代业务的拓展过程中,图书馆各项职能得到更充分发挥。图书馆提供的服务项目虽然在层次上有所不同，但它们的重要性并没有高低之别。这是因为图书馆的职能是固定且多样的，而围绕这些职能展开的服务项目将始终存在。此外，阅读习惯已经有千百年的历史，尽管信息技术迅速发展，印刷型文献的外借和阅览等基础性服务依然是图书馆服务体系中不可或缺的一部分。通过提供多层次的服务，图书馆能够全面满足不同读者的需求，履行其教育、信息传播和文化传承的社会职能，从而提升服务质量和用户满意度。

"借还"等基础服务与"课题查新""远程登录"同等重要，关于图书馆转型开发性服务的观点，学者持保留意见。只要有读者存在，不同层次的读者都需要得到相应层次的服务。不应该削弱传统的读者服务，而应该提升其质量。一味片面地推动开发性服务，而忽视了基础和指导性服务的改进，导致了整体服务水平的衰退。

（2）在区分服务原则的指导下，图书馆在开展读者服务工作时，需要深入了解读者的实际需求和情报能力，以提供更加精准的服务。这意味着图书馆需要根据读者的不同需求和背景，采取不同的服务方式和服务内容。例如，对于那些对特定学科领域感兴趣的读者，图书馆可以提供更加专业的文献资源和学科咨询服务；对于那些需要快速获取信息的读者，图书馆可以提供更加便捷的检索和获取服务。此外，针对性服务原则还要求图书馆不断更新和改进服务方式和服务内容，以满足读者不断变化的需求。例如，随着数字化和网络化的快速发展，越来越多的读者开始需要电子文献和在线咨询服务。因此，图书馆需要不断加强数字化建设，提供更加丰富和多样的电子文献资源，同时建立更加完善的在线咨询服务体系，以满足读者的新需求。

读者阅读类型分为三种：①专业型，满足专业需求进行阅读；②娱乐兴趣型，从个人爱好、特长出发进行阅读；③时尚型，反映社会流行思潮，对热门书刊需求集中。针对不同类型，读者服务工作应有明确的针对性。对于专业型阅读，保障供给、优先满足；对于娱乐兴趣型阅读，不予干涉、评论，保持客观性；对于时尚型阅读，正确引导，尽量满足合理要求。这是区分服务原则在文献借阅工作中的体现。

（3）在图书馆服务的日常工作中，服务员工首先需要以区分服务原则为指导，始终坚守服务的核心价值。然而，在实际工作中，他们也必须具备灵活应对的能力，以应对各种复杂情况。图书馆的服务以满足读者需求为中心，这意味着服务员工需要不断关注读者的文献需求，并以"藏以致用"的办馆方针为基础，确保图书馆的藏书能够有效地为读者服务。为了保证服务的有序运行，制定一定的规章制度是不可避免的，但在实际操作中，员工也必须能够灵活应对各种突发状况，以保证服务的顺利进行。

高思想素质和业务水平是图书馆服务员工必备的素质之一。在服务读者的过程中,他们需要具备较高的思想觉悟,理解并尊重读者的需求,同时在专业领域内具备扎实的知识和技能。积极满足读者的合理要求是服务员工应该始终坚持的原则,通过高质量的服务提升读者的满意度。

面对突发事件,比如网络故障等,服务员工更需要展现出应急处理的能力。在这些情况下,他们应该迅速采取措施,尽可能地保障读者的服务需求。这可能包括提供临时的替代方案、引导读者使用其他资源,或者及时修复故障,确保服务的正常运行。

### (四)科学服务原则

科学服务的原则是遵循图书馆工作的客观规律,以科学的思想、态度、方法和措施来组织读者服务工作,解决实际矛盾问题。整体和全局观点是科学服务的重要特征,它要求我们以全面、联系和发展的眼光看待读者服务工作。在实践中,需要注意各种矛盾和问题,如"供与求""借与还""外借与内阅""管理与使用""分工与协作"等,并采取科学的方法和措施予以解决。同时,还需要加强各方面的联系和平衡协调工作,以创造更好的条件来解决各种问题和矛盾。总之,科学服务的原则是图书馆工作的重要指导思想,它要求以科学的思想、态度、方法和措施来组织读者服务工作,以更好地满足读者的需求。

所谓"科学的态度",就是按科学实事求是,尊重客观规律。在服务工作中,要将需要和可能、数量与质量、流通指标和实际效果结合起来,避免哗众取宠、自欺欺人,不凭个人主观愿望和个人兴趣爱好工作。

所谓"科学的方法",是指在读者工作实践中行之有效的系列化的方式、方法,包括统计、分析、比较、系统、控制和信息反馈等方法。这些方法先进、实用和有效,可以提高图书馆工作水平。

所谓"科学的管理措施",是指采用规章制度、先进的技术设备和服务手段来科学地组织读者工作。规章制度包括读者登记规则、外借规则、阅览规则、文献复制规则、入库制度、登记统计制度、开架与闭架制度、岗位责任制度等。采用先进的技术设备可以提高读者的阅读效率。

### （五）教育导读原则

教育职能是现代图书馆的重要职能之一，图书馆读者群复杂，阅读需求和目的多样化。为提高阅读效果，图书馆作为社会阅读活动的组织者，必须积极引导读者的阅读目的、内容和方法的健康发展。

### （六）资源共享原则

资源共享是图书馆事业发展的一个重要课题，早在 20 世纪五六十年代就被提出了。图书馆之间可以相互分享资源，为读者提供更多服务。图书馆资源包括藏书、人员、设备等，可以通过某种方式为许多图书馆所共享。资源共享的目的是让图书馆用户获得更多的文献资料，并为其提供更多的服务，同时减少单个图书馆的负担。在图书馆读者工作中坚持资源共享的原则，可以充分发挥馆藏文献信息资源的作用，提高图书馆事业在社会中的地位和发挥其知识宝库的重要作用。因此，不同系统、不同级次的图书馆都应加强联合和合作，把资源共享这个重点课题做好。

## 第二节　图书馆读者服务指导规划

### 一、图书馆服务释义

图书馆致力于为读者提供全面的学习与研究资源，帮助他们快速高效地找到所需信息，这是图书馆的核心价值所在。为提供优质服务，图书馆始终坚持读者至上的原则，以一流的服务标准严格要求自己。随着信息时代的发展，图书馆服务的理念和方法也在不断创新与优化。忽视或放弃图书馆服务将严重影响图书馆管理工作的有效性和图书馆学的价值和意义。

## 二、图书馆的传统服务范畴

### （一）文献获取服务

现代图书馆普遍采用藏、借、阅一体的服务模式，这是其鲜明的特征。其中，宣传馆藏文献和提供借阅服务，是图书馆的基本职能，并且这两项服务在未来也将继续占据主导地位。此外，图书馆还与数据库商进行合作，提供商业数据库资源的获取和使用，这也是文献获取服务的一部分。图书馆还帮助读者获取期刊、报纸、工具书、多媒体文献等资源，这些也构成了文献获取服务的组成部分。

### （二）参考咨询

图书馆参考咨询是图书馆服务的基本工作，是图书馆情报工作知识化、专业化及智能化的表现，也是人文精神的体现。评价图书馆现代化水平要看参考咨询工作是否到位。参考咨询工作包括：1.通过图书馆检索系统让读者查找所需资料，节省时间；2.开展座谈会与读者沟通，了解图书馆工作和馆藏文献资料，听取读者意见，丰富馆藏信息资料；3.将读者咨询问题进行归纳整理，形成咨询解答库，方便读者，降低服务成本，提高服务效率；4.定期通过讲座形式向读者介绍如何正确使用图书馆的馆藏文献信息，提高文献利用率，这项服务对新读者尤其重要。

### （三）文献宣传与辅导阅读

图书馆除了提供基础服务，还需积极进行宣传推广和阅读辅导，以便更多读者能够有效利用文献信息，提高其使用效率，从而增强图书馆在社会的影响力。

宣传推广通常采用多种方式，包括新书通报、书刊展览、报告会、讲座以及书评征文等活动。这些方法有助于让读者了解文献资源，并提升其价值。

阅读辅导分为内容辅导和方法辅导。内容辅导根据读者的需求或兴趣介绍相关书刊，并协助读者正确理解信息，以帮助他们获取知识。方法辅导则侧重于引导读者选择积极向上、正能量的书籍，以防止阅读对他们产生不良影响。

这两方面的工作密切相关。宣传推广有助于强化和扩展阅读辅导的效果，而阅读辅导直接影响文献宣传的范围和文献的利用程度。通过这些综合性措施，图书馆能够更好地服务读者，提高图书馆在社会的影响力。

### （四）科技查新

随着信息化的发展，海量数字资源迅猛增长，为我们带来丰富信息的同时，也提出了如何准确有效地查询和获取所需信息的挑战。这使得数字图书馆的信息服务面临新的要求。为了满足用户的特定需求，未来的服务发展趋势是提供集成化、个性化、多层次的信息服务产品。

数字图书馆在科技与经济活动中扮演着重要角色，其服务包括科技查新。科技查新是科技管理的一项基础工作，为科研管理等提供了可靠的文献依据，并受到高度重视。科技查新报告已成为科技成果评价和科研立项中必不可少的材料之一。然而，这类服务通常只能在大型图书馆或馆员队伍实力雄厚的情况下进行。

### （五）原文传递

原文传递，又称文献传递或全文传递，是一种图书馆服务，通过馆际互借或其他信息服务机构的渠道，为用户提供所需原始文献。该服务将图书馆的各项服务整合在一起，并在流程上需要其他图书馆和信息机构的协助与配合。原文传递是一种无须归还的馆际文献传递方式，有效解决了由于文献资料价格上涨而导致的购书经费短缺的问题。对于本馆尚未收藏或缺失的文献原文,只要读者有需求,图书馆都可以通过原文传递的方式满足读者的需求。总体而言,原文传递弥补了图书馆馆藏资源的不足,满足了读者对文献资源的需求。当读者无法在本单位的纸本资源或电子资源中找到所需文献时,可以通过相关平台提交原文传递申请。目前,主要的原文传递平台有北京地区高等教育文献保障系统(BALIS)、中国高等教育文献保障系统(CALIS)和国家科技图书文献中心等。

### (六)馆际互借

任何一座图书馆的馆藏资源都是有限的,无法满足读者对于多样化文献的需求。仅仅依靠本馆馆藏采购书刊,很难满足读者的文献需求,并且时效性也无法得到保障。因此,通过馆际之间的文献互借与传递,可以更高效地满足读者的需求,并且更加经济便捷。中国高等教育文献保障系统(CALIS)中心副主任陈凌指出,获取文献资源的能力同样不容忽视,馆际互借能力已经成为提升图书馆服务水平与服务形象的重要指标。

## 三、新环境下图书馆服务的趋向

### (一)利用开放获取资源开展网络信息导航服务

图书馆网站导航栏可引导读者获取所需信息,以网页形式展示层次框架与项目结构,可通过网站资源目录随时修改与扩充。读者信息导航服务可汇集专业资料与常用数据,为读者提供便利的网络信息查询条件。

### (二)开展个性化信息服务

图书馆读者群体的信息服务呈现出鲜明的个性化趋势。读者既能够选择接收相关服务的定时推送,也可以自主选择定制化的服务,还可以主动搜索文献资源。在图书馆的在线检索系统中,输入相关文献的主题词、作者、出版社等关键词，就可以找到所需要的资料。此外，除了个性化的信息推送，系统还会根据读者的借阅习惯，推荐适合的书籍、期刊等印刷型文献，这些推荐都会在图书馆网站的目录通告栏目中展示，方便读者查找相关资料，并尽可能地节约读者的时间成本，实现文献与读者的双重匹配。

### （三）提供网络化知识服务

图书馆馆藏包括网络数字资源和实体文献资源，为构建图书馆网络平台提供基础。为了满足读者个性化需求，提供高层次信息服务，图书馆网络平台开始尊重读者决策、提供问题查找与解决的增值服务。这种主动型的图书馆服务具有决策专业化、整合全球化、需求个性化的特点。

### （四）倡导学科化服务

学科化服务以读者为中心，依靠馆员为主体，利用图书馆丰富的文献资源，为机构提供教学与科研的多元化协同服务体系，旨在提供个性化专业知识服务，培养读者信息检索能力，并支持专家学者的科研教学活动。为了应对信息转型的挑战，图书馆需要创新发展，增强自身实力。作为学科文献专家的学科馆员，肩负着评选学科文献、组织书目和提供信息服务的责任，同时还要开展特定学科的文献素养教育，提供免费学科文献咨询服务，并担任学科文献资源服务的馆际联络人。

### （五）应用新技术服务图书馆，与用户建立完善的沟通渠道

互联网技术发展为图书馆带来技术支撑，多所图书馆开设官方微博，提升信息服务时效性、影响力与互动性，发挥自身最大价值，有助于读者更好地利用图书馆内部的典藏文献资源。此外，许多图书馆在微信、博客、手机图书馆以及移动图书服务点等领域积累了宝贵的实践经验。

## 四、图书馆现代化设备与技术的应用

### （一）自助借还系统

图书馆自助服务引领潮流，为维护读者隐私和节约时间，我国众多图书馆已开始引进自助借还系统。此系统充分发挥自助服务的优势，让读者自主借还文献资源，省去了工作人员的中间环节。

### （二）移动图书馆设备

移动终端普及，读者可远程查询文献信息，移动图书馆（电子书、平板、触屏手机等）是数字资源下载最佳平台，可实时交流互动获取所需文献资源。移动图书馆是实体图书馆与移动通信技术的无线借阅形式，实现了在线服务的升级，读者可随时访问内部文献资源进行电子阅读和查询借阅情况。移动图书馆满足网络移植需求并延伸扩展实体图书馆功能与服务，可视为数字图书馆的另类表现形式。

### （三）座位管理系统

图书馆普遍开发出应用软件，实现座位资源自我管理，提高管理人员效率，解决占座问题。简洁高效的图书馆座位管理系统，有助于建设和谐氛围、培养文明行为、营造温馨环境。

# 第三节　图书馆读者服务质量水平的提升对策

## 一、加强馆员与读者间的沟通，建立读者意见反馈系统

### （一）采访人员与读者的沟通

图书馆采购文献资源，目的是满足教学和科研需求。采访人员要加强与读者沟通，采购从读者实际需求出发。图书馆开设导读中心和读者服务专栏等服务项目。多种渠道获取读者图书推荐信息，如定期发送预订书目给读者勾选，通过采购系统、网站、信箱、微信公众号等平台接收读者推荐，邀请科研人员、专家学者参加现场采购。提高图书质量和满意度，发挥图书利用率及时效性。采访人员改变观念，做好读者服务工作，加强与其他工作人员和读者的沟通。开展读者现采活动，如读者选书、图书馆买单等。在坚持传统采访模式的同时，注入新的采访元素，促进图书馆的发展。

### （二）编目人员与读者的沟通

编目人员应加强与读者的互动，了解读者的检索需求，从而进行有针对性的编目服务。互动方式包括面对面听取读者意见、开通在线咨询、举办编目和检索讲座等活动。

### （三）前台服务人员与读者的沟通

前台服务是图书馆的一线工作，将转向信息技术服务，重点为咨询工作。咨询内容包括新书及馆藏文献查询、检索工具推荐等，还需收集读者意见。读者对前台工作人员的要求提高，问题深度增加。前台工作人员需要保持良

好的状态和仪表，代表图书馆形象。应对读者问题进行归类、分析，了解阅读倾向，引导阅读方向，培养阅读兴趣。对于不熟悉的问题应反馈给其他部门。

## 二、开展图书馆阅读推广活动，让读者爱上阅读

阅读推广服务旨在提高读者的阅读能力和信息素养，由图书馆通过各种渠道和方式进行推广，包括推广主体、媒介、阅读主体和阅读对象等要素。图书馆的读者主要是为了获取专业文献，因此其阅读推广的模式和方式也有所不同。

阅读推广要根据读者的不同类型采用不同的模式。对于具有较强阅读能力的读者来说，图书馆的服务模式是提供优质的阅读环境，帮助他们更高效地利用图书馆资源。图书馆可以设计一个服务平台，让读者能够方便地查看自己借阅的文献，包括收藏和借阅历史等信息。这样的设计可以让读者更加方便地管理自己的阅读材料，也能够增强他们的阅读体验。

对于缺乏阅读意愿的特殊人群，图书馆应该通过阅读推广活动来引导和培养他们的阅读兴趣。在活动中，图书馆可以采取生动有趣、形式多样的措施，吸引读者的参与，让他们感受到阅读的魅力。

阅读推广活动的形式多样，包括知识竞赛、阅读推广讲座、真人图书馆、读书会、图书推荐等。这些活动不仅可以丰富读者的阅读体验，也能够促进阅读兴趣的培养。同时，阅读推广作为图书馆的一项服务，也是一个新兴领域，可以借鉴其他相关学科的先进理论来不断完善。

## 三、改善图书馆服务环境，吸引读者爱上图书馆

### （一）嵌入现代化管理设备，引进全息成像技术

图书馆引入创新技术和管理设备，如座位管理系统、自助借还机和移动

图书馆架，以改善服务环境。同时，引入全息成像技术，改变读者学习、分享和创造知识的方式，让读者更喜欢图书馆。

### （二）为读者提供美好的阅读空间

1989 年，美国社会学家雷·奥登伯格在《绝好的地方》中提出，图书馆是人类日常生活中的"第三空间"。因此，图书馆馆员需要思考如何充分发挥图书馆作为第三空间的社会价值，以满足读者服务和馆员业务需求。图书馆应该提供实用、舒适、美观、安全的阅读环境，成为读者的阅读家园。同时，图书馆应按照相关的规范进行室内通风、采光、温度、湿度、声音等方面的控制，以确保适宜的阅读环境。

现代图书馆应具备以人为本、功能齐全、造型典雅、结构合理等特点，并具有一定艺术文化品位及生态人文环境。例如，法国国家图书馆外形像四本打开的巨书，具有强烈视觉冲击力；密特朗国家图书馆位于塞纳河畔，构成一幅动态油画；德国斯图加特新图书馆建筑以极简主义风格，使读者心境肃然。图书馆是现代城市文化环境的一部分，文化是人与环境相互作用下产生的，又会制约人与环境的关系。

## 四、加强图书馆的其他服务

### （一）图书馆主页服务

读者登录图书馆主页可查看个人资料、设置、借阅详情、推荐，并可修改密码、挂失证件。同时可查看推荐图书订购情况、检索图书、查看借阅历史、应还日期，并可网上还书或续借。

### （二）创客空间服务

创客空间是一种自由创造和分享创意的场所，为人们提供集创意和实践于一体的空间。德国柏林的混沌电脑俱乐部是全球第一家真正意义上的创客空间。在 2001—2002 年，创客空间呈爆发式增长，主要集中在美国和法国的大学图书馆等场所。创客空间包括信息技术区、学习讨论区和产品设计区三个主要区域，各区域之间合理布局和相互呼应，以满足受众的需求。创客空间不仅是一种简单的空间问题，更是一种组织图书馆服务的模式。

# 第三章　图书馆读者队伍结构

## 第一节　读者与图书馆读者

### 一、读者概念与实质

读者是社会历史的产物，随着社会经济和人类文明的发展而逐渐形成。这些读者具备文献阅读能力，并积极参与阅读活动。在阅读过程中，读者既扮演着积极的主体角色，同时也成为文献作用下的客体与对象。形成读者的社会条件主要包括社会政治、经济和文化的发展水平。这些条件为读者的产生提供了必要的土壤和环境。

#### （一）社会物质生产水平的不断提高，是社会成员开展阅读活动的根本条件

文献需要是人的各种需要之一，来自社会实践和物质生产。文献需要形成于社会，其发展源于社会发展。社会是人们以物质生产活动为基础的相互关系的总和，物质生产活动是社会的基础，社会的发展本质上是物质生产的发展，即生产力的发展。随着社会物质的发展，人们生存的社会范围不断扩大，人的社会实践活动不断丰富，人的精神活动空间不断扩大，激发了人们对众多的文献需要，从而形成于社会实践中的文献需要不断发展，最终导致

了文献阅读活动的不断发展。

### （二）文献生产方式的社会化，是开展阅读活动的直接条件

文献生产融合了精神生产和物质生产，承载着人们在社会实践中积累的知识，是思想和知识的核心载体。通过文献的社会化生产和传播，我们可以进行社会意识的交流，满足精神需求。在文献产生之前，人们只能通过口头语言交流思想、感情和对客观世界的认识，以及物质生产知识。然而，文献的出现彻底改变了这种情况。

随着造纸和印刷技术的发展，文献生产方式发生了重大变化。文献的包容量不断增大，涉及范围越来越广，流通传播领域日益扩展。这使得人们能够获得更多的知识，新的观念和想象得以广泛传播。通过文献的交流与传播，人类获得了丰富的知识和文化，实现了学术交流、思想交换、对社会与自身的了解。这促进了科学技术的发展，满足了娱乐需求，改善了生活，使社会的物质文明和精神文明得以长足进步。因此，文献产生的社会化极大地扩展了人类社会的精神交流规模和效率，是开展社会性阅读活动的直接条件。

### （三）科学文化知识的传播提高了人们的文化知识和自身素质，是使广大社会成员开展阅读活动的重要条件

文献作为知识的载体，承载了人类数千年的智慧结晶。通过阅读，我们能够继承前人的智慧遗产，掌握社会生活所需的知识和技能，形成正确的思想观念，并适应社会发展。特别是在现代社会，生产劳动和技术设备的复杂性日益提高，对劳动者的素质和职业技能的要求也越来越高。因此，我们需要不断开展阅读活动，接受社会教育，提高自身的科学文化素质和思想修养。随着个人素质的提高，也会促进阅读活动的深入开展。

要成为读者，个人必须满足以下基本条件：首先，读者需要具备强烈的文献需求，即对阅读材料有浓厚的兴趣和渴望。这种需求是激发读者阅读行为的基础动力，促使他们主动寻找和获取所需的文献和信息。

其次，读者需要具备一定的阅读能力。这包括对文字、图像等符号的解码能力，以及对阅读材料的理解和吸收能力。阅读能力是读者从文献中获取知识、信息的关键能力，也是实现有效阅读的基础。

最后，读者需要进行现实的阅读活动。成为读者的一个显著特征是他们与文献发生了某种联系，如借阅或购买书籍、电子资源等。阅读活动是读者身份的象征，通过阅读，读者能够从文献中获取知识、信息，实现人类文化的交流、继承与创新。

总结来说，强烈的文献需求、一定的阅读能力和从事现实的阅读活动是成为读者的基本条件。这些条件构成了读者这一概念的本质特征和特定的内涵。阅读活动不仅是获取知识、信息的重要途径，也是实现人类文化交流与创新的重要方式。

## 二、图书馆读者

图书馆读者是具有文献需求和阅读能力的个体和社会团体，是图书馆服务的核心对象。图书馆的各项业务活动都是为了组织和指导读者的阅读活动。图书馆的各项社会功能都体现在读者阅读活动的效益上。读者是接受图书馆作用的对象，他们的阅读活动时刻都在接受图书馆工作的影响。图书馆读者数量庞大，成分复杂，类型多样，涉及极其广泛的社会成员。图书馆读者可分为现实读者和潜在读者两大类型。

图书馆，作为社会知识交流的关键实体，其交流功能的充分发挥尚显不足，即便在图书馆事业相对繁荣的国家，此类现象亦不容忽视。究其根本，在于图书馆需转变服务模式，由被动转为主动，实施精准化服务策略，积极投身于社会知识交流与文献信息流通的广阔舞台，从而有效吸引并激发潜在读者的热情，促使他们充分利用图书馆丰富资源，共同构筑起人类文化知识的"源泉"。

# 第二节　图书馆读者成分

## 一、职业特征

职业,通常指人们所从事的工作或行业,以满足社会需求和谋生为目的。根据行业特征,职业可以细分为工业、农业、军事、商业等不同领域,涵盖了专业人员、技术人员、工勤人员等多个层次。同时,职业工作也可以根据从业时限性分为终身职业、阶段性职业和临时性职业。对于不同职业成分的读者,研究其共性和个性特点,有助于更深入地了解职业的本质和特点。

职业特征是指从事不同职业、专业或工种的读者所表现出的职业需求、兴趣、技能和阅读活动的综合体现,反映了读者的职业素质及职业实践与研究活动的过程。各种职业的读者,例如科技读者、文艺读者、干部读者和工人读者等,有各自的阅读需求和特点,掌握这些读者的职业特征便于提供专业对口服务。

## 二、文化特征

一定的文化程度是成为图书馆读者的基本条件之一。不同图书馆对读者的文化教育程度有不同要求。有些科学与专业图书馆要求读者至少具有高中或大学文化教育程度。读者的文化教育程度包括原有学历、现有专业技术职务或行政职务级别等两个不同层次结构。学历一般分为小学、初中、高中、中技、中专、大专、大学、研究生等毕业或肄业,或通过自考达到相当某种文化教育水平。专业技术职务一般分为高级、中级、初级三个档次级别。行政职务一般分为科级、处级、厅(局)级等级别。图书馆划分读者的文化程度同时考虑学历和职务级别两种标志,具体标准和方法视读者实际状况而定。

文化特征是指读者的学历程度、职务级别以及对图书文献需求的内容深度、阅读方式、目的的层次级别。不同文化特征的读者利用和理解文献的语种、类型类别、等级以及时间结构存在很大差别,对图书馆的利用方式和需求价值上也存在明显不同。高知识水平的读者主要需求外文文献、专业书、学术性较强的书刊、二次和三次文献、回溯性书刊以及电子资源,而一般读者主要利用中文普通文献。大学、中学读者阅读外国文学作品的比例基本相同,但在阅读现代文学作品方面,中学读者的比例高于大学读者,在阅读古典文学作品方面,大学读者的比例高于中学读者。文化特征反映了各种文化教育程度的读者对图书文献的阅读范围与阅读水平的差异,也反映了他们对图书馆的利用方式及需求价值的差别。读者成分结构中各种文化特征的读者所占的比重和所处的地位可以判断图书馆的藏书结构机构性质及工作水平,并可以区分不同性质的图书馆。

## 三、年龄特征

年龄结构是图书馆读者队伍中各个年龄组的构成比例,反映不同年龄阶段的读者在接受文献和理解文献过程中的心理素质及智力状态,是读者智力构成的一个十分重要的方面。年龄特征是指不同年龄阶段的读者群在阅读活动中表现出的心理素质和智力状态,不同年龄的人有着不同的智力及社会任务,因此对文献的需求层次也表现出明显的差别。图书馆必须针对不同年龄特征的读者群开展有效的阅读指导和各种服务活动。读者年龄的划分可分为少年读者、青年读者、中年读者和老年读者四个年龄阶段,不同年龄的读者对知识的感悟力和需求的范围也不同,年龄对读者的心理、行为的影响和制约也很大。

少年儿童读者在图书馆读者中占有很大比例,喜欢故事书和科普作品,阅读活动区域应单独设立。青年读者是成人读者中最复杂的成分,面临思想、事业、爱情、生活道路的考验，需要思考、决策、前进。青年人朝气蓬勃，求知欲强，阅读兴趣广泛。图书馆要加强对青年读者的阅读和指导，培养阅读兴趣、阅读意识、阅读目的和阅读技能。中老年读者年龄特征为老成持重、成熟稳定、规律性较强。

## 四、民族特征

我国是一个多民族大家庭，除了汉族，还有 55 个少数民族，他们的总人口占全国的 6%。由于各民族之间的文化、信仰、风俗习惯等存在差异，因此他们的阅读习惯也有很大不同。在图书馆中，少数民族读者是一个重要的群体。由于各民族之间的文化差异，他们的阅读行为和阅读需求也有很大的不同。因此，图书馆应该重视少数民族读者的需求，提供适合他们的阅读资源和服务。

为了更好地服务少数民族读者，图书馆应该了解他们的文化背景和阅读习惯。同时，图书馆还应该尊重他们的风俗习惯和信仰，提供更加贴心、周到的服务。通过满足少数民族读者的需求，图书馆可以更好地发挥其文化传播和社会服务的功能，为促进各民族之间的文化交流与和谐发展做出贡献。

## 五、特殊生理特征

《中华人民共和国残疾人保障法》定义残疾人是指心理、生理、人体结构上某种组织、功能丧失或不正常，全部或部分丧失以正常方式从事某种活动能力的人。联合国关于残疾人的世界行动纲领中明确指出，决定残疾对一个人日常生活影响的主要因素是环境，如果一个人失去了获得生活基本的机会，而这些机会对于社会其他人都是人人有份的，那就构成了障碍。公共图书馆有责任满足有特殊生理障碍的残疾人读者的阅读需要，提高其素质，为残障人平等参与社会生活创造条件。残障读者、视障读者和听障读者统称为特殊生理特征的读者，他们虽然生理上有缺陷，但大脑健全，具有特定的文献需求和阅读能力。他们在阅读文献类型、阅读手段同具有健全机能的正常读者相比较，不尽相同。

信息无障碍是全球图书馆面临的共同挑战，涵盖了物质和信息交流两个方面的无障碍。物质无障碍包括坡道、盲道、扶手、残障人专用洗手间和专用电梯等设施，而信息交流无障碍则包括盲文读物、盲文计算机、盒式磁带、音频播放设备等。图书馆应该为残障读者提供平等且方便的服务，包括送书上门、馆内阅读等，并配备相应的听觉和视觉资料及其播放录制设备。公共图书馆应该特别关注残障读者的需求，设立残障读者服务部，提供相应的服务和资源，创造好的经验和办法，值得我们借鉴和学习。

为了帮助视觉受损的读者"听书"，瑞士在 1998 年开发了基于听觉的数字信息系统（DAIS）。该系统利用 CD-ROM 和其他技术，为视觉障碍者提供阅读服务。在考虑与阅读活动相关的社会和自然属性时，DAIS 将职业和文化特征纳入其中。此外，年龄也是划分读者类型的重要依据之一，每个图书馆的读者成分都需要进行具体研究。

# 第三节　图书馆读者类型

## 一、个人读者类型

图书馆读者队伍以个人读者为主，即社会成员以个人为单位独立利用图书馆资源从事阅读活动。根据结构特征，个人读者可划分为多种不同特点的类型。

## （一）少年儿童读者

少年儿童读者指 2~15 岁的少年儿童。他们处在学龄阶段，爱读书和活动，求知欲强但学习时间短，阅读内容广泛且通俗易懂，有初步理解能力但以形象思维为主。按学龄知识特征，可分为初小、高小和初中三个阶段，经历认字、理解和形象思维阶段。随着年龄的增长，阅读中的自觉性、选择性和理解能力逐渐增强，处于半独立、半依赖、半成熟、半幼稚时期，可塑性强，易受外界环境影响。帮助他们养成良好学习习惯，利用图书馆获取广泛知识，打好基础，增强智力，引导他们朝着有理想、有道德、有文化、守纪律的方向健康成长，关系到祖国及社会的未来。

图书馆承载着教育职责，需要与学校教育紧密配合，积极开展课外阅读活动，以社会主义、共产主义思想为指导，坚守阅览阵地，丰富和拓展少年儿童的科技知识。为满足青少年在图书馆的需求，应深入了解他们的信息行为和内容偏好，提供具有思想性、趣味性、知识性、通俗性的文献信息及多元化的文献服务，以启发他们的智力与想象力，培养正确的人生观和奋斗目标。同时，图书馆需组织各类活动以促进青少年的成长，提高他们的认知水平。在服务过程中，应注意将教育与娱乐相结合，将馆内服务与馆外服务相融合，营造浓厚的阅读氛围，激发他们的阅读兴趣，提升阅读层次，鼓励他们进行研究性学习和创造性阅读。

## （二）大学生读者

大学生读者群体具有青年和学生读者的双重特性，他们处于成熟、发展、活跃和具有自我意识的阶段。他们的阅读兴趣和目的受到所学专业和未来职业发展的需求限制。为了成为全面发展并受到用人单位欢迎的工作者，他们需要系统地学习政治理论、专业知识以及综合性科学文化知识，以提高他们的文化素质和知识结构，并朝着智能型、创造型及综合通用型的方向发展。

图书馆是他们的第二课堂，他们在书海中吸收知识，增长智慧，在网络上寻找知识，提高文化水平和研究能力。随着学习阶段的深入，他们的阅读自觉性、选择性和专注程度日益增强，阅读方法技能也不断提高。他们对图书馆的了解、喜爱程度和利用程度会随着年级的递增而发展。

大学生读者的阅读活动颇为丰富，既涵盖与教学及专业知识紧密相关的系统性阅读，亦涵盖根据个人兴趣所进行的广泛课外阅读。这种全面阅读不仅提升了他们的文化修养和综合素质，亦激发了他们在学术研究等领域的潜力。在阅读取向上，他们不仅关注本专业领域的文献，亦对文学、哲学、历史、经济、艺术、法律及文化生活等各学科的文献怀有浓厚兴趣。特别是对于那些内容深邃、见解独特、反映最新学术成果与思潮的文献，他们表现出更高的阅读热情与兴趣。与此同时，随着国际交流的持续增长，他们对阅读外国学术著作、文学作品及国际知识等外文读物的需求亦逐步上升。

不同专业、年级、年龄、性别和阅历的大学生读者有着不同的阅读兴趣和需求。因此，图书馆在为大学生读者提供阅读材料和阅读环境时应该充分考虑到这些因素，进行差异化和个性化的服务。为了更好地服务于大学生读者，图书馆应深入了解读者的阅读兴趣和需求，提供符合他们需求的阅读材料和阅读情境。同时，图书馆还应该积极组织学术交流活动，帮助他们掌握正确的文献检索方法，提高他们的阅读技能和兴趣，使图书馆成为他们学习、研究和成长的第二课堂。

### （三）科技读者

科技读者是分布于各行业、学科的科技工作者，包括科研人员、工程师、医生、作家等。按职务分为高级、中级、初级科技人员，是图书馆的主要读者类型。

科技工作者的阅读需要主要集中在研究型和应用型，对文献的广度、深度和难度要求高于普通读者，对文献的时效性也有较高要求。他们需要利用原始文献，但更注重二次文献和三次文献的查找及利用，并需要综合性服务。因此，图书馆应加强二次文献、三次文献及综合文献的咨询参考、文献检索、情报服务、网上信息资源查询等服务水平，并应具备较高的外语或古汉语水平、学科知识水平、文献检索知识水平及服务能力和应变能力。

各类型图书馆应将科技读者作为重点服务对象，因为为科技工作者服务实质上是为科学研究服务和经济建设服务。科技工作者的文献需求反映了现代化建设的迫切需求和发展方向。因此，各类型图书馆应将科技工作者作为重点服务对象，为他们提供方便的图书馆文献资源利用条件，确保重点并想方设法满足其需求。

### （四）公务员读者

公务员读者包括党政领导干部、组织管理干部和国家机关工作人员，他们在制定政策、规划和管理时需要参考各种现实和潜在因素。他们需要的文献包括战略性综合动态资料和专业事实性具体资料。图书馆应提供全面、系统、综合性的，既聚焦强烈又具有全局观点的文献信息，解决他们的特殊需要。公务员读者是一般读者中数量较多的读者群，所需文献范围集中在人文科学、科普著作、文艺书刊等方面。

### （五）工人读者

工人读者群体按工龄分为学徒工、青年工人和中老年工人。青年工人是图书馆的积极利用者，追求社会时尚，阅读需求广泛，包括文艺作品、科普读物、业务技术文献、科技书刊和思想修养读物。图书馆应加强阅读指导工作，推荐好书，开展宣传评论。

### （六）农民读者

农民是图书馆最大的潜在读者，大多受过初中、高中教育，随着农村商品经济的发展，农民的科技文化意识增强，需要阅读娱乐性、通俗性、知识性、普及性的文献，如农业技术、民族风格强的文艺作品等。图书馆应举办农业技术培训班，送书下乡，提供农副产品交易信息，开展网上信息服务，使更多农民读者转化为现实读者。

### （七）军人读者

现役军人作为连队图书馆的主要服务对象，与其他大众读者一样，他们的文献需求主要集中在政治理论、军事技术、科学文化知识等领域。在图书馆的利用方面，他们以外借、阅览为主要形式。然而，随着军事技术的不断发展，军人读者的阅读需求正逐渐向广泛的科学技术领域扩展，以更好地适应当前和未来的挑战。

### （八）居民读者

居民读者包括就业职工、退休和离休的老年居民以及闲散人员。随着经济体制改革，下岗职工将成为基层图书馆主要读者类型。他们除了阅读文学作品外，还需要阅读科学技术和科学文化知识文献，以改变知识结构并寻求再就业。图书馆应重视并满足下岗职工的阅读需求。

### （九）残障读者

残障读者是个人读者中的特殊群体，生理上有缺陷但智力正常，需要社会帮助。图书馆应主动为他们服务，普及科学文化知识，开发智力，送书上门，满足业务和业余阅读需求，为他们排忧解难，以便为社会做出贡献。个人读者类型的差异是相对于整个图书馆读者群体而言的。至于不同类型的图书馆中的个人读者，他们各自侧重的方面会根据图书馆的性质和服务方向而有所不同。

## 二、集体读者类型

集体读者是指由若干个人组成的，以小组为单位利用图书馆的用户，有共同的阅读需求和方式。在一定期限内,他们集体借阅一定范围的书刊资料，与个人读者在借阅数量、期限、方式等方面有所不同。

集体读者有多种类型，如读书小组、竞赛小组、学习小组、科研小组、文艺作品评论小组、教材编写组和工具书编写组等，为完成不同目的而建立。各类型图书馆都有不同形式的集体读者用户，通常会有一个指定的负责人，图书馆也会提供相应的服务和支持。

## 三、单位读者类型

单位读者是图书馆的团体用户，以固定机构为单位利用图书馆文献资源。这些读者通过本单位与图书馆建立借阅或调阅关系，而不是以个人或小组的名义与图书馆建立关系。图书馆直接为单位读者立户，并指定联络人负责与图书馆联系。

单位读者通常包括固定服务单位用户、图书馆分支机构和建立了馆际互借关系的兄弟图书馆。单位读者作为文献信息传递的中转机构，负责根据本单位读者的需求向图书馆借阅或调阅书刊资料，并直接与读者建立借阅关系。

## 四、临时性读者

临时性读者是指没有图书馆借阅证件但临时利用图书馆资源或阅读设施的读者，包括个人、集体、单位或网络用户。临时性读者需要凭身份证件、单位介绍信或押金外借图书、查询资料或到阅览室学习自修，也可以成为任何图书馆的临时性读者。正式读者通常是指在特定图书馆注册并享有完整服务的用户，而临时读者可以在多个图书馆使用服务，通常没有注册的要求或限制。

任何一个图书馆的正式读者数量都是有限的，而接待临时性读者的数量却是无限的。各类型图书馆都应尽可能向社会开放，吸引更多的临时性读者利用图书馆资源。为了让更多人成为读者，必须确保所有具备阅读能力的社会成员都能够作为临时读者利用图书馆资源。

　　在研究、分析读者组成成分时，必须考虑城乡差别、收入水平等因素，这些因素对读者身份特征具有影响和制约作用。此外，还需要注意抽样调查的样本选择，以确保调查结果能够真实反映读者的阅读倾向。在抽取成分类型时，应先考虑共性特征，如性别、年龄等，再考虑个性特征，如专业等。同时，拟取读者成分类型要适度，过多则流于烦琐，过少则无法说明问题。

　　还需要指出的是，读者成分与读者类型是两个不同的概念。前者是对读者身份的一种确认，不仅适用于读者个体，也适用于读者群体；后者则是依据读者身份或身份以外的因素对读者群的一种划分与确认，一般只适用于读者群体。如以往图书馆学可以依读者身份将读者群划分成男性读者、女性读者两大类型，也可以凭借身份因素——读者有无借阅行为，将读者划分为现实读者和潜在读者两大类型。因此，在概念范畴上。读者类型比读者成分涵盖的范围要广泛。读者成分只是读者类型划分的基本依据之一。因为，人们对读者类型的划分，更多的是凭借其不同成分进行的。

# 第四节　图书馆读者范围与重点

　　确定读者的范围和重点，有助于图书馆更有针对性地提供服务，从而更充分地利用资源，提高服务效果和经济效益。重点读者是图书馆服务的重点对象，也是图书馆研究的重要内容。在确定重点读者时，需要综合考虑图书馆的性质、任务、藏书特点以及读者的实际需求和使用情况。一般来说，研究型读者和自学型读者是图书馆的重点读者类型，这些读者通常需要更加深入、专业的服务，并且会与图书馆保持密切的联系，积极反馈阅读需求和阅读效果。因此，在确定重点读者时，图书馆应该根据实际情况选择那些经常利用图书馆并且与图书馆保持密切联系的个人读者、集体读者或单位读者，作为重点读者对象，为他们提供更加全面、细致的服务。

各类型单位所设立的图书馆，其主要职责是为本单位读者提供服务，服务对象为本单位全体成员，读者范围及数量均以本单位全体成员为界定。例如，学校图书馆主要服务于师生员工，科研单位图书馆针对研究人员及工作人员，厂矿图书馆则面向工人、技术人员以及研究人员和管理人员，而机关图书馆则服务于全体职工等。

在这些特定范围的读者群中，各类型单位所属图书馆再选择某些担负研究任务或学习任务而又经常利用图书馆的读者，作为本单位图书馆的重点读者对象。

各级公共图书馆，主要面向本地区的全体社会成员，读者范围广泛，成分复杂，人数众多。因此，公共图书馆不可能为所有社会成员提供服务，必须有所选择，有所侧重。发展正式读者，调整读者队伍，是各级公共图书馆经常性的特有任务。

发展正式读者时，我们需要考虑以下三个因素：首先，要考虑本馆的实际条件，包括科学研究和大众服务的任务、文献资源的种类和规模、业务人员的数量与能力以及空间容量和设备条件等；其次，需要了解本地区经济文化发展的实际需要，包括地区经济特点、科学文化教育事业的状况以及需要利用书刊资料但本身资料缺乏的单位和个人等；最后，我们需要考虑本地区图书馆事业发展状况和馆际分工，避免将其他图书馆的读者作为公共图书馆的正式读者。对于个人读者，他们通常会在附近利用图书馆，但对于特殊需求，可以通过单位建立邮寄借书关系或通过馆际互借方式来解决。

读者队伍的调整需考虑三个主要变化因素：首先，地区经济建设和教育事业的进步与变革（如体制改革、机构调整、经济成分变动、工程技术与研究项目发展等）会直接或间接地影响读者队伍的构成；其次，读者队伍的实际变化（如因工作调动、职业变化、单位撤销或居住地搬迁等原因，导致长期不利用图书馆的情况）以及部分读者不符合图书馆的正式读者条件等问题，都会影响读者队伍的构成；最后，馆藏书刊的流通失调现象（如某些藏书成分因无相应读者利用而未发挥应有作用，但需要利用这些藏书的单位或个人却不是图书馆的正式读者）也需要纳入考虑范围。因此，为了确保图书馆读者队伍与社会实际需求、馆藏文献资源结构以及图书馆的任务和能力相适应，需要定期验证和核实读者的适宜性，对不合适的读者进行部分调整和删除，同时积极发展新的读者。这些措施可以提高读者队伍的质量，使应该为社会利用的藏书得到充分开发利用，同时让那些应该利用图书馆的社会成员成为图书馆的正式读者。

公共图书馆每三到五年制定一次读者队伍发展计划，包括发展读者总数量、各类型和成分读者的具体数量、一般和重点读者的条件和名额、读者登记和验证的时间、方法和具体措施，有计划、按条件、公开地发展读者。

公共图书馆读者范围体现公共性，以省馆为例，服务对象包括全省地区、党政军领导机关、科研生产部门、文化教育部门、各行业各阶层读者，以及不同文化程度和学科领域的读者。正式读者主要集中在省会所在市区，个人读者分为普通读者和科技读者，其中普通读者数量比科技读者高 2 倍以上。两类读者有不同权限与服务方式，并进一步区分一般读者和重点读者。

图书馆可选择发展重点读者，包括承担生产、科研任务并经常利用图书馆资源的专业读者。重点读者一般是工程师、大学教授等专业人员及管理工作者，享有放宽借期、增加借书册数、预约借书等优惠待遇，并建立专门档案。有条件的图书馆还提供跟踪服务、送书上门、个性定制等服务。

在一定区域内，图书馆读者群体的广泛性和多样性可以反映该地区图书馆事业的发展程度和文献资源的利用程度。同时，读者成分和类型的比例大小也可以说明图书馆在当地的影响力和地位。在单位内，成员利用图书馆的情况则可以反映该单位图书馆的利用率和重要性。

# 第四章　图书馆读者阅读心理与需求

## 第一节　基本概念与意义

### 一、读者心理概述

#### （一）读者心理的含义

心理现象是存在于个体内的主观精神现象，包括感觉、思维、情绪、意志等，统称为心理。尽管人的心理是世界上最复杂、微妙的现象，与物理现象不同，没有直接可感知的形态，但并非神秘莫测。这些心理活动，作为人类在社会环境与客观实践中的必然产物，不仅根植于其中，更对实践活动产生了深远的影响与反作用。经由深入剖析人类社会实践活动的广阔舞台，我们能够精准把握并洞悉人类各种心理现象的内在逻辑，进而科学总结与掌握心理活动的发展规律，为实践活动的指导提供坚实的理论支撑。

读者心理是指读者在图书馆活动中展现的阅读心理和检索心理。阅读心理包含了认识活动和意向活动，前者是吸收理解文献知识的过程，后者受个人和社会影响，包括个人需求、动机、兴趣和能力等。检索心理涉及读者在文献检索中的心理现象和特征，包括研究深度、共同心理特征（求新、求准、求全、求快心理）以及特殊心理特征，如检索能力和对图书馆工作的评价。

读者心理的形成和发展是读者内部意识和外部环境现象相互作用的结果，

是读者主观因素和各种客观因素相互作用的综合反映。掌握了读者心理的形成和发展，认识和观察读者行为就具有了充分的理论依据，了解读者的种种表现，就能及时把握和预测读者需求及行为的动向，为提供针对性服务打好基础。读者心理，从主体而论，可以分为图书馆读者心理、社会读者心理。各种知识的交流和传递，都需要在全面了解读者心理、掌握读者心理特征的基础上进行。图书馆读者虽然与社会读者在对象上有交叉，但是因环境、活动方式不同，读者的心理活动有着较明显的差异。因此，我们所说的读者心理，是指读者在图书馆这一特定环境下，通过对图书馆资源的利用活动而表现出的各种心理现象、心理特征及心理发展规律。

### （二）读者心理研究的内容与目的

读者心理研究是心理学与图书馆服务交叉的一个独立领域，主要研究对象是利用图书馆资源的读者群的心理现象，以心理学的原理与方法为基础，以图书馆资源的利用活动为范畴，以图书馆读者为特定的研究对象，以阅读和检索心理的一般规律为主要研究内容，结合读者心理活动与读者服务工作形成系统体系。

读者心理研究主要探讨读者在图书馆活动中的心理现象，包括对文献的认知过程、阅读时的心理意向活动以及与读者服务工作之间的相互关系。通过深入研究读者心理，图书馆可以更好地了解读者的需求和心理特征，为读者提供更优质的服务，提高读者的满意度。同时，读者心理研究也可以帮助图书馆更好地利用资源，提高图书馆在社会主义物质文明与精神文明建设中的地位和作用。因此，读者心理研究应该结合特定的时间、空间和社会历史背景进行，以确保研究的准确性和指导性。

对读者心理的研究有助于了解读者心理的形成和规律，以及读者从事阅读的心理机制。目的是更好地满足读者需求，提高优质服务的速度和效率，使图书馆读者服务系统达到最佳的运行状态。主要体现在以下几个方面：

第一，研究读者心理是为了指导读者服务工作的实践，发展和完善读者服务理论体系。读者服务工作具有很强的学术性，对读者的心理分析以及对各类读者需求的调查研究，都是科学性活动。对读者心理的研究成果不但满足了读者的心理需求，而且丰富了读者服务的理论体系，促进了读者服务工作的开展，成为体现图书馆教育功能和信息传递职能的保证。

第二，研究读者心理是为了建立科学的读者服务体系，变被动服务为主动服务。读者心理与读者服务之间存在着相互影响、相互作用的辩证关系，读者与图书馆馆员之间互为主客体。研究读者在阅读活动过程中的心理现象和心理特征，以及读者心理的形成，对于提高读者服务工作质量是十分重要的。从心理学的角度来认识读者、了解读者、研究读者心理需求的特点以及阅读活动的规律，就能主动为读者提供服务，克服谈者服务工作中的被动性。

第三，研究读者心理是为了图书馆馆员自身的建设，改善和密切与读者的关系。读者到图书馆去是为了选择文献、接收信息，其间与图书馆馆员的交流，其实质体现了人与人之间的相互关系。在该者与图书馆馆员的交往中，图书馆馆员占有主导地位。这对图书馆馆员的综合素质提出了更高的要求，图书馆馆员不但要掌握过硬的技术和本领，掌握的专业知识和广博的学科知识，而且还要热爱自己的本职工作，热爱读者，全心全意为读者服务。通过对读者心理的分析和研究，改善与读者的关系，解答读者提出的各种问题，帮助读者检索文献，最大限度地满足读者的阅读需求，为读者提供全面优质的服务。

总之，对读者心理的研究是现代图书馆读者服务工作实践和读者研究必不可少的重要内容。

## 二、读者需求的概念与意义

### （一）读者需求的概念

读者需求是指读者在寻找适合的图书文献时所经历的寻求过程。这个过程以读者的阅读目的为起点，以获取适合的图书文献为终点。它反映了读者与图书文献之间的互动关系，是阅读行为前期的重要活动。获取适合的图书文献的过程就是满足读者需求的过程。

从广义上讲，读者需求指的是图书馆用户对图书馆资源的期望与需求。这些资源涵盖三个主要方面：首先是精神资源，包括书籍、期刊和文献等，这些资源承载着人类精神文明的成果。其次是物质资源，涉及图书馆的建筑、设施和设备。最后是人力资源，即图书馆的工作人员。用户在寻求这些资源的过程中，不仅希望获得精神上的滋养，还期望图书馆能提供一个优雅舒适的阅读环境以及现代化的服务设施。此外，他们也期望图书馆工作人员能提供热情周到的服务。这三个方面是相互关联、密不可分的。

从狭义上讲，读者需求主要指的是对书刊文献资源的需求。读者需求可以理解为读者通过阅读活动，从文献中获取知识和信息，并由此产生对文献的研究和利用。读者的需求往往以自身的某种具体需求为起点，并体现在阅读内容、阅读行为和阅读效果之中。具体表现为阅读内容的选择会根据需要进行，阅读行为会根据需要进行控制和调节，阅读效果会根据需要进行评价，阅读活动在满足需求后会进一步深化。

读者的需求不仅反映了个人的特定欲望，也体现了社会需求的映射。因此，这些需求总是呈现出不断变化和复杂多变的特性。鉴于这些特性，图书馆的工作应当给予高度的重视，并致力于满足这些不断演进的需求。

### （二）读者需求的社会性

如何理解读者的阅读需求？阅读需求的核心是什么？研究读者阅读需求问题，需要借助历史唯物主义的理论基础。

H.K.克鲁普斯卡娅曾指出："不应当脱离时间和空间去把握读者，而是要联系读者所处的当时当刻，联系读者的劳动环境和生活环境。"随着有文化素养的社会成员不断壮大，一个庞大的读者群体正在形成。为了社会的进步、经济的繁荣以及自身的完善，读者将阅读视为其社会生活的重要组成部分，使得阅读成为一种普遍的社会现象。这与科学文化的进步和社会教育的不断发展密不可分。

阅读的社会性质在多个方面有所体现。

第一，作为阅读者的个体，既是阅读活动的发动者，同时也受到阅读内容的影响和塑造，这是阅读的社会性的一个重要方面。阅读者的结构实质是由社会关系决定的，他们在阅读过程中通过与各种媒介的信息交流，来理解和把握人与人之间的社会交往关系，从而满足自身的精神需求。

第二，阅读的过程并非一个孤立的行为，它是在一定的社会环境中进行的，是社会生活的一部分。阅读行为与其他社会活动紧密相连，形成了一个复杂的、多元化的社会链条。

第三，阅读材料的选择以及阅读内容的价值评估，并不是主观或者个人行为，而是由社会实践的需要、社会的经济、政治、文化等多种因素共同决定的。这些因素对人们的认知和行为产生深远影响，也塑造了阅读的内容和方式。

第四，阅读的效果直接影响到社会的生活和生产活动，这是由于阅读在完善读者思想和世界观方面所起到的积极作用。终身教育和连续教育的自学方式让读者能够不断积累和更新知识，以适应日益变化的社会和生产需求。阅读不仅是获取职业知识和科学技术信息的重要手段，还丰富了人们的文化生活。随着信息传播技术的发展，阅读的内容和形式变得更加多样化，这不仅强化了阅读的社会功能，还提高了信息获取的效率。纸质书籍、缩微载体和电子载体共同承担了知识存储和传播的任务，印刷出版、无线电和电视等媒介相互补充，形成了一个广阔的信息接收网络。各种统计数据显示，尽管广播和电视节目普及，但读者的阅读时间并未因此减少，反而促进了多种媒介的共同发展。虽然广播和电视宣传活动直接且效果强烈，但它们是一次性的，并受到一定条件的限制，而书刊文献则可反复阅读，随需随用，对照分析，静态思考，做读书笔记。许多文艺作品经过电台播讲或搬上电视屏幕之后，反而进一步提高了这些作品的印刷载体的借阅量。经过印刷载体的仔细阅读，反而提高了读者领会广播电视内容的水平。

第五，群众阅读活动的组织与指导，需要国家和社会的支持，而具体工作主要落在图书馆工作者的肩上。他们负责发展读者队伍、系统选择图书、指导读者正确理解阅读内容、帮助读者学会利用文献工具，并为吸引读者阅读和利用图书馆创造便利条件。这些工作均按照社会需求和国家规划，有计划有步骤地进行。同时，读者的阅读需要，包括对阅读的共同需求以及对阅读内容的不同需求，其实质是反映了读者的社会需求，即阅读需求的社会性。

### （三）读者需求的过程

读者阅读需求发展过程可概括为：以读者需求为起点，确定文献范围，调查线索，选择文献，最终获取适用文献。此过程是图书馆满足读者需求的过程，主要反映读者与文献间的选择关系及图书馆工作者与读者间的桥梁作用，属于读者阅读行为前期活动及图书馆工作者"为人找书"和"为书找人"的服务活动。读者阅读需求过程可分为三个层次：

1.确定文献范围

在文献选定的过程中，首要任务是遵循预设的阅读目标，深入掌握文献的基本信息，进而精确界定相关文献的范畴，并据此制定周密详尽的阅读规划。对于阅读需求明确且直接的情况，读者应能够迅速锁定具体的文献对象，诸如特定书籍、期刊文章等。然而，面对复杂而模糊的阅读需求，读者则需经历一个系统性的文献探索与阅读目标确立的过程，这一过程要求深入剖析读者所需文献的实质内容及所需文献的广泛范围，以确保选择的准确性和针对性。从文献的类型、文体、年限、学科门类和深度等方面出发，了解并适当表达自己的阅读需求，从而在阅读需求与文献范围之间建立起有机的联系。许多读者并不擅长表达自己的需求，也不了解图书馆有哪些适合自己需要的文献，因此无法正确规划阅读方案。当读者的阅读需求较为模糊，或者未能正确表达应有的需求时，图书馆工作人员有责任研究读者的阅读需求，启发和引导他们寻找文献线索，使模糊的需求变得明确，纠正不当的表达方式和内容，帮助读者在阅读需求与文献范围之间建立有机的联系，形成正确的阅读方案。

2.调查文献线索

在确定文献范围后，应进行调查和搜索。对于简单的需求，可以在馆藏目录中直接查找。然而，对于复杂的需要，应使用各种检索工具、书目、索引、文摘和题录等二次文献来查找原始文献，并进行初步选择。据调查统计，只有10%的读者能够全面掌握书目检索工具，而大部分读者只会使用简单的书目工具。因此，图书馆工作人员有责任帮助读者学会查找各种馆藏目录，熟悉各种检索工具的检索途径和方法，以便快速准确地检索文献资料。

3.选择具体文献

图书馆馆员负责提供读者所需的原始文献，读者则通过浏览或复制的方式对文献进行筛选。为了实现预设的目标，读者需从筛选出的文献中挑选出符合自身需求的特定文献，并最终获得适合的文献来满足其需求，为后续的实质性阅读活动做好准备。此过程具有连续性，反映了复杂需求的发展过程，可能涉及反复、交叉或跳跃。但最终，获取适合的文献是满足读者需求的最终目标。要全面满足读者的阅读需求，需图书馆馆员与读者携手共进，共同努力，密切协作。单一依赖读者或仅凭图书馆馆员之力，难以达成此目标。唯有通过双方的深度合作，充分发挥读者的主观能动性以及图书馆馆员的阅读引导功能，方能有效满足读者的多样化需求，促进阅读事业的繁荣发展。

## （四）读者需求的意义

1.读者需求是图书馆赖以生存和发展的基础

无法想象，若图书馆无法满足读者的需求，它还有什么存在价值？随着社会的多方面发展，人们需要一个能传播科学文化知识、保存人类精神财富、传递信息情报的文化机构，来适应各领域的发展。这就是所谓的社会需求。这种需求具体表现为读者需求的不断增长和更新。因此，作为满足这种需求的图书馆，其内部机构、服务方式等需与时俱进。读者需求与满足这一需求的图书馆资源和服务工作之间的矛盾运动，推动了图书馆的持续发展。随着科技的飞速进步，图书文献数量大幅增长，社会的发展需求使图书馆担负起参与情报传递的社会职能。现代化的电子计算机、缩微技术、视听技术的应用，是服务方式上的创新变革，可以更好地满足这一需求。在信息时代，读者需求呈现新的变化,传统手工服务的图书馆正逐步转向现代化网络图书馆、虚拟图书馆。

2.最大限度地满足读者需求是图书馆工作的核心

图书馆的内部机构设置、藏书的最佳布局、藏书体系的形成、读者服务方式的确立等都是以读者需求为导向的。为了达到这一目的，图书馆会采取一系列的措施和规划。例如，图书馆的文献服务、情报服务、技术服务等，都是为了满足读者对书刊文献的借阅需求、情报信息需求和特种技术需求而存在的。这些服务的存在，不仅能够满足读者的需求，也能够提高图书馆的利用率和读者的满意度。因此，图书馆的内部机构设置、藏书的最佳布局、藏书体系的形成、读者服务方式的确立等都是围绕读者需求这一目的展开的。

3.了解读者需求是图书馆提供有效服务的前提

掌握读者需求规律能够最大程度地避免工作中的盲目性，采取有针对性的服务方式，提高服务效率，达到良好的服务效果。然而，由于图书馆服务的有限性，难以满足所有读者的需求，因此需要区分服务的主次和优先级。例如，采购部门可以根据不同读者需求和图书馆任务，适时有效地选择采购文献，建立最佳的藏书体系；服务部门可以针对读者需求采取灵活有效的服务方式；领导部门可以根据读者需求的结构层次，制定相应的工作部署和工作计划。

4.衡量图书馆工作效率的重要指标是对读者需求的满足程度

图书馆对读者需求的满足程度是衡量其工作效率的重要指标。通过统计拒借率并结合藏书流通率、读者到馆率和图书周转率等指标进行分析，可以找出服务效果不佳的原因，从而采取有效措施提高服务水平。此外，合理的藏书结构也是提高服务效率的重要基础。因此，图书馆需要在满足读者需求的前提下，结合自身条件进行合理采购、布局和管理藏书资源。

# 第二节　图书馆读者心理特点与阅读心理特征

## 一、读者心理活动过程

所谓心理活动过程是指读者在阅读时所经历的心理活动。阅读活动建立在多种心理活动基础上，按照心理学原理分为认识过程、情感过程和意志过程。这些过程在各自特点的基础上相互依赖和相互促进，共同构成了读者的阅读心理体验。

### （一）读者心理的认识过程

阅读是人类知识获取的重要活动和途径，读者心理活动始于文献认识过程。这一过程涉及对文献个别属性的联系和综合反映。阅读认识过程即信息加工过程，包括输入、检测、存储、加工、输出和反馈等环节。在此过程中，需要调动感知、注意、记忆、思维等心理活动因素，使其处于高度积极的紧张状态，以完成对信息的认知。

1.读者的感觉

感觉是人脑对客观事物个别属性的直接反映，是认识世界的感性阶段，也是追求知识的初始来源和人类心理活动的基础，更是人类意识形成和发展的基本条件。感觉的生理基础是客观事物直接刺激人的感觉器官的神经末梢，引发传导神经的冲动，再传递给大脑皮层的中枢神经，从而产生感觉。各感觉器官承担着不同的反应职能。

人类产生感觉需要两个必要条件：首先，客观事物必须对人体的感觉器官产生足够强度的刺激；其次，主体必须具备觉察和接受外界刺激的能力。

读者对文献信息的感觉也需满足这两个条件，但由于各种原因，读者对文献信息的感受性存在巨大差异。例如，即使文献相同，读者不同也可能产生不同的反应，这是由读者特定的文献需求、心理素质、环境条件和职业因素所导致的。因此，读者的感觉是主观因素和客观因素相互作用的结果。

一般而言，读者对自己喜欢、符合需要的文献更易产生感觉。读者的感觉是阅读活动的起点，一旦产生感觉，读者会主动去探究文献的形式和内容，积极开展认识活动。因此，读者的感觉在心理活动的认识过程中具有极为重要的作用。

2.读者的知觉

知觉是人脑对直接作用于感觉器官的客观事物的整体反映。在感觉的基础上，多种感觉相互联系和综合，然后加以解释和理解，形成具有一定意义的对象。因此，知觉是感觉的继续和深化。

读者对文献信息的知觉会受到主观条件和客观因素的影响和制约。读者的知识和经验直接影响着知觉过程。例如，当读者接触到某一专业领域的文献时，会自然地将原有的知识和习惯的感知方式联系起来，把感觉到的信息归到某一类知识体系中去理解。因此，心理学认为，知觉是现实刺激和已存储的知识经验的相互作用的结果，是确定人们接受刺激的意义过程。

在知觉过程中，读者的知觉通常体现出以下特点：

（1）知觉的选择性

知觉的选择性在读者中表现为仅选择那些对自身具有重要意义的文献作为知觉对象。这种表现的原因主要有两点：首先，由于时间和精力的限制，读者在获取信息时无法将外部环境中的所有信息完整地输入大脑，因此在输入刺激信息时需要进行选择。其次，读者知觉的基础在于特定的需求、兴趣和爱好，人们总是倾向于选择对自己有意义和有价值的客观事物进行整体认知。因此，读者的知觉过程具有明显的选择性。

（2）知觉的理解性

读者通常会运用自身已有的知识和经验来认知文献，并试图理解其内容。

因为理解实际上是对事物意义的认知，是知觉的前提条件。知觉的理解性是通过人在知觉过程中的积极思维活动来达成的。任何知觉过程都是在过去的知识和经验的基础上实现理解，并在理解的基础上实现知觉。文献承载了千百年来的人类知识，是人类知识的瑰宝。因此，对于文献的知觉，尤其需要借助已有的知识和经验来确认文献的范围和用途，并理解其内容和意义。

（3）知觉的整体性

知觉的整体性是指读者在面对具体的文献时，能够将其视为一个具有内在统一性的整体进行感知。该整体是由多种不同的部分组成的刺激物，各部分具有各自的特性。然而，读者在感知文献时，并不仅仅是对这些部分进行割裂性的、孤立性的认识，而是将其看作一个有机整体进行感知。

举个例子，文献具有本质属性和非本质属性。读者往往容易对文献的非本质属性产生快速的反应，比如对文献的作者、书名、载体形式等外部特征能够迅速地感知。然后，读者会根据这些感知进一步判断该文献的本质属性。

文献中的各种属性在形成读者知觉的整体性方面起着至关重要的作用，特别是各属性之间的相互关系，这在很大程度上决定了知觉整体性的效果。例如，文献的关键词、主题词等特征能够让读者对文献形成一个整体印象，并掌握其内容特征。

需要强调的是，读者对文献的整体印象是在理解的基础上形成的。因此，知觉的理解性往往决定了知觉的整体性。

（4）知觉的恒常性

知觉的恒常性是指当知觉的条件在一定范围内发生改变时，个体的知觉理解仍然保持相对稳定的现象。具体表现是，当文献的载体形式、形状及外部特征发生变化时，读者仍能从文献的内容上理解其本质特征。因此，知觉恒常性的意义在于帮助读者适应外部环境的变化，并根据实际需求，充分吸收和合理利用文献的内容。

读者的知觉是阅读活动中产生的一种心理活动，它随着阅读活动的实践而逐渐完善和精确。这种知觉不仅对读者的阅读活动起到深化的作用，而且对于理解文本的内涵和意义也至关重要。它是感觉和思维之间的一个重要环节，为思维活动提供了准备条件。

在阅读过程中，读者的知觉不仅是对文本的表面信息的感知，更是对文本深层次含义的领悟和理解。这种理解是基于读者已有的知识和经验，对文本中的信息进行加工、分析和综合的过程。通过知觉的加工，读者能够更好地理解文本的主题、情感、语言风格等方面的内容，从而形成更加深入的阅读体验。

此外，读者的知觉还具有选择性和组织性的特点。在阅读过程中，读者会根据自己的兴趣、需求和目的等因素，对文本中的信息进行选择和组织。这种选择和组织的过程也是知觉的基本特征之一，它能够帮助读者更好地理解和记忆文本的内容。

总之，在阅读活动中，读者的知觉是一个不可或缺的元素。它不仅对读者的阅读活动产生深远影响，而且对于提升阅读理解能力和阅读体验也具有重要价值。

3.读者的注意

注意是指心理活动对特定对象的指向和集中，它是所有心理过程共有的特性，贯穿于整个心理活动过程中。在文献选择和吸收过程中，读者的注意具有重要价值。例如，当读者对某一文献产生注意时，他们会排除干扰，有选择地、集中地利用文献内容。正是由于注意的作用，读者才能实现感觉向知觉的转化，以及知觉分析向信息加工和存储的转化，并在此基础上进行深层次的思维活动。注意主要分为无意注意和有意注意两类：无意注意是一种无自觉目的的、不需要任何努力的注意；而有意注意则需要自觉性，需要一定的意志做出努力，并服从于一定的工作和学习任务。

读者的注意是一种具有选择性的行为，反映了读者心理活动的倾向性。在以下几种情况下，读者的注意容易受到影响：一是满足读者特定需求的文献；二是与读者某种特殊感情相关的文献；三是符合读者阅读兴趣的文献；四是与读者知识经验相关的文献；五是读者处于良好的精神状态。

因此，可以得出结论，能够引起读者注意的事物大多与读者的主观状态有密切的联系。所以，注意力是决定读者整个认知过程的关键因素。为了促进读者认知活动的启动和进行，图书馆应当采取各种策略和手段来吸引读者的注意，并提升注意的效果。

4.读者的思维

思维是人类大脑对客观事物的一种间接且概括性的反映，它建立在社会实践的基础之上。语言是思维的工具，人们利用语言将丰富的感性材料进行整理、分析、综合，由表及里，去粗取精，去伪存真，从而揭示出事物的本质和规律。

读者思维是指读者对文献内容特征的间接性和概括性的反映，是读者对文献的认知过程。通过思维，读者能够发现和掌握文献内容的共同特征、本质属性以及文献所揭示的事物之间的内在联系和规律。

思维活动的基本特点在于它是以读者已有的知识经验或其他事物为媒介，来概括地反映文献的内容本质，以及间接地理解和把握那些没有感知过的或不可能感知的事物。其意义则在于通过思维活动来认识客观事物或现象，获得精神上的体验和满足，并学习和积累知识经验，从而达到解决现实问题的目的。

读者对于文献内容的思维过程是一个繁复的心理过程，涉及对文献进行深入剖析和全面整合。这个过程的目的在于深入理解并掌握文献之间的内在关联和规律。通过人的思维能力，读者可以发现、把握并解决问题，同时从中获得精神层面的满足。

## （二）读者心理的情感过程

阅读情感是读者在阅读过程中产生的心理体验，受到多种因素的影响。其中，读者对文献的需求是影响阅读情感的重要因素之一。当文献符合读者需求时，读者会采取积极肯定的态度，产生热爱、满足、愉快等内心体验。阅读情感是读者心理活动的一种特殊反映形式，贯穿于阅读心理活动当中，能够激发读者阅读的热情，对读者阅读行为有积极的意义。

除了读者需求，其他因素也会影响阅读情感的产生和发展。其中，读者的生理素质和心理素质是影响阅读情感的重要因素之一。不同生理特点、不同心理倾向的读者，其心理状态就不同，因而导致了各自不同的情感状态。因此，保持健康而积极的阅读情感，对读者的阅读效果十分重要。

另外，文献的外部特征和内容特征也会影响阅读情感。只有当文献的外部特征和内部特征符合自己的需要时，读者才会产生阅读的冲动，体现出积极而且热烈的阅读情感；反之就会产生抵触、消极的阅读情感。因此，选择符合自己需求的文献对于培养积极的阅读情感也十分重要。

除此之外，社会环境也是影响阅读情感的因素之一。不同的社会条件、社会历史环境以及读者的生活工作环境，都决定了读者对文献的需求状态，因而影响和制约着读者阅读情感的发生与发展。

### （三）读者心理的意志过程

意志力是心理活动的重要组成部分，它涉及确定目标、支配自身的行动、克服困难以及实现预定目标的过程。这一过程对于人类在改造客观世界和主观世界、发展自身能力方面具有不可替代的作用。

在图书馆活动中，读者展现出明确目的、自觉主动的行为，他们努力克服各种困难，最终实现利用文献的目标。这一过程体现了读者心理活动的自觉能动性，他们调动内在力量进行阅读和思考，并暂时忘却其他与阅读无关的事务。

读者在意志力的驱动下，能够更好地理解和利用文献，从而提升自己的知识和能力。这一过程不仅体现了读者心理活动的自觉能动性，也为他们在其他方面的成长和发展提供了重要的支持。

读者在阅读过程中的心理活动包括认识、情感和意志三个过程，它们之间相互联系、相互影响。首先，读者的认知活动是建立在感知、注意、记忆、想象、思维等心理过程的基础之上，只有当读者充分认识到文献的价值时，才有可能选择各种方式、方法和途径，利用文献内容，实现意志所指向的阅读目的。同时，读者的意志反过来促进认知活动的深入和拓展，使阅读活动更加具有目的性和意向性。其次，读者的阅读情感影响着他们的意志过程，而意志过程反过来又对读者的心理状态和外部动作产生调节作用。总之，读者心理活动的认识、情感和意志过程是读者阅读心理过程中密不可分的三个方面，它们相互渗透、相互联系，共同作用于读者的阅读活动。

## 二、读者阅读心理特征

阅读是一种涉及心理和生理过程的重要行为。它不仅是文字的解码和理解，还涉及读者的个人情感、认知和动机等方面。研究阅读心理，旨在深入探讨阅读过程中的各种现象和问题，例如读者阅读的动机、阅读内容的理解和记忆以及阅读方式的运用等。通过了解读者的阅读心理，我们可以更好地理解他们的阅读行为和需求，为提升阅读效果和阅读体验提供有益的启示。

### （一）读者阅读心理类型

1.产生阅读心理活动的因素

读者心理活动的产生受多方面因素的影响和制约，但基本上是受到外部环境和自身需要这两方面因素的影响和制约。

一方面，读者所处的外部环境是产生心理活动的基本条件，它对读者的心理活动产生影响、制约和作用，并引起变化和发展。读者的时代和生活环境包括各种自然因素、社会因素，以及整个社会共同遵循的道德规范和审美标准等。作为社会成员的读者，必须掌握必要的文化知识并具备相应的工作能力。随着社会的不断进步，社会对读者的文化素质要求也在不断提高，因此读者必须进行阅读，获取知识，提高自身文化素质。当具备较高的知识能力和工作能力时，才能在某一社会领域找到自己的立足点，为社会做出贡献。读者的阅读心理活动明显受到社会生产发展和分配性质的制约，这是读者面临的客观现实。

另一方面,读者心理活动的内在因素和直接动力是其自身的需求和愿望。每位来图书馆的读者所展现的阅读态度和愿望都与其个人心理活动及社会实践活动有直接关联。为达成自己的理想、追求和目标,读者通常会选择学习、探索和不断积累知识的途径。这些目标成为激发读者阅读活动的重要驱动力。另外,读者们通常会对自己的能力、水平和特长进行评估,认识到自身的优点和不足,为使自我形象更加符合心中的完美标准,他们通常会选择拓展知识以充实自己。

总之,在外部环境的触发和自身需求的推动下,读者会主动参与阅读活动,这是激发读者心理活动的重要因素。

2.阅读心理的类型

读者在阅读活动中展现出的阅读心理多种多样,以读者的阅读目的为划分标准,读者心理可分为以下几种类型:

(1)求知心理型

这种类型的读者主要以青少年读者和普通读者为主,是各类图书馆最基本的读者类型。他们中的一些人表现出主动的求知欲望和积极性,另一些人则由学习的结果触发阅读行为,具有较强的被动性。图书馆可以根据他们的特点,有针对性地提供合适的文献资料,以满足他们的求知心理。

(2)欣赏心理型

读者在学习、工作和研究之外,也希望通过阅读来调剂精神生活,享受轻松愉快的阅读体验。这种阅读既是一种文化娱乐活动,也是一种积极的休息,同时还能获取知识、受到教育和启发,因此受到了人们的普遍重视和热爱。不同类型的读者对文献内容的需求具有知识性、趣味性和广泛性等特点,例如一些读者喜欢哲学著作、历史著作或文艺作品等,而另一些读者则只喜欢特定领域的著作。

(3)研究心理型

从事科学研究活动的广大科技人员是这种类型读者的主体。他们具备专业理论知识，有一定的学术水平和研究能力，承担着具体的科研任务，具有强烈的责任感和紧迫感。他们具有较强的探究欲望，是图书馆科技文献的主要利用者。对于这种类型的读者，图书馆应尽最大努力为他们收集、整理并提供所需的文献资料，以便他们能够掌握所研究课题的最新信息，跟踪科技发展的前沿动态并早日取得研究成果。

在读者众多阅读心理类型中，求知心理型和欣赏心理型，具备读者阅读活动的普遍性和共性特征。然而，研究心理型在读者阅读活动中，表现出更具有针对性和个性化，是值得图书馆重点研究和服务的对象。评估图书馆的藏书质量、工作人员素质、工作效率和服务质量的关键因素，就是在于对这类读者需求的满足程度。研究读者阅读心理类型，旨在为提供基础服务和个性化服务做好准备，也是读者服务工作的重要基础。

## （二）读者阅读动机

读者在阅读过程中的动机，是推动其阅读行为并引导至特定目标的一个心理过程。它是激励读者开始阅读的主观原因，反映了读者的内部愿望。根据心理学原理，人的行为是由需要驱动的，需要产生动机，动机支配行为，行为最终实现目标。在阅读领域，阅读需求是阅读动机的基础，是直接推动读者进行阅读的动力。

人的需要可以分为物质和精神两个层面。在讨论读者的阅读动机时，我们主要关注的是人们的基本需要以及由此产生的阅读需求。通过分析研究读者在阅读过程中的表现，我们可以更好地理解读者的阅读动机和心理活动。这样，我们可以灵活运用不同的工作方法，为读者提供高质量的服务。

从追求的目标来看，读者的阅读动机主要是为了满足提高科学文化水平，解决生产、科研、工作、学习、生活中的问题以及丰富精神生活的需要。

1.学习需求

读者出于学习知识、打基础、提高文化水平和业务能力的需求，来到图书馆进行借阅。不同年龄段和职业的读者有不同的学习需求，如大中小学生读者为配合教科书的学习，阅读一些参考书、课外辅导读物；青年人为升学考试、文化考核、业务技术职称的晋升等而系统学习基础知识和专业理论；成年人则为了扩大知识面而广泛浏览阅读各类文献；专业人员为了提高业务水平而深入学习专业知识等。这些读者的学习需求对图书内容的选择具体而明确，图书馆应该根据他们的需求，提供相应的文献资源和服务支持。

2.解决问题

作为现实社会中的一员，读者承担着各种社会责任，其收入、地位、荣誉等均与其工作业绩紧密相关。因此，为了不断提升自身的社会价值，读者在科研项目、生产实践、社会交往及工作生活中遇到疑难问题时，往往需要寻求图书馆的文献、信息和技术、方法等方面的支持，以解决实际问题。针对这些具有明确目的和方向的读者，我们应该高度重视并提供有针对性的服务，及时满足他们的需求，为他们提供满意的解决问题的途径。

3.娱乐休闲

在当今社会，随着竞争日益激烈，生活节奏不断加快，各行各业的工作者都承受着巨大的压力。为了缓解身心的疲劳，人们对精神文化生活的需求变得异常迫切。娱乐活动的内容和形式可谓五花八门。然而，阅读作为一种放松方式，具有其独特的优势，它既经济又高尚，深受广大群众的喜爱。

持有娱乐动机的读者在选择文献内容时，其最大的特点是广泛性。他们会根据自己的兴趣和喜好，阅读各类图书。因此，图书馆应积极发挥其作用，主动为读者提供健康、有吸引力的书籍，帮助他们选择好的书籍、阅读好的书籍，从而使他们既能够放松身心，又能够从中受益。

### （三）读者阅读兴趣

阅读兴趣是读者针对文献信息所展现出的主动探索与深入理解的认知态势，其特点在于稳定性和趋向性，是心理层面的一种显著特征。此态势不仅能够有效揭示读者的阅读偏好，还能够在读者筛选和选择文献信息的过程中发挥重要的指引作用，是提升阅读效率、深化阅读效果的关键性因素。随着人的成长、成熟及活动范围的扩大，社会实践的增多，个体的阅读兴趣也会随之形成和扩展。然而，读者的阅读兴趣表现复杂，阅读行为存在差异。读者的阅读兴趣可以分为广泛型和狭窄型。广泛型读者通过涉猎多领域文献获得更丰富的知识，以适应现代科技的综合发展需求；而狭窄型读者则专注于特定学科，深入了解某一领域。理想的阅读模式是将这两种兴趣结合，使读者的智力结构得到全面发展。广泛型读者的兴趣常常变化，不易持久，呈现出分散和多变的特点；而狭窄型读者则表现出浓厚的阅读兴趣，始终朝着自己的目标前进，具有集中和稳定的特点。这种阅读兴趣的多样性和稳定性，有助于满足不同读者的需求，促进个人知识体系的协调发展。

研究读者的阅读兴趣是图书馆读者服务工作的重要一环。读者到图书馆查阅文献，期望找到符合自己需求和兴趣的图书，并得到图书馆的帮助和指导。由于读者的阅读水平、能力和兴趣存在差异，图书馆应根据读者的具体情况采用不同的服务方法，以便读者能够找到最适合自己的图书文献，并取得阅读效果的最大化。

图书馆应当深刻洞悉读者阅读兴趣的心理演变历程，积极引导其认识到阅读兴趣对于阅读行为的深远影响，从而树立正确的理想与目标，着力培养读者自发阅读、积极求知的能力。此外，图书馆还需依据读者的兴趣导向，实施精准的阅读引导策略，以拓宽其阅读兴趣的广度与深度，形成稳定而广泛的阅读爱好，进而激发读者的思维活力，提升其参与创造性活动的层次与水平。

### （四）读者阅读能力

文献作为重要的信息资源，其价值的实现取决于读者对文献内容的需求与掌握程度，以及他们运用这些信息或知识来优化自身知识结构，进而提升对世界的认知水平和解决实际问题的能力。在图书馆的读者群体中，阅读能力的展现呈现出多元化的层次。通过对阅读能力的深入研究，我们能够精准把握读者的阅读特性与心理活动的内在规律，据此采取积极主动的策略，为读者提供更为高效、贴心的服务。

读者的阅读能力是指其在阅读活动中对文献资料充分利用的能力，主要体现在文献选择、阅读方法、文献理解、知识吸收和运用这四个方面。

1.文献选择能力

在文献资源丰富多样的环境中，阅读需要具备明确的针对性。这包括明确自己所需的文献范围和重点，掌握文献的检索途径与方法，能够鉴别文献内容，并精准选择出最有价值、最符合自己需求的文献资料。

2.阅读方法掌握能力

读者应熟练掌握各种阅读方法，并灵活运用相关的阅读技巧。这是体现读者阅读能力的重要方面，同时也是读者进行阅读活动并取得效果的保证。衡量阅读技能的两个主要指标是阅读速度和阅读效果。

3.文献理解能力

阅读文献的基本要求是理解文献内容。这需要读者能全面准确地把握文献的主旨意义，并深入地理解文献的内在实质。理解能力的基础来自读者自身知识储备的广度和深度，基础知识越扎实，理解能力越强，阅读效果越好。

4.知识吸收和运用能力

阅读文献的最终目标是充分吸收并运用文献所载的知识。读者需具备这种能力，才能达到学以致用的效果，并不断拓宽自己的知识领域。

以上四个方面相互关联且密不可分。显然，读者的阅读能力与他们的文化程度密切相关。文化程度高的读者通常具有较高的阅读能力，反之亦然。

在阅读活动中，不同阅读能力的读者群体展现出了明显的差异性，这种差异具体体现在对文献内容的理解程度、鉴赏水准以及选择倾向上。具体而言，对于同一篇文献，部分读者能够深刻领悟其内涵，并给予高度评价；而另一些读者则可能因能力所限，反应相对平淡。这一现象充分说明了读者在图书内容评价能力上的客观差异性。

在文献检索方面，一些读者能够独立利用信息网络来定位所需的文献和资料；其他读者则可能通过图书馆的各类目录系统来挑选和利用文献资源；

还有部分读者可能需要依赖工作人员的建议和帮助来开展他们的阅读活动。

因此，为了更好地服务不同类型的读者，我们应该深入了解他们的阅读特点，并采取有针对性的服务方式。对于不同阅读能力及需求的读者，应提供相应的服务以促进他们的阅读体验。

## 第三节　各类图书馆读者需求的特点

### 一、高校图书馆读者需求的特点

我国图书馆根据不同的部门分为三大类别：高校系统的图书馆、公共系统的图书馆以及科研院所和专业机构的图书馆。这些不同类型的图书馆有着各自独特的读者需求。高等学校图书馆的主要服务对象是学生和教师，他们作为不同群体，对图书馆的需求也各不相同。

#### （一）大学生读者需求的特点

大学生群体作为高校图书馆的核心读者群体，其阅读需求特征鲜明且重要。

首先，在教学用书方面，大学生读者展现出稳定、集中且具阶段性的需求特性。鉴于专业设定、教学计划、课程设置及教学内容的明确导向，教学用书的使用范畴得以相对固化，从而确保了需求的稳定性。同时，这种集中性不仅体现在书籍种类与复本的集中、读者群体的集中，还体现在使用时间的集中性上，大学教学各阶段中，教学用书的使用均呈现出鲜明的周期性规律。

其次，大学生读者的阅读活动紧密围绕其专业领域及未来职业规划展开，因此，他们更倾向于深入研读专业文献及跨学科相关文献，以期在专业知识领域获得更为广泛的积累与提升。

最后，大学生读者思想活跃，对新兴事物及精神文化生活抱有浓厚兴趣，其阅读需求相较于其他读者群体更为旺盛。除却与教学内容紧密相关的文献外，他们亦会根据个人兴趣广泛涉猎其他领域的书籍，包括但不限于专业书籍、教材、教学参考书，以及文学艺术、哲学法律、体育文化等多个方面。社会环境与个人发展愿景的双重驱动下，大学生读者积极寻求知识拓展与阅读深化，以期通过广泛阅读来丰富生活内涵、提升文化素养、增强学习与研究能力，其阅读热情、态度与目的均彰显出强烈的求知渴望。

为了满足大学生读者的各种阅读需求，高校图书馆应该以科学的方法来安排教学用书的借阅工作，确保书籍资源的合理分配和有效利用。同时，图书馆应充分利用其丰富的文献资源，为大学生读者提供全面、细致、个性化的服务，使他们在学习过程中能够更好地获取所需知识。

### （二）教师读者需求的特点

在高等教育体系中，图书馆作为知识与信息的汇聚之地，其服务的核心对象——教师读者的地位之重要性不言而喻，根源在于他们在高等教育中所承载的崇高使命与职责。依循年龄层次之划分，可将教师读者细分为老年、中年及青年教师群体，各群体在利用图书馆资源时，均展现出独特的文献需求特征。

资深老教师不仅是教学科研领域的领航者，更以其丰富的教学与科研经验，成为学校不可或缺的宝贵财富。其工作重心聚焦于著书立说、培育高层次人才及承担重大科研项目等方面。鉴于其个人藏书已颇为可观，他们在利用图书馆时，更侧重于探寻最新的研究前沿、外文珍贵资料及历史文献等深度资源。对此，图书馆工作人员应主动担当，协助其高效检索，以释放其宝贵时间，专注于科研探索与人才培养的崇高事业。

中年教师群体正值壮年，是教学与科研工作的中流砥柱。他们凭借坚实的专业功底与丰富的教学经验，在繁重的教学与科研任务、频繁的学术交流以及个人知识更新与提升的道路上不懈前行。在文献检索过程中，他们擅长运用图书馆的目录系统与各类检索工具进行自主查找，同时亦期待图书馆工作人员能适时提供帮助。其文献需求聚焦于本学科及专业领域的核心期刊、专著等，并期望获得更高层次的二次文献与三次文献服务，以便及时把握国内外学术动态，促进学术交流与合作。

青年教师则是高等学校教学和科研工作的新生力量。他们刚刚走上教学岗位不久，大多数担任教学辅导工作，同时也在不断积累和提高自己的基础知识、专业素养和教学能力。他们学习勤奋，工作热情高，对利用图书馆有很高的积极性。他们来图书馆的次数频繁且时间较长，涉及文献的内容广泛且借阅量大。针对这些特点，图书馆工作人员应提供多种形式的服务来满足他们的需求。

## 二、公共图书馆读者需求的特点

公共图书馆是隶属于文化系统的公共图书馆，包括国家图书馆，省、自治区、直辖市图书馆，区（市）、县图书馆及文化馆图书室、儿童图书馆、乡镇街道图书室等。它们承担着为科学研究服务和为大众服务两大任务，对于促进国家的发展和提高全民族科学文化水平发挥着重要的作用。公共图书馆的服务范围广泛，接待的读者来自社会各个阶层，包括欣赏型读者、学习型读者和研究型读者，他们对于文献的需求各有特点。

### （一）欣赏型读者

欣赏型读者是公共图书馆中最常见的读者类型，其人数众多，涵盖了不同职业、年龄和文化程度的群体。他们的阅读需求广泛且各具特色，具体取决于个人的兴趣爱好和需求。

一些读者可能对某部文学作品产生浓厚兴趣，进而前往图书馆借阅该书或相关书籍，以深化对作品的理解和把握。同时，也有部分读者为了解决实际生活中的问题，选择借阅相关书刊，旨在学以致用，提升自我。此外，还有部分读者渴望在紧张的工作学习之余，放松心情，他们选择随意翻阅一些轻松愉快的书刊，以达到调节身心、休息放松的目的。

中外文学书籍在图书馆流通量中占据了半数以上的比例，这主要归因于文艺作品本身的吸引力。文艺作品反映了广阔的社会生活画面和人们丰富的精神世界，具有广泛的受众面。读者通过阅读文艺作品，可以学习广泛的社会知识，了解人生的道路历程，从中受到启发、教育、感染，获得艺术和美的享受，甚至心灵的震撼。优秀的文艺作品能使人们奋发向上。文艺作品对读者潜移默化的作用是很强烈的。因此，图书馆应该积极引导读者阅读健康、优秀的文艺作品，以满足他们的阅读需求并促进个人发展。

公共图书馆的读者主要是利用业余时间和公休假日，来图书馆借阅图书、阅览报刊。由于受到利用图书馆的时间限制，许多读者以外借形式为主，在馆内阅览为辅。

图书馆对于这一类型的读者可以通过做好咨询辅导、目录指南、流通服务、阅读指导等活动，使欣赏型读者享受到良好服务。

### （二）学习型读者

学习型读者在公共图书馆读者群体中占有一定比例，涵盖了接受成人教育等自学考试的读者、具有学习需求的社会青年以及一些企事业单位的在职人员等。他们的阅读需求以提升科学文化知识水平、业务技能和增强自身能力为目标，例如专业学习、文化考核和技术革新等。这类读者具有明确的阅读目的，有一定的学习计划，并按步骤和阶段进行。

学习型读者通常会根据自身的学习计划，借阅必要的教科书和参考书籍等，因此公共图书馆成为他们重要的学习场所。他们所需的图书资料具有专业性、系统性强，并按进修自学的阶段递进的特点。此外，许多工矿企业为提高竞争力，实行科学管理并加强对职工的文化和技术培训，这也导致了数理化基础参考书和一些应用技术图书的需求大幅增加。

鉴于学习型读者正处于知识汲取与积累的关键时期，知识的广度与深度的拓展必须遵循由浅入深、循序渐进的原则。据此，图书馆在为读者甄选图书资料时，应秉持稳健审慎的态度，避免急于求成，挑选那些专业性过强、内容过于深奥、超越读者当前学习承受能力的资料，以免给读者带来理解与掌握的困难；同时，也不可提供滞后于读者既有知识水平的图书资料，以免阻碍其学习进程。因此，图书馆应精准把握读者的阅读能力层次，精心挑选并提供与之最为契合的图书资料，以促进其学习成效的最大化。

此外，这种类型的读者利用图书资料的目的性并不复杂。特别是接受成人教育的读者以及接受技术培训的人员，他们所需的图书资料与所学专业密切相关。

### （三）研究型读者

公共图书馆的读者群体中，研究型读者约占五分之一。虽然人数相对较少，但这类读者群体却扮演着重要的角色。他们大多是来自厂矿企事业单位的研究人员和工程技术人员。这些读者往往带着明确、具体的目的来到图书馆，检索专业性强的文献资料，以支持他们的科研和生产课题需求。对于这些研究型读者的文献需求，图书馆应及时提供系统完整的有关文献资料，以满足他们的要求。研究型读者通常比较注重文献的检索活动，这是因为研究型读者都具有一定的文献选择和获取能力，而且有时间亲自查找文献。选择和获取文献的过程，本身就是科学研究活动的重要组成部分。在文献利用的时间上，研究型读者具有较强的连续性，这与他们的工作性质有关，也是因为他们的工作时间和业余时间很难分开。如有文献需要，他们会到馆里查阅、检索很长时间。研究型读者对于自己所研究的项目有着浓厚的兴趣，对探索和发现有着强烈的欲望及热情。因此，图书馆在为他们提供基本的借阅服务的同时，还应开展定题服务、查新服务、文献调研服务、科技文献通报服务等高层次的服务。为了更好地满足研究型读者的需求，图书馆应提前做好科学研究的文献资料准备工作。

## 三、科研与专业图书馆的读者需求的特点

科研与专业图书馆主要指科研院所与专业机构图书馆，包括科学院及其分院图书馆、政府部门和各部所属研究机构的专业图书馆以及机关团体图书馆（室）等。这些图书馆的服务对象主要是科研人员和工程技术人员，他们的读者相对固定，具有较高的文化水平和专业能力。因此，这些读者的文献需求通常首选在专业图书馆中查找。

### （一）科研人员文献的选择特点

1.文献需求具有全面性

科学研究工作既是个体的创造性过程，同时也要继承和借鉴前人所取得的科研成果。因此，科研人员务必深入了解本领域之发展态势及国内外科研动向，此即要求他们广泛掌握信息资料与文献典籍。唯有扎实做好科学创新之前期筹备，方能全面而准确地洞察客观世界，明确自身研究方向，进而有效推动科研事业稳健前行。

2.文献需求具有系统性

在确定科学研究项目后，对于文献需求的内容，我们需要广泛涉及与研究课题密切相关的专业文献资料，同时也要参考相关学科的文献。这是由学科专业不断细化，边缘学科持续涌现，各学科之间交叉渗透并朝着综合化方向发展的趋势所决定的。就文献需求的文种而言，不仅涉及中文文献，还涉及外文文献，其中英文、俄文、日文等是使用较多的文种。在文献类型方面，中外文期刊是利用最多的，其次中外文图书、专利文献、会议论文等也占有一定的比例。在文献的时效上，我们强调利用最新、最近的文献，要求文献内容新、时间短、使用价值高。对于一些以前的具有参考价值的文献，我们也会系统地查阅，以全面系统地分析问题，促进科学研究课题的顺利进行。

### 3.文献需求具有阶段性

研究过程分为不同阶段，利用文献资料也表现出阶段性特征。在选择研究主题时，需要查阅文献了解该领域的研究现状和有现实意义的研究课题，避免重复研究。在调研阶段，需要全面了解所选课题的研究现状和发展趋势，通过筛选和参考相关的数据、资料、事例和方法，开拓思路和视野，形成新的认识。在撰写论文或进行具体设计时，需要对已筛选的资料进行去粗取精、去伪存真的提炼和加工。在评审阶段，需要从资料角度对研究成果进行验证，引用和分析相关的文献资料，评价研究成果的学术价值和现实意义。

### （二）工程技术人员文献需求的特点

工程技术人员需求文献资料的特点包括新颖性、专业性、可靠性、适用性、系统性、及时性和针对性等。工程技术人员需要查阅多学科和技术领域的文献资料，以全面掌握产品设计、制造、原材料、能源、环境和法律等方面的知识。他们需要有关新产品、新技术、新工艺、新理论、新发明、新方法、新思想方面的文献资料，例如专利发明、产品样本、技术标准等。为了配合工程技术人员，图书馆提供定题信息服务，希望快速及时地提供具体适用的文献资料。

# 第四节　图书馆读者需求趋势及评价

自改革开放以来，我国人民生活水平不断提高，文化生活日益丰富，对文献信息的需求也日益增强，主动性阅读活动持续增加。因此，在网络环境普及的新形势下，图书馆应注意读者阅读需求的变化。

## 一、读者需求的变化趋势

随着经济的迅速进步，社会生活的方方面面发生了巨大变革，图书馆的读者需求也随之发生了变化。读者的数量在不断增加，他们的信息意识逐渐增强，需求也向获取更多信息的方向转变。在改革开放的背景下，随着社会经济的不断发展，更多的潜在读者转化为现实读者，使得图书馆读者人数增加，信息需求量增长，需求的范围更加广泛。

读者需求呈现出一种趋势，即从传统的二次文献信息需求逐渐转向前沿信息和研究进程中的信息需求。这种转变促进了读者需求从低层次向高层次的发展，同时也使得技术经济信息需求逐渐成为读者关注的焦点。随着人们价值观念的转变，信息被视为潜在的生产力，因此读者对技术经济信息的研究、开发与应用以及技术的引进、吸收与创新等方面的需求量正在不断上升。此外，自我国实行对外开放政策以来，与世界各国的交往变得日益频繁，大量的信息在相互交流中得以传播。这些变化使得读者的视野更加开阔，对各种观点、题材、风格及流派的著作产生了广泛的兴趣。

读者获取文献信息的方式已经从过去的手工操作转变为现在的自动化和网络化。这一转变不仅提高了信息获取的效率，也使得信息需求更加全面和系统化。国内各个产业、学术和研究机构之间的信息交流和需求也在不断增加。同时，国际的文献需求也呈现出全方位的增长趋势，这种需求已经超越了时间和空间的限制。

此外，读者对非文献性信息及零次信息的需求也开始显现出发展趋势。在技术引进的过程中，软件引进受到了越来越多的关注。这些变化都表明读者的阅读需求正在不断发展和变化，以适应社会生产和生活条件的变化。这些需求不是固定和静止的，而是随着时间的推移不断发展和演进。当读者最初的阅读需求得到满足后，他们会继续追求更高的需求，这是一种客观发展的趋势。

## 二、读者需求的评价

图书馆的读者需求是读者选择文献的重要因素，但读者需求因个体差异而变化。为了全面正确地了解读者需求的特点和规律，需要对读者的不同阅读需求进行具体调查和分析，并做出合理的评价。这也是读者服务工作的重要基础之一。在评价读者需求时，需要考虑以下几个因素：

### （一）读者的自身特征

在评估读者需求时，我们需要首先考虑以下因素：读者的职务、职称、学历、工作性质、信息意识、年龄和性别。这些因素都会对读者的文献需求产生影响，并决定其需求的主要特点。因此，在评价读者需求时，我们需要优先考虑这些因素，以便更准确地了解读者的需求并提供相应的服务。

### （二）读者需求文献的主题内容

根据读者所需的文献所属专业或学科，以及特定的内容，可以确定读者查找文献的方法、选择哪种检索途径，以及确定哪些类目或主题词作为检索的关键所在。

### （三）读者需求的文献信息类型

了解读者需求的数据信息、事实信息或文献信息，如需进一步细分，还需确认所需文献是图书还是期刊，以及是一次文献、二次文献或三次文献等。图书馆工作人员应针对不同类型的文献使用方法提供专业、优质的服务。

### （四）读者需求文献的数量总和以及读者浏览和阅读文献的总量

这是衡量读者信息消化吸收能力的主要依据。关注读者需求的文献数量总和和读者浏览阅读文献的总量，可全面了解读者的兴趣和需求，为他们提供更精准的阅读推荐和建议。同时，分析这些文献可了解读者的阅读习惯和兴趣变化，为他们提供个性化的阅读推荐和建议。

### （五）读者要求提供信息的完整性、准确性

图书馆对读者提出的文献需求应给予满足，包括对读者所需信息的出版年代，以及对提供信息的时间期限和及时性的要求。

图书馆应该积极确保读者获得完整、准确的信息。它需要认真核实读者的文献需求，并提供真实可靠的信息。此外，根据读者的要求，信息应该被分类、整理和解释，以便读者更好地理解和使用。

为满足读者需求，图书馆需遵循以下原则：首先，提供最新信息，以满足读者对信息的新鲜性和时效性的需求；其次，确保信息的准确性，避免给读者带来不必要的困扰和损失；最后，提供全面信息，以满足读者对信息的全面性和系统性的需求。

为实现这些目标，图书馆需要建立健全的信息采集、整理、审核和发布机制。同时，加强与读者的互动和沟通，及时反馈读者的需求和意见，以不断提高服务质量。

总之,作为信息传播的重要机构,图书馆应致力于满足读者的信息需求，提供完整、准确的信息服务，以更好地发挥其作用和价值，为读者和社会作出更大的贡献。

### （六）读者获取信息的方法和习惯

了解读者获取信息的方法和习惯，以及了解他们的阶段性需求，对于评估读者需求至关重要。不同读者可能使用不同的渠道和方法来获取信息，而且他们的需求随着时间和情境的变化而变化。

### （七）读者需求的阶段性

阶段性需求是指不同阶段的读者，比如大专生和科研人员，他们在学习

和科研过程中对文献资料的需求会有所不同。了解这些需求特点可以帮助图书馆更好地为读者提供服务。这并不是要强调所有读者需求都相同，而是强调要发现不同读者需求之间的差异，以便提供有针对性的服务。这有助于满足不同读者群体的需求，提供更有针对性的支持和服务。

# 第五章　图书馆读者服务方法体系

## 第一节　外借服务方法

外借服务是指满足读者将馆藏文献按照一定规章借出馆外自由阅读的服务。外借可以包括个人外借、集体外借、馆际外借、预约出借和邮寄借阅等形式，还包括多媒体资料的借阅。

图书馆外借服务工作是图书馆服务的基础，应积极满足读者的需求。这是一个常说的话题，但随着时代的变迁，读者的需求也在不断变化。面对信息时代和知识经济的挑战，图书馆不能再局限于传统的服务方式，而应积极创新以适应时代的发展。

在图书馆的外借服务领域，深入探究读者的潜在需求、激发其学习热情、提升其学习兴趣以及吸引其频繁访问图书馆，是图书馆工作人员所面临的关键问题。因此，图书馆必须主动研究读者的阅读心理和需求，对读者类型进行细致分析，并调整馆员的服务态度和改变服务方法，以适应发展的需求。这是深化图书馆外借服务工作的必然趋势。

### 一、外借读者阅读心理及阅读需求分析

阅读是一种涉及多种心理因素的心理过程，用于从书面语言中获取信息。

人们的阅读行为在很大程度上受到社会政治、经济和文化背景对其阅读需求的影响。当个体的知识水平不足时，他们会产生学习和知识追求的需求。此外，个人的主观意识，如知识水平、能力和世界观等，也会影响其阅读需求，导致不同读者之间的差异。同一个个体随着时间的推移和知识的积累，其阅读需求也会发生变化。这些因素共同影响了阅读行为的复杂性。

## 二、对读者进行相关技能的培训

随着信息时代的来临，图书馆的服务方式发生了变化，对读者的要求也逐渐提高。读者不仅需要了解图书检索技巧，还需要掌握现代化工具，如计算机等，并具备一些基本的计算机知识。

### （一）对读者进行图书检索基础知识的教育

传统图书馆的信息组织方式主要是根据书籍的分类、书名和主题进行线性排列。这些书籍被放置在书架上，按照一定的顺序排列，方便读者根据需要进行查找。目录索引是读者获取图书信息的途径，它通常被比喻为"学海的灯塔、舵手和指南"。目录索引将书籍按照一定的主题进行分类，并列出每本书的书名、作者、出版社等信息，帮助读者快速找到所需资料。掌握查书方法可以帮助读者更加高效地使用图书馆资源，减少查找时间，提高学习效率。

### （二）对读者进行计算机基础知识的教育

在图书馆提供计算机服务时，发现部分读者缺乏计算机基础知识，甚至不会开关机。这可能导致在图书检索过程中出现误操作，增加计算机故障的风险，给外借工作带来困难。为了避免这种情况频繁发生，应该加大向读者计算机基础知识普及的力度，同时也可以借助熟练读者提供"课后辅导"，帮助他们度过这个阶段。现在有一种"傻瓜式读者检索机"，比手工目录检索更加简单快捷方便，读者可以轻松使用。

### 三、端正态度，提高技能，创新服务

图书馆在 21 世纪面临着重大机遇和挑战，需要适应信息时代的变革。图书馆馆员作为图书馆工作的主要决定因素，必须不断提升自身知识和技能，以满足不断发展的图书馆事业需求。有些人从事图书馆外借服务工作，但往往只提供浅层服务，机械地应对读者，忽视了自己的重要性。尽管我们的服务宗旨是"读者至上，服务第一"，但当服务不够好时，责任往往归咎于图书馆的藏书不能满足读者需求，这种做法不可取。虽然这并非普遍现象，但也反映出问题存在。因此，必须改变馆员的态度，激发他们的工作热情，不断学习并总结工作经验，创新服务方法，以提高服务质量。

#### （一）加强与读者的亲和力

需着力增强与读者的亲密度，语言运用的艺术性尤为关键。通过声音这一听觉媒介所传递的有声语言，以及通过视觉感知的形态语言，两者相辅相成，共同构建起高效的语言沟通桥梁。特别是在与读者进行即时且有限的交流互动过程中，形态语言较之于有声语言，其重要性更显突出。馆员在与读者交往之际，务必注意言行规范，塑造积极向上的交际风貌。应当主动展现亲善、和谐的姿态，营造轻松愉悦的交流环境，以此赢得读者的认可与满意，进而逐步构筑起深厚的亲近情感纽带。

#### （二）窗口服务不可小视

现代图书馆秉持共享理念，阅读是民众的基本权利，图书馆应积极提供服务，无理拒绝会招致社会批评。此外，国家以图书馆服务质量来评估其工作，图书馆及馆员必须不断提高服务水平以提升社会地位。从事一线服务的馆员应充分利用多年来与读者互动的宝贵经验，提炼和升华这些经验，以改

进服务并制定相应规范。

### （三）翻新服务内容，拓宽服务领域

图书馆馆员必须具备敏锐的观察力和出色的信息组织能力。他们需要密切关注出版动态，了解读者的兴趣和需求，并能够根据这些信息编写有针对性的图书推荐和书评。通过这种方式，他们可以帮助读者发现新的阅读兴趣，提升图书馆的知名度和影响力。

此外，图书馆馆员还要引入在线借阅和读书服务，进一步拓展图书馆的功能。通过在网站上提供各种文学作品，包括小说、传记、历史书籍等，读者可以随时随地下载阅读。这种服务方式为读者提供了更大的便利，也提高了图书馆的数字化水平。

同时，图书馆馆员可以在网页上创建"读书品书"栏目，为读者提供一个分享阅读心得和见解的平台。读者可以在这个栏目中互相交流、分享阅读感受和体验，同时也可以为其他读者提供阅读建议和推荐。这种互动方式可以增强读者之间的联系和沟通，提高他们的阅读兴趣和阅读体验。

总之，作为图书馆馆员，需要不断提升自身的专业素养和能力，为读者提供更优质的服务。通过编写图书推荐和书评、引入在线借阅和读书服务、拓展图书馆的功能以及创建"读书品书"栏目等方式，图书馆馆员可以更好地满足读者的阅读需求，并促进图书馆的发展和读者的个人成长。

## 第二节　阅览服务方法

阅览服务是图书馆的一种基础服务，它通过提供馆内文献和舒适的空间，帮助读者实现文献阅读。阅览服务通常包括普通阅览、专科阅览和多媒体阅览等多种形式，与外借服务一样，是图书馆读者工作的重要组成部分。

阅览服务不仅提供学习的场所，还是读者查找和选择文献的基地。阅览室通常提供宁静和舒适的阅读环境，深受读者欢迎。大多数图书馆的阅览室都是综合性的，提供各种类型的综合文献，以满足不同类型的读者需求。因此，如何充分发挥阅览室的潜力，提升阅览服务质量，是阅览工作者需要重视的重要问题。

## 一、利用阅览室为读者提供文献信息检索指导

尽管在当代社会中，获取文献信息的方式多种多样，但在我国，大部分读者依然主要依赖于文献来获取信息。这一现象与传统的阅读习惯和对文献信息的信赖度有关。因此，阅览室工作人员应该认识到教授读者掌握文献信息检索的方法和技能具有重要意义。为了实现这一目标，阅览室工作人员需要将推广和宣传文献信息检索原理、方法和技能视为首要任务。

在阅览室的重要位置，工作人员可以向读者介绍文献信息检索的基本原理和技巧，例如如何使用关键词进行有效的搜索、如何根据搜索结果筛选出最相关的文献等。同时，他们还可以向读者介绍各种常见的文献信息检索工具和参考书的使用方法，例如如何利用图书馆的目录检索系统查找书籍、如何利用搜索引擎查找学术论文等。此外，他们还可以向读者介绍馆藏文献的结构和特点，例如不同类型义献的分类方法、不同学科领域的文献分布等。

除了以上基础知识的普及，阅览室工作人员还可以采取更深入的传授措施来帮助读者提升自己的知识水平和技能。例如，他们可以向读者介绍文献信息数据库和电子计算机检索的基本原理、技巧和方法，如何使用专业的文献管理软件进行文献检索和整理等。通过这些指导，读者不仅可以更加高效地获取文献信息，还能提升自己的学术素养和能力，从而更好地服务于学习和研究工作。

## 二、发展壮大阅览室读者队伍，向"区别服务"要效率

阅览室提供了一个宁静、雅致、舒适的阅读环境，让人能够沉浸在知识的海洋中。这里的馆藏文献丰富多样，包括各种现期报刊、珍贵的古籍善本以及特种文献等，为读者提供了广泛的选择。这些丰富的馆藏吸引着无数渴望获取知识的读者，让他们流连忘返。

为了更好地吸引读者，图书馆应该大力宣传阅览室的优势，让更多的人了解和认识它。可以通过美化阅览室环境、改善设施等方式来提高读者的阅读体验，让阅览室环境变得更加宜人。此外，图书馆还可以开展各种活动，如讲座、研讨会等，来满足读者的多元化需求，进一步发展和壮大阅览室的读者群体。

在阅览室服务中，采用差异化服务原则是至关重要的。这类似于教育学中的"因材施教"，即根据每个读者的独特情况，有针对性地提供指导。图书馆作为社会教育机构，在为众多阅览室读者提供服务时，也应采取这种"区别服务"的原则。这意味着要充分考虑读者的年龄、性别、文化程度和工作性质等不同因素，为他们提供不同内容和性质的文献资料，并采用不同的服务方式。

这种差异化的服务方式能够大大提高服务的针对性，更好地满足不同读者的需求。为了实现这一目标，工作人员应根据阅览室的任务，将读者分为重点服务对象和一般读者。对于重点服务对象，应提供更为细致、全面的服务和保障，确保他们的需求得到优先满足。同时，也不能忽视一般读者的需求，他们同样需要得到优质、高效的服务。

通过这种划分，阅览室的资源可以更加精准地分配，从而提高阅览服务的整体效率。这不仅能够满足更多读者的需求，还能让图书馆在有限的时间内发挥最大的社会价值。因此，采用差异化服务原则在阅览室服务中具有深远的意义，值得广泛推广和实践。

### 三、做好图书馆阅览工作，研究读者阅读特点

了解读者心理是成功开展读者服务的前提。需要研究不同读者对图书资料的需求、阅读习惯和心理特征，以便提供有针对性的服务，确保服务是有目标的。根据读者的年龄和专业背景，可以提供相关书目的推荐、图书内容的宣传和特点的介绍，以多种方式为读者提供服务。

首先，对于普通读者，可以口头介绍并推荐好书和新书，满足他们的需求。针对那些有特定需求的读者，需要提供专业的帮助。如果读者要借的文献已经借出，可以介绍类似的书籍或其他资源。对于那些在假期需要阅读的读者，应该根据他们的文化水平耐心地协助他们查找并推荐相关书籍，以确保他们受益。

其次，对于需要查找资料的读者，应该提供热情、耐心和热忱的服务。这些读者通常有明确的目标，有些可能只需一两本书就可以解决问题，而其他一些可能需要查找大量技术资料，这可能超出了图书馆的收藏范围。对于后者，可以记录下他们需要的资料内容，帮助他们在其他图书馆寻找所需资料，然后通知他们。

最后，需要协助读者充分利用工具书，包括字典、词典和其他参考书。如果读者遇到不认识的字或需要进行日期换算等问题，工作人员应该利用各种工具书为他们提供帮助。工具书对于读者的学习和工作非常重要，因此工作人员需要熟悉工具书，并确保能够为读者提供有效的支持。

### 四、阅览服务的拓展方向

确保良好的阅览服务是图书馆的核心职责，也是其首要任务，旨在为读者提供高质量的服务。在新的历史时期，图书馆面临着诸多挑战和机遇，加强阅览服务的意识显得尤为重要。为了更好地满足广大读者对书刊和文献资料不断增长的需求，图书馆必须对传统的不适应阅览服务发展的方法进行改

革和创新。这种改革应该包括引入新的技术手段和理念，提高图书馆馆员的素质和能力，优化阅览环境，提升服务水平等方面。只有这样，图书馆才能更好地履行其核心职责，为读者提供更加优质、便捷的阅览服务。

参考我国东南部较发达地区公共图书馆在阅览服务方面的创新实践，总结现有图书馆阅览服务的特点，构建全新的"一体化"阅览服务模式，旨在提升阅览服务品质至崭新层次。以下为具体实施策略：

首先，图书馆的根本职责是向读者提供便利且高效的阅览服务。在传统的阅览室模式下，读者需预约并办理相关手续，这在一定程度上影响了他们的阅读体验。全开架阅览模式则允许读者自由挑选书籍，从而提升阅读的愉悦感。取消独立书刊阅览室有助于优化图书馆的空间规划。原先的独立阅览室通常面积有限、功能单一，整合后可实现资源优化，提升空间使用率。因此，图书馆可调整布局，设立多种功能的阅览区域，如宁静阅读区、研讨区、多功能活动区等，以满足读者多样化需求。全开架阅览模式还有助于提高图书馆藏书的利用率。在独立阅览室模式下，部分读者或许会因手续烦琐而放弃查阅某些书籍。全开架阅览则能让读者在轻松的环境中接触更多书籍，激发他们的阅读兴趣，进而提升藏书的利用率。同时，全开架阅览有助于培养读者的自主学习能力。在开放的环境中，读者可以自由选择学习资料，锻炼信息检索和判断能力。这对于提高国民素质、培养创新型人才具有深远意义。

其次，图书馆需要改革目前的专业书刊文献资料的陈列和阅览管理方式，以更好地支持读者系统地利用这些资料。可以考虑根据学科特点设置专业阅览室，以便读者能更方便地获取专业书刊文献资料。具体来说，综合性图书馆可以设置专业阅览室，而较小规模的图书馆可以考虑分别设置文科和理科阅览室。此外，还可以集中某些学科领域的文献资源，实现"书刊合一"的管理方式。在小型图书馆中，还可以采用中外文书刊合一的模式。这种改革将有助于读者更便捷地利用不同载体和语种的专业书刊文献资料，满足他们对这些资源的集中使用需求，还有助于建立一个相互协作、相互补充、有机联系的阅览服务体系，以满足读者对不同载体和语种的专业书刊文献资料的需求。此外，这也有助于图书馆工作人员更好地理解研究专业文献资料，并更好地了解和满足专业读者的阅读需求和心理特点，从而成为他们在专业文献的阅读和检索方面的有力支持者和合作伙伴。这也有助于图书馆工作人员发展专业化的技能，成为管理和研究专业文献的专家。

最后，图书馆需要重新思考提供阅览服务的方式，以更全面地为读者提供服务。可以考虑建立"阅借合一"的服务方式，将开架阅览与外借服务相结合。在更多书刊实行开架阅览的基础上，图书馆应积极推行开架阅览与外借服务的结合，特别对于一些新书刊，如果阅览室内读者众多，而规定的阅览时间无法满足需求时，可以采取灵活的外借方式，如几小时的小时外借或一日外借。这样可以更充分地利用馆藏文献资料，方便读者，降低书刊拒借率，减少长时间外借书刊的情况，促进紧俏书刊的流通，从而提高馆藏的利用率。同时，图书馆还可以考虑增加或延长阅览室的开放时间，特别是对于一些热门书刊，可以设定借书册数的限额，鼓励读者快速阅读并迅速归还，以防止个别人垄断外借书刊的情况。通过这些措施，图书馆可以改变以往重视收藏而轻视利用的观念，将藏书的利用放在首位。这也有助于逐步实现开架阅览和外借服务相结合的新阅览服务形式，以更好地适应新形势下的发展需求。

# 第三节　数字图书馆个性化信息服务

多年来，大众服务一直占主导地位，而个人日益多样化需求的重要性却受到忽视。然而，随着社会的不断发展和技术的应用，人性化和个性化服务在各行各业中得到了广泛关注。

个性化信息服务是一种为满足每个用户独特信息需求而量身定制的服务。它基于用户的信息使用习惯、偏好和特点，旨在向用户提供满足其个性需求的信息。用户可以通过信息定制来创建和管理自己的信息或兴趣群组，构建用户特征信息库。然后，利用智能代理和信息推送技术，根据用户的需求主动搜索网络信息资源库。一旦找到符合用户搜索条件的最新信息，系统将对这些信息进行筛选、分类、排序，然后及时主动推送给用户。这一过程实现了从传统的"人工查找信息"到"信息主动查找用户"的重大改变。它不再要求用户逐个查找信息，而是根据用户的需求提供信息，真正以用户为中心的服务模式得以实现。

## 一、个性化信息服务的现实需求与技术基础

传统图书馆工作中的"定题服务"曾是早期的个性化服务方式，虽然发挥了重要作用，但由于限于手工检索，无法在服务的深度、广度、信息数量和质量方面达到理想水平。另一方面，随着网络信息的急剧增加，数字图书馆和信息仓库的兴起使用户面临庞大的信息海洋，这些资源虽然可以满足大众化需求，但由于每个用户的信息需求受其学科领域、研究兴趣和使用习惯的影响，因此需要个性化的信息和服务。个性化信息服务是指在信息服务过程中，通过收集用户的兴趣、信息需求等信息，有针对性地设计服务环境、服务产品、服务方式和服务机制，以满足每位用户的个性需求。

技术层面上，支持图书馆的个性化信息服务的技术已经相对成熟。这些技术涵盖了多个领域，包括但不限于 Web 数据库技术、网页动态生成技术、数据推送技术、用户身份跟踪和使用监控技术、安全身份认证技术、数据加密技术、信息检索和信息过滤技术，以及智能代理技术。这些技术的运用已经相当普遍，使得图书馆能够提供更为精准、个性化的主动服务和定制服务。

与其他特色服务如自动推送、智能代理和在线咨询相比，个性化信息服务更加关注用户需求和行为模式，并以此来组织资源和服务。它旨在为用户提供个人信息服务环境和工作空间，是用户组织数字信息资源的理想方式。

个性化信息服务以用户为中心，根据用户的需求和行为模式来设计和提

供服务。它不仅考虑了用户的兴趣爱好和信息需求，还深入分析了用户的行为习惯和偏好，从而为用户提供更加贴心、精准和高效的信息服务。

通过这种方式，个性化信息服务有效地解决了用户在海量信息中寻找有用信息的困难，减轻了用户的信息筛选和整理负担，同时提高了信息的使用效率和价值。

## 二、个性化信息服务的实现方式与服务内容

### （一）个性化信息服务的主要实现方式

首先，需要收集与用户相关的信息，以建立用户数据库。这可以通过显性和隐性收集方式实现。显性收集包括用户在主页上注册、填写表单等，以获取基本信息、兴趣、爱好、研究领域、教育背景和偏好等信息。隐性收集通过后台软件记录用户的访问信息，如访问类型、内容主题和点击的关键字，并进行总结。

其次，需要分析用户数据库，这是实现个性化信息服务的关键步骤之一。通过对用户信息的细化、聚类和映射处理，可以为采集、组织和管理个性化服务信息提供依据。

再次，需要建立基于信息检索、信息过滤和协同过滤等技术的推荐系统。这个系统可以进行知识发现，使用多种数据分析技术为用户提供主动、及时、准确的信息服务。还可以根据用户的反馈不断改进推荐结果。信息检索技术用于响应用户的检索请求，返回查询结果；信息过滤技术根据用户信息获取感兴趣的内容；协同过滤技术则根据其他用户对内容的评价进行推荐。

最后，根据用户的不同需求，提供个性化信息环境。例如，在用户登录后，界面会根据用户的信息进行定制。这种技术不仅可以根据个人兴趣简化大众化界面，还能提供交互性的个性化用户服务。

数字图书馆的个性化服务是一种尖端且深度的服务，其核心是由智能软

件来驱动大部分功能的实现。然而，尽管软件能够完成许多任务，但仍需要一支专业的服务队伍来为其提供支持。这支队伍需要具备深厚的专业知识，包括对特定领域的深入了解，以及熟悉网络技术和检索技术。他们负责对学科专题资源进行严格的鉴别、筛选、过滤、控制、描述、评价和组织。

这支专业队伍的任务不仅仅是提供技术支持，他们还需要为用户提供一系列的服务，包括但不限于培训、检索指导、资源鉴别、筛选和整合等。这些服务旨在帮助用户更有效地利用数字图书馆的资源，满足他们的学术需求或研究兴趣。同时，他们还需要对不断变化的学科资源进行动态的监控和管理，确保图书馆的资源始终保持最新和最有价值。

### （二）个性化信息服务内容

目前，个性化信息服务主要体现在以下几个方面：

首先，个性化界面设置。这是根据个人信息需求所定制的专用 Web 页面信息资源和服务形式。在个性化界面设置中，用户可以自主选择网页版面的颜色、图标、布局等元素，同时也可以自由选择信息栏目和内容模块。在定制过程中，网页的外观或内容的改变是明确且由用户驱动的。

其次，信息主动推送服务。这种服务会按照用户指定的时间间隔和选定的主题，定期将资源库中最新信息自动发送至用户终端。信息主动推送服务主要借助电子邮件或智能软件完成。这种服务的最大特点在于，用户只需一次输入请求，便可以持续地接收到资源库中的最新信息。

再次，专业化网上定题信息服务也是个性化信息服务的一个重要体现。这种服务主要面向专业特定用户的重点科研课题需求和急需解决的关键问题，它是传统定题情报服务在网络环境下的进一步深化。专业化网上定题信息服务利用智能信息推送技术和在线聊天软件，向用户提供信息挖掘、分析提取、重组、集成等一体化的决策支持服务。

最后，个人图书馆（My Library）也是个性化信息服务的一种体现。个人图书馆为用户提供一个真正在"自己"的图书馆中查找资料的环境。系统根据用户注册时提供的信息，在全部馆藏（包括实体馆藏和虚拟馆藏）中提取满足用户需求的部分创建个人馆藏。

### （三）个性化服务形式

第一，集成式知识检索及导航。这种形式通过将各种类型的信息资源集成在一起，并按照规范进行选择和描述，形成一个规范的知识组织体系，从而使用户能够以更少的步骤获取所需的多种服务。这种服务表现为知识地图、一站式检索和检索推荐系统。

第二，定制服务。这是一种主动服务，以用户需求为中心，通过分析用户的使用习惯和兴趣，允许用户自定义所需的资源类型、表现形式和系统服务功能，并向用户推荐相关知识或知识载体。用户可以自定义页面内容、内容返回形式，还可以使用动态定制信息推送，将最新信息以用户定制的方式提供给用户。这包括常见问题解答服务、电子邮件提醒服务以及选择咨询专家等。

第三，互动服务。图书馆提供用户交互平台，允许用户向咨询员提出问题、寻求解决方法，并及时反馈评价和意见。这种服务形式有实时互动和异步参考咨询，还可以是独立或联合参考咨询。实时互动咨询、异步咨询和联合咨询是目前应用较广泛的形式。

第四，交流服务。这是一种通过团体或群体交流方式提供集体定制信息服务的形式。用户根据兴趣和需求自发或者根据图书馆的推荐组成交流团体，可以在线交流、发表个人知识，互相交流信息。这种形式可以包括论坛、日志空间和在线聊天等。

第五，个性化信息推荐。这种服务是根据用户的兴趣和需求向用户推荐他们可能感兴趣的信息。个性化信息推荐的原理是根据用户的兴趣和行为寻找匹配的信息或相似兴趣的其他用户，从而推荐相关信息。这种服务模式有助于减少用户查找信息的时间，提高信息浏览的效率。例如 ACM 数字图书馆，它会告诉用户其他用户在查看某一篇文献时还阅读了哪些文献，从而为用户提供相关信息。这种信息推荐方式可以是主动发送给用户，也可以用户主动查看，实现主动和被动服务的结合，避免过度服务。

第六，个性化信息检索。这是指根据用户的兴趣和需求进行信息检索，以返回与用户需求相关的检索结果。通过考虑用户的个性化需求和兴趣，个性化信息检索可以大大提高检索效率。这种服务涉及智能信息检索的相关技术，帮助用户更有效地找到他们需要的信息。

## 三、个性化信息服务

My Library 系统是数字图书馆的个性化信息服务工具，用户可自主创建并管理自己的信息库，获取各种类型的定制化信息，如学术资料、研究报告、新闻资讯等，同时根据用户个人信息、历史行为及兴趣偏好推荐相关信息。该系统提高了信息服务的针对性及有效性，提供多种便捷功能如信息分类、筛选、聚类等，方便用户获取和管理所需信息，提高了图书馆服务质量，满足用户不断增长的信息需求。

### （一）管理用户信息和认证用户

在图书馆个性化信息服务系统中，用户信息管理模块承担着存储和管理用户的 My library 及其相关信息的核心责任。在用户通过认证之后，将能够进入其个性化图书馆的入口网页。

My Library 在初始化阶段主要包括以下三大模块：

首先，集成化的图书馆资源和服务入口，这是为所有用户设计的。

其次，系统根据个人信息提供的与用户相关的信息和服务的入口，例如个人借阅登记、个人馆际互借入口、个人参考文献信息数据库、个人管理信息入口等。此外，系统还可以将一些具有针对性的临时性服务、资源或消息推荐给相关用户。这些临时性的消息或资源由系统管理员定期更新。

最后，该模块旨在满足用户个性化需求，允许用户自主定制个人偏好的资源与服务入口。此模块赋予用户高度的自由定制权限，用户可依据系统内已预设的多样化选项，灵活选择并整合所需资源，亦可自主与其他网站建立链接，实现资源的广泛互联。同时，用户享有随时修改与更新的权利，确保个人定制内容始终保持最新状态。而系统所提供的资源链接，则由系统统一进行维护与更新，确保信息的时效性与准确性。

　　总结来说，My Library 是一个功能强大的个性化信息服务系统，旨在为用户提供高效、便捷的图书馆资源和服务。

### （二）定制个人相关资源和网站

　　用户可根据其研究领域、兴趣及习惯，在系统内置资源或广泛网络资源中，精选内容以构建个性化的资源栏目。此类栏目可涵盖电子期刊、访问网站、数据库、参考工具及电子图书等多元形式。用户享有完全自主权，可自由设定栏目数量、架构及命名，并享有随时调整与更新的权利。系统通常依循文献类别、学科主题或名称等标准，向用户提供资源选择项。用户选定后，系统将即时呈现资源清单，详列资源名称及对应网站链接。一旦用户确认选择，相应资源即被整合至其专属"My Library"网页。对于系统未覆盖的资源，用户可自行录入资源名称、网站详情等信息，并上传至其个人网页，以实现全面而个性化的资源管理。

### （三）设定定题检索通告

　　用户可以根据自身需求设定学科主题和感兴趣的最新文献通告服务，包括图书馆新到图书、期刊、数据库等资源的通告。这些通告以联机公共目录查询系统的形式在一定时间内将新增的信息资源发送给不同的用户。数据库文献信息的定题检索通告服务可以利用数据库的个性化功能进行设置，也可以使用跨库检索系统来设置。用户可以根据他们的需求、关注的热点和学科研究领域，选择相关的数据库，并创建若干定题检索通告。网络信息通告服务则基于用户的信息数据，如身份、职业、学科背景等，记录每位用户的界面风格和感兴趣的信息内容，向用户推荐与其关心的更新信息。

### （四）建立个人电子书架

个人数字图书馆允许用户将他们查找的信息按照主题分类，并将其存放在虚拟书架上。这些虚拟书架可以在本地计算机和服务器的存储单元中创建，用户可以自由更改书架的名称和宽度。在虚拟书架上，原始信息和已经经过积极阅读后的附加信息的统一资源定位符（URL）以书的图标的形式呈现。通过双击这些图标，用户可以打开链接到原始信息或附加信息的网页。用户还可以使用鼠标拖拽操作，重新排列书架上的书的顺序。此外，用户还可以通过书的名称或 URL 来查找书架上的图标。

### （五）使用个人服务项目

在 My Library 中，用户可以直接访问系统为他们提供个人信息服务项目，无须再进行用户验证。这些服务项目根据不同用户的特点，直接向用户提供与他们相关的信息和服务，充分体现了个性化和人性化。这些个人服务项目包括个人书刊借阅、馆际借书、文献传递、检索、查新、个人参考文献管理系统、个人信息管理系统等。

### （六）个人信息通告和其他服务

系统将根据个人服务项目向用户提供个人信息通告服务，例如通知预约的书刊和馆际互借申请的文献已到馆、借阅书刊到期、查新项目已完成等。在设置信息通告服务时，充分考虑用户的个性化需求。此外，图书馆还会为不同用户推出临时性服务，例如推荐不同的参考书目、举办电子资源讲座、进行资源检索培训等，以满足用户的特殊需求。

## 四、国内数字图书馆的个性化服务

我国图书馆界对于 My library 的研究和实践起步稍晚，目前仅有少数几家图书馆，如国家科技图书馆文献中心、中国科学院国家科学数字图书馆及浙江大学图书馆等，已经开展此项服务。尽管许多国内公共馆和高校馆都在进行数字图书馆研究，并且可以从官网主页上方便地查询图书馆的相关信息和资源状况，但至今尚未形成完整的 My library 服务机制，仅具备了图书馆个性化信息服务的基本雏形。

### （一）国家科技图书馆文献中心的 My nstl

用户在未登录状态下，将无法使用 My nstl 的全部功能。My nstl 由我的图书馆和自助中心两个部分组成。注册用户可以通过"My Library"进行个性化定制。其功能允许用户在检索过程中将感兴趣的文献添加到个人图书馆，以供日后查询。在个人图书馆中，用户可以查看、删除文献，还可以选择购买文献。目前，每位用户的个人图书馆提供最多可存储 1000 篇文献。

My nstl 包括六个子栏目，它们都可以根据用户需求提供个性化定制和服务。1.我的数据库：用户可以在这里创建和管理自己的常用数据库，以便在定制的数据库范围内进行检索和订购。2.我的期刊：这个栏目让用户可以设定自己关注的期刊，以便在相应期刊范围内进行文献检索或浏览目次。3.我的分类：该栏目允许用户设定个人关注的类目，这样在设定的类目范围内进行文献检索更加方便。4.SDI 服务：根据用户定制的检索策略，系统将定期提供文献信息推送服务，并且推送周期可由用户自行确定。5.我的检索策略：这个栏目保存了用户在检索过程中创建的检索策略，可供再次调用或用于SDI 定制。6.我的书架：用户可以在这个栏目中保存检索过程中找到的感兴趣的文献，以便日后再次查阅或订购全文。

My nstl 的自助中心提供原文订购状态，账户信息和费用信息查询功能，以及用户信息自助管理服务。1.订单查询：根据原文请求流水号、请求时间以及请求处理状态查询原文订购情况，也可以根据网上支付号查询网上付款是否成功。2.交费情况查询：列出用户交费的详细信息。3.订单费用查询：按时间段查询全文订购文献所发生的费用明细。4.网上预付款：通过网上银行支付预付款，支付的金额将累加到用户在 NSTL 的账户上。5.专用信箱：用户可通过在线邮局接收所订购的文献全文。6.修改注册信息：可修改除用户名以外的所有注册信息。7.修改密码。8.集团用户账户查询：可看到所属从属用户的费用明细。9.用户卡充值：利用 NSTL 用户试用卡向当前账户进行充值，获得免费使用中心网络服务系统 20 元额度全文提供服务的授权，NSTL 试用卡可通过参加各种 NSTL 的宣传与培训活动获得。

## （二）中国科学院国家科学数字图书馆（CSDL）的 My library

该系统是在美国北卡罗来纳州立大学的 My library@ NC 系统（开放源码）的基础上，经过改进和开发而成的一个个性化定制与集成系统。它支持用户根据自己的需求选择信息资源，创建个人图书馆信息系统，并实现对个人信息资源的有效管理。该系统对任何用户开放，用户注册/登录后，可以根据自己的需要选择定制各类数据库资源、相关网络站点以及快速搜索工具。同时，用户还可以按照文献类型或学科两种方式浏览所有数据库、电子期刊和网络参考资源。在用户注册后，系统会自动根据用户的学科背景，推荐相应学科的咨询馆员。用户还可以在自己的 My library 上设置自己的界面风格。

CSDL 的 My library 的内容按照服务方式可以分为：我的书架、我的数据库、我的电子文档和电子期刊；按照学科内容可以分为：地球科学、电技术及电子技术、工程技术、化学、化学工业、环境科学、机械工程及机器制造、计算机科学、金属工艺及金属加工、经济及经济学、矿业工程、力学、能源学、动力工程、农业科学、轻工业、手工业及生活供应技术、生物科学、数学、天文学、图书情报学、土木建筑工程、物理学、医药卫生、运输工程、自然科学总论、综合性图书等。

CSDL 的 My Library 系统包括以下主要内容：

1.学科资源

2.快速消息

3.我的图书馆链接

链接了以下图书馆的主页：澳大利亚国家图书馆、北京大学图书馆、北京航空航天大学图书馆、大英图书馆、复旦大学图书馆、华中科技大学图书馆、加州大学伯克利分校图书馆、美国国会图书馆、中国国家图书馆、中国科学院国家科学图书馆等。

4.我的教育与研究资源

链接了以下大学或研究机构的主页：北京大学、哥伦比亚大学、国际原子能机构、国家科技图书文献中心、华中科技大学、美国化学学会、清华大学、中国工程院、中国科学院地理科学与资源研究所、中国科学院自动化研究所、中国农业科学院、中国宇航学会等。

5.我的参考书架

主要包括 BEILSTEIN/GMELIN CROSSFIRE、Landolt–Bornstein 网络版数值与事实型工具书、Knovel 网络版电子工具书、中西日俄文期刊联合目录库、综合信息总汇 Information Please 等。

6.我的全文数据库

主要包括 ACM Digital Library、ACS、AIP、APS、ASCEASME、Blackwell、BioMed、DOAJ Elsevier ScienceDirect、Highwire、IEL、IOPKluwer，Maney 材料学全文期刊、ProQuest 博士论文全文数据库、RSC.Springerlink、Science 中文版、Springer 网络版丛书、Wiley.WorldSciNet、维普中文科技期刊、中国专利数据库——中国科学院成都文献情报中心、中西日俄文期刊联合目录库等。

7.我的文摘数据库

包括 BEILSTEIN/GMELIN CROSSFIRE、BP、CCC、CSA、Derwent Innovations Index、EI.GEOREF、Inspee、ISTP、JCR、Maney 材料学全文期刊、PQDD、B、WEB OF SCIENCE、中国科学院文献情报中心西文文献数据库、中国科学院学位论文文摘数据库、中西日俄文期刊联合目录库等。

### （三）其他数字图书馆的 My library 系统

1.广东网络图书馆的 My Library 系统

在"我的图书馆"中，用户可以自由地设置自己感兴趣的图书类目，从而构建一个完全个性化的"我的图书馆"。在"最新文献"中，用户可以选择自己喜欢的书籍并添加到"我的书架"中。同时，用户还可以根据个人喜好对书架上的书籍进行自定义分类，以便更好地管理和查找。

以"我的书架"为例，用户可以根据中图分类法选择自己感兴趣的类目进行设置，从而形成个性化的"我的书架"。这种设置可以帮助用户快速查询自己感兴趣的书籍，并且可以随时添加新的书籍到书架中。此外，用户还可以创建自定义书架，将喜欢的书籍归为同一类，例如创建一个名为"我最爱看的图书"的书架。这种个性化的书架分类方式可以更好地满足用户的个人需求。

综上所述，广东网络图书馆的 My Library 系统具有高度个性化、人性化的特点，可以让用户更加方便快捷地查找和管理自己喜欢的书籍。

2.清华大学图书馆的"灵捷图书馆—读者的个性化图书馆"

在功能上涵盖了个人信息、书目追踪及定制服务等内容，然而，其实现体系在人力、物力及管理等方面仍有待进一步开发。目前，为读者提供的个人服务主要局限于书目查询、检索、预约及通过电子邮件通知等简单功能。

3.北京大学的数字图书馆

为用户提供了一个查询个人借阅信息的模块，用户可在此向图书馆馆员提交服务请求及建议。该模块主要功能包括预约、增购新书、增购复本、变更用户地址、馆际互借及提出文献检索服务等要求。

4.上海图书馆推出的 My library

基于个性化服务理念而推出的产品。用户可随时在个人图书馆中添加或删除资源及各种网络资源的链接,将个人最喜爱的网站组织在 My library 中。同时，用户可自愿选择符合自己需要的个性化界面，形成个人主页。之后登录时，用户将直接进入自己定制的个性化界面。

### （四）My library 服务的发展趋势

在数字图书馆时代，个性化信息服务拥有广泛的应用前景。数字化资源、信息技术以及用户的演进，正在将用户置于信息获取的核心位置，推动数字图书馆朝着以用户为中心的方向发展。这种服务方式将数字图书馆的系统结构与功能布局从服务器端转向用户端，实现了个性化映射和集成。用户能够通过定制、过滤信息资源，构建个人化的知识发现和知识管理系统，以满足其特定问题和需求。My Library 的个性化信息服务发展趋势主要体现在以下四个方面：

1.针对特定用户群体开发定制功能

根据学科或研究领域的相似性，为特定的用户群体开发定制功能。这些用户具有相同或类似的信息需求，可以通过与他们协商，了解他们的信息需求并提供定制服务。

2.实现 My Library 与图书馆自动化系统的结合

My Library 系统可以与图书馆自动化系统实现两个方面的结合。首先，图书馆自动化集成系统开发商开始关注并提供个性化定制服务。这些系统可能包括用户个人网页的定制、所需信息资源的定制等；其次，未来的 My Library 系统将进一步与图书馆自动化系统相结合，例如定期向特定用户发布新书通报、查询借阅记录等。

3.开发个人收件箱功能

将 Inbox 集成到 My Library 系统中，使用户能够在任何时间、任何地点登录 My library 时，除了能够查询相关信息资源之外，还能够方便地收发电子邮件。这对于远程登录的用户来说将非常便利。这种服务是对 My library 服务功能的一种扩展。

4.提供个性化电子广告服务

My library 系统通常会提供图书馆最新快报服务，但每个用户的需求是不同的。因此，根据用户的个性化需求，只发布由用户选定的图书馆服务信息是一种更加个性化的电子广告服务方式。

目前，数字图书馆领域的个性化服务还处于初级阶段，仍在不断改进和完善中。未来发展的重要趋向，应当坚持用户至上原则，持续优化系统服务功能并增强其交互性，以不断提升用户体验。同时，需加强对用户动态需求模型的研发力度，确保系统能够精准捕捉并分析用户行为，进而构建个性化的用户模型。此外，还应深入研究高质量、高效率的信息过滤技术，使所提供的资源能够精准匹配用户实际需求。在个性化定制服务方面，应推动其专业化发展，针对特定领域和特定用户群体提供更为精准、深入的服务。展望未来，个性化信息服务系统将依托多个数字图书馆的标准服务接口，实现跨图书馆的信息服务，为用户提供更为便捷、高效的信息获取途径。

# 第四节　电子文献传递服务

## 一、电子文献传递服务的作用

### （一）加快了图书馆之间信息资源共享的步伐

信息资源共享是推动图书馆业务持续发展的关键举措，此理念在国际上已得到普遍赞誉。然而，在我国，由于经济条件的制约，馆际互借在促进文献资源广泛共享方面尚存诸多障碍，其发展面临诸多挑战。相较之下，文献传递服务以其独特的优势，在较少的条件限制下，成功打破了图书馆之间的地理界线，使得任何地区的读者只要借助提供文献传递服务的机构，均能顺利获取所需文献资源，满足其学习与研究的需求。这种开放性的服务模式有望促进文献资源的更广泛共享。

### （二）有利于馆员的专业水平和思想水平的提高

如今的馆员通常具备广泛而深刻的学科知识背景，因为他们在工作中需要接触各种不同领域的信息资源。

在文献传递的过程中，馆员可以积极地与其他馆员进行交流。这样的交流有几个好处：首先，它可以帮助他们学习其他图书馆的成功经验，同时也能够向其他馆员学习各种业务技能；其次，这种交流还可以促进感情的建立，使彼此更好地了解，进而更好地协同工作，有助于工作的顺利进行。这种协作和知识分享有助于提高整个图书馆体系的效率和服务质量。

### （三）电子文献传递服务，能有效、经济地满足读者需求

通过开展电子文献传递服务，图书馆可以重新分配经费，降低购买传统文献的费用，并将一部分经费用于网络信息资源的建设，从而更有效、经济地满足读者的需求。以清华大学图书馆为例，他们大力开展了电子文献传递服务，同时削减了外刊期刊的数量，节省经费约 67 万元，但外刊期刊的利用率却提高了 62.5%。这表明，电子文献传递服务不仅没有降低文献保障的能力，反而有所提升。电子文献服务是一种大范围资源共享的有效手段，可以在一定程度上缓解文献出版量不断增加和购书经费不足之间的矛盾。

电子文献传递服务通过各种方式，如网络数据库、电子邮件、电话、传真、传递软件等，为读者提供了快速、周到的信息传递服务，不再受限于图书馆的服务范围，而能够面向国内和国际的文献情报机构。这拓宽了读者的文献需求范围，有望为图书馆带来良好的社会效益和经济效益。

### （四）电子文献传递服务方便、快捷，便利科研人员的相互交流

电子文献传递服务具有独特的优势，尤其在快速传递国内外最新文献信息方面。这种服务提供了方便的检索和快速的文献传递，显著地促进了我国科研人员在国内和国际学术界之间的学术交流。以上海文献情报中心为例，

他们专门配备了专业技术人员，使用现代网络技术，可广泛获取文献信息，传递速度快，且可在当天内满足申请者的需求，因此建立了一流的文献传递服务品牌。

国家图书文献中心与北京的专业情报机构联机上网，提供信息查询、订购和发送等综合服务，读者可以通过计算机网络远程查询和订购原文，并快速获取所需文献信息。电子文献传递服务非常灵活，可以通过电子邮件传递国外电子文档，也可以通过扫描方式将本馆的文献以电子邮件或传真方式提供给用户，无需使用邮政渠道，从而提高了信息传递服务的效率和质量。

总之，电子文献传递服务传递的是信息而不是物质载体，为馆外读者提供了高效、高质量的服务。

### （五）文献传递服务使文献资源的价值得到更好的发挥

文献价值的充分发挥与利用，得益于大型图书馆之间的共建共享政策。这种共建共享的最终目的是使文献资源本身的价值得以充分发挥，最大限度地满足读者对文献的需求。通过文献传递服务，本馆馆藏利用率和服务质量得到了显著提高。例如，国家图书馆与中国高等教育文献保障系统（CALIS）等权威机构，积极发挥其丰富的文献资源优势，携手构建了图书馆联盟体系，深入贯彻并执行了文献资源共建共享的政策方针。

对于图书馆工作而言，文献传递服务占据着举足轻重的地位。首先，它实现了经费的有效节约；其次，极大地丰富了图书馆的资源储备；最后，切实满足了读者的广泛需求。通过详尽统计与分析文献传递服务的各项数据，我们可以明确发现文献服务机构在文献采集、处理及布局规划上的潜在不足，并将这些关键信息反馈给相关部门，为其工作优化提供有力支撑，进而推动整个单位读者服务工作的高质量发展。

## 二、电子文献传递的方式

### （一）E-mail（电子邮件）

有些图书馆，尤其在那些文献提供馆无法便捷地通过馆际互借自动化系统发送请求的情况下，仍然会选择使用电子邮件来发送文献请求。在操作过程中，文献提供馆会借助扫描仪将文献内容转化为数字信号，随后将这个数字信号作为电子邮件的附件，直接发送给文献的请求者。这种方式虽然相对传统，但它的优点在于操作简便、适用范围广，而且不受地理位置的限制，只要有网络连接就可以进行。同时，电子邮件的附件功能也为文献的发送提供了很大的便利，使得文献的传递更加快捷、高效。

### （二）FTP（文件传输协议）

使用 FTP 传输协议，文献提供者将扫描后生成的文献文件上传到 FTP 服务器上。这一过程非常简单，只需要在提供者的计算机上输入 FTP 服务器的地址和登录信息，就可以轻松地将文献文件上传到服务器上。

这些上传到 FTP 服务器上的文献文件可以被其他人获取和下载。接收者只需要获取提供者的 FTP 登录账号，就可以从同一 FTP 服务器上下载文件到自己的本地计算机中。

这种方法具有高效、便捷、安全等优点。首先，它能够快速传输大量数据，使得文献提供者可以方便地将文献文件传输给其他人；其次，它不需要通过互联网进行传输，因此不会受到网络速度和稳定性的影响，可以保证文件传输的稳定性和完整性；最后，这种方法也非常安全，因为只有获得提供者的授权才能访问 FTP 服务器上的文件，保证了文件的安全性和隐私性。

总之，使用 FTP 传输协议上传和下载文献文件是一种非常方便、高效、安全的方式，可以大大提高文献传递的效率和便利性。

### （三）从数据库服务器下载

有些文献扫描后会以数字文件的形式保存在数据库服务器上，用户在订购后可以直接通过互联网下载。商业信息机构通常采用这种方式提供"二次文献检索及原文下载"的一站式服务，例如 Pro Quest Information and Learning 提供的学位论文在线订购服务，以及各种文摘索引数据库与电子期刊的链接。图书馆在收到以电子方式传递的文献后，可以采用三种方式之一将文献提供给用户：打印文件后送交用户，将文件作为电子邮件附件直接发送给用户，或将文件放在服务器上，然后通知用户可以从服务器上下载。

电子文献传递是通过互联网实现的服务，它需要提供方和接收方都具备连接互联网的计算机。提供方通常会使用扫描仪将印刷文献数字化，而接收方需要使用打印机来打印文献。此外，扫描软件、传输软件和阅读软件也是电子文献传递不可或缺的工具。通常，文献提供方会使用压缩软件对文件进行压缩，以减少传输时间。

电子文献通常以 PDF 格式的文件存储在数据库服务器上，这些文件可以使用 Acrobat Reader 等阅读软件来打开、阅读和打印。如果文献采用其他特殊的文件格式，文献提供方需要提供相关的信息，告知用户需要使用哪种特定的阅读软件来查看文献。这样，用户就能够方便地获取并阅读所需的文献信息。

## 三、电子文献传递应用软件 Ariel

### （一）Ariel 的背景情况

美国研究图书馆组织（RLG）所研发的"Ariel for Windows"软件，是一款专为互联网用户设计的文献传输系统，旨在高效服务于图书馆及各类相关机构，提供便捷的文件传输解决方案。依托 Ariel 系统、Windows 操作系统及完备的硬件设施支持，用户能够轻松实现文献、图片及资料的扫描工作，并借助互联网将所生成的电子图像安全、快速地传送至电子邮箱或运行 Ariel 的其他指定工作站，从而优化信息流通效率，促进资源共享与利用。

自 1994 年起，RLG 集团相继研发并推出了 Ariel for Windows 的 1.x 版本，随后在 1997 年首次发布了 2.x 版本，并于 2001 年实现了向 3.0 版本的全面升级。次年，即 2002 年，进一步推出了 3.3 版本。Ariel for Windows 系统深入结合了互联网的特性，进行了全面而细致的优化设计，其在操作流程的顺畅性、文件传输质量的稳定性、传输速度的高效性、支持文件类型的广泛性，以及成本控制的合理性等方面，均展现出相较于传统传真的显著优势。该系统作为一种更为可靠、经济且便捷的文件传输工具，尤其契合图书馆在网络环境下开展全文传递服务的实际需求。

目前，Ariel 在全球拥有 7000 多名用户，正逐渐成为全球图书馆界用于传输全文文献的标准软件。

**（二）系统基本功能**

Arel 主要致力于为使用者提供一种工具，用于处理文件的上传、下载、接收和保存等操作，它自身并不直接生成文件。通过主菜单（Document）、发送（Send Queue）、接收（Receive Queue）、传递（Delivery Queue）、文档（Archive）和传输状态（Transfer Status）这六个界面，用户可以轻松地实现这些操作。

目前，许多非营利性图书馆以及商业文献机构都纷纷采用 Ariel 作为主要的电子文献传输工具。例如，英国的 BLDSC、美国的 SUBITO 系统以及加拿大的 CIST 等知名文献传递机构都在利用 Ariel 向其用户提供文献传输服务。在中国，也有众多的图书馆和文献机构采用了 Ariel 系统，其中包括国家科技图书文献中心的八家图书馆、众多公共图书馆以及高校图书馆。

## 四、远程访问软件——EZproxy

EZproxy 是一款性价比较高的代理服务器软件，适用于图书馆等机构提供远程访问服务。其优点包括功能强大、性能稳定、操作简单，同时价格较为亲民。对于图书馆技术人员来说，EZproxy 易于安装和管理，具有强大的监控功能，能够提供上百个数据库的配置信息，并且能够安全有效地连接大量数据库资源。此外，EZproxy 还允许图书馆根据需求进行个性化定制，包括定义允许从校外访问的数据库、对不同类型数据库和不同用户进行分类，以及定制用户登录页面、日志文件格式和用户下载行为限定等。

EZproxy 还具有强大的日志和分析功能，为图书馆对数字资源使用进行监控和分析提供了极大的便利。同时，EZproxy 还提供了 USBKEY 认证方式，提高了安全性能，有效遏制了资源滥用。

对于用户来说，EZproxy 采用了先进的"URL 重写"技术，使得用户无须修改浏览器的设置就能访问已获得的电子资源。用户只需输入用户名和密码或者插上 USBKEY 就可以远程访问数据库。此外，EZproxy 还支持多种协议和数据库类型，包括 HTTP、FTP、SMTP、IMAP 等协议以及 Oracle、MySQL、SQL Server 等数据库类型。

联机计算机图书馆中心（OCLC）已推出 Ezproxy 托管服务项目，旨在协助那些硬件资源有限或缺乏技术人员的图书馆，实现为其用户提供高质量电子内容远程访问服务的目标。Ezproxy 托管服务确保采用最新的网络基础设施、带宽和安全保护，使图书馆技术人员能够将精力解放出来，专注于其他工作。

北京理工大学图书馆是大陆首个采用 Exproxy 的图书馆，其他高校如中国人民大学、中国技术科技信息学院研究所、南京理工大学、北京化工大学、山西大学和上海海事大学也加入 Exproxy 用户行列。Exproxy 是目前图书馆为读者提供随时随地访问电子资源的最佳选择。

## 五、CALIS 馆际互借与电子文献传递

CALIS 馆际互借与电子文献传递系统，作为 CALIS 公共服务软件体系中不可或缺的一环,已成功融入多项系统,为读者构建了高效的网络服务平台。此平台旨在便利用户提交馆际互借申请，并实时追踪申请处理进度。为进一步优化馆际互借与文献传递业务，深化读者服务水平，CALIS 管理中心特此设立"CALIS 馆际互借/文献传递服务网络"。该网络体系由服务馆与用户馆等成员馆共同构建，协同运作，确保服务的高效与全面。

CALIS 馆际互借与文献传递应用软件包括三个部分：馆际互借管理系统（含用户服务网关）、馆际通信协议机和传送原文的文献传递系统。

### （一）馆际互借管理系统（含用户服务网关）

馆际互借管理系统是一款专门为成员馆的馆际互借员设计的工作助手软件，旨在帮助他们更高效地完成馆际互借工作。该系统的主要功能包括管理本馆用户、处理用户申请、处理其他成员馆的文献传递请求、向其他成员馆提出文献传递请求以及统计功能。

在管理本馆用户方面，馆际互借员可以通过该系统方便地管理本馆用户的个人信息、借阅记录等信息。同时，系统还能够自动提醒用户及时归还图书，避免因超期而产生的罚款。

在处理用户申请方面，馆际互借员可以通过该系统快速查看用户的申请记录，了解他们的需求和借阅意向，并尽快为他们提供服务。

在处理其他成员馆的文献传递请求方面，该系统可以帮助馆际互借员及时响应其他成员馆的文献传递请求，并协调各馆之间的文献传递工作，确保文献传递的及时性和准确性。

在向其他成员馆提出文献传递请求方面，馆际互借员可以通过该系统方便地向其他成员馆提出文献传递请求，避免了传统邮件或电话沟通的不便和烦琐。

最后，该系统还提供了统计功能，可以帮助馆际互借员了解本馆的馆藏情况、用户借阅记录等信息，为图书馆的运营和管理提供了有力的数据支持。

### （二）馆际通信协议机

该协议广泛应用于各成员馆之间，这些成员馆使用 CALIS 馆际互借与文献传递应用软件进行业务处理通信。其核心特性之一是能够自动异步处理馆际互借员发出的处理指令。在馆际互借员处理文献传递请求时，这些操作指令会被加入到一个指令队列中。协议机随后会自动检索该指令队列，并依据这些指令将相应的文献传递信息通过目的馆的协议机传送至其馆际互借管理系统。该协议的通信遵循国际标准 ISO 10160/10161，该标准已被我国采纳为国家标准，因此它能够与符合该国际标准的非 CALIS 软件实现通信。这一协议的使用大大简化了馆际之间的文献传递流程，提高了效率，同时保证了通信的准确性和安全性。

### （三）文献传递系统

作为馆际借阅的重要手段之一，CALIS 文献传递网提供了与 Ariel 软件相似的功能，如文献检索和原文传递等。同时，它还增加了一些管理与统计功能，使图书馆可以更好地管理和跟踪文献传递的过程。这些功能包括对文献传递（非返还式）和馆际借阅（返还式）的管理，以及对中文书和部分外文书的馆际互借服务。

在 CALIS 文献传递网的服务中，用户可以获取本馆收藏的期刊论文、学位论文、会议论文、科技报告、专利文献、可利用的电子全文数据库等。此外，各服务馆还可以根据具体情况自行决定是否提供古籍、缩微品、视听资料等特种文献服务。

除了以上提到的服务，CALIS 文献传递网还接受用户的委托请求，帮助其查询国内外文献信息机构的文献和代为索取一次文献。这种个性化的服务方式使得用户可以更加方便快捷地获取所需的文献信息。

总之，CALIS 文献传递网是一个全面、高效、个性化的服务网络，为图书馆和用户提供了便捷的文献获取和管理途径。

## 六、电子文献传递服务的发展趋势

### （一）文献传递方式网络化

互联网作为信息与用户间高效沟通的桥梁，是电子文献传递服务发展的重要驱动力。其中，传递速度的迅捷性构成了衡量服务质量的核心要素之一。电子邮件及网络平台等现代工具，业已成为文献快速传递的优选途径，它们不仅有效替代了传统的邮寄与复印模式，更实现了文献传递的时效性、高效性与经济性同步提升。同时，这些工具赋予了用户在同一时间节点内同时进行文献发送与接收的便捷能力，极大地促进了知识资源的共享与交流。无论依托 Ariel 软件、电子邮件渠道，还是采用在线订购全文的方式，互联网均以其不可替代的优势，在文献传递服务领域彰显着至关重要的作用。

### （二）文献传递结算电子化

随着互联网技术的飞速发展和文献服务供应商数量的日益增长，文献传递服务行业面临着日益激烈的竞争。在这种情况下，不同的结算方法也逐渐多样化，未来的发展趋势将朝着电子货币结算的方向发展。这意味着文献信息领域将逐渐向电子商务化的方向演变。

电子商务具有多重优点，包括低成本、全球用户的广泛覆盖以及服务的高度定制性。这些优点使得电子商务成为文献传递服务机构的首选。目前，许多商业性文献传递服务机构已经开始通过互联网进行文献传递服务的电子商务结算，以更好地满足用户的需求。这种趋势有望在未来继续扩大，并推动文献传递服务行业的进一步发展。

通过采用电子商务模式，文献传递服务机构能够以更高效、更便捷的方式为用户提供服务。用户可以通过在线支付系统使用电子货币进行结算，从而避免了传统结算方式中存在的烦琐流程和时间延误等问题。此外，电子商务模式还使得文献传递服务机构能够更好地了解用户需求，并提供更加个性化和定制化的服务。

全球范围内的电子商务发展也加速了文献传递服务的全球化趋势。通过互联网，文献传递服务机构可以轻松地扩展其业务范围，向全球范围内的用户提供服务。这使得用户可以更加方便地获取所需的文献信息，同时也为文献传递服务机构提供了更广阔的市场和发展空间。

总之，随着电子商务的快速发展和互联网技术的普及，文献传递服务的电子商务化趋势日益明显。这一趋势将带来更多的机遇和挑战，但无疑将进一步推动文献传递服务行业的创新和发展。

### （三）文献传递服务一体化

互联网的兴起推动了众多联机数据库生产商和信息服务机构转向以互联网为信息传输通道，采用面向最终用户的检索界面。这些系统如 OCLC 公司的 FirstSearch 系统、医学图书馆的 Med-line 数据库以及工程信息公司的 Dialog 系统等，均以互联网为基础，致力于提供文摘索引数据库系统，且不再仅仅以满足文献检索为最终目的，更进一步提供了原文传递服务。另外，美国银盘公司所开发的数据库系统，能够将用户的检索结果与图书馆藏目录以及互联网上的全文期刊数据库进行有效链接，从而为用户提供一站式、详尽的服务。因此，对于终端用户而言，实现信息检索与原文获取服务的无缝对接，已成为众多文献传递服务机构所致力追求的目标。

电子文献传递为资源共享注入了新的活力，它通过网络将馆藏文献跨地区向申请馆和用户进行数字化传递，这是传统馆际互借服务的升级和拓展，也是数字图书馆提供服务的重要方式之一。然而，由于电子文献相较于印刷型文献更容易被复制，近来与电子文献有关的版权纠纷时有发生。遵循《著作权法》之立法宗旨，图书馆所开展的网络文献传递活动，系一项受严格限

制与监管的行为。对此，务必实施相应的规范化举措，明确界定服务范畴与
权限，强化防范侵权风险的意识。同时，还需具备精准判断用户申请动机与
目的之能力，确保此项服务严格限定在法律框架内合理使用的范畴之中。具
体而言，针对以个人学习研究与学术探索为目的之申请用户，可将其视为合
理使用的范畴，明确不以营利为目的，并审慎控制相关服务费用标准；而对
于源自商业及产业领域的申请用户，则应依据相关规定，额外征收版税，以
向作品权利人提供必要之经济补偿。

## 第五节　自助服务

　　自助服务指的是按照某种特定程序，由读者自行操作完成的服务。它以
"无为而治"为原则，旨在最大限度地满足读者的需求。在图书馆领域，自
助服务通常包括提供借阅设备、文献资源和空间，让读者自行寻找所需的信
息资源。读者可以通过图书馆的网络自行选择站点，探索路径，自己动手，
自己服务自己，实现自我满足。这种服务模式改变了传统的由图书馆馆员包
揽包办的做法，将部分服务项目和任务转交给读者利用图书馆提供的设施、
技术自行完成，以实现信息需求的自我满足。目前，自助服务主要表现在以
下几个方面：

### 一、自助借还

　　以新加坡国家图书馆为例，他们全面实施了无线射频识别（RFID）技术，
这一举措使新加坡国家图书馆的借阅率增长了 30 倍,同时减少了工作人员的
数量。RFID 技术的自助借还系统大大节省了图书馆的人力成本。读者借阅图
书时只需插入身份证或借书卡，然后将要借阅的图书或音像资料放在扫描器

上进行扫描，整个借阅过程就完成了。此外，这一系统还支持批量处理，用户可以一次性完成多本图书的借阅和还书。还书也变得更加简单，读者只需将书放入还书口并进行确认，传送设备会自动将书送回书库。通过扫描装置，工作人员也能快速了解书的类别和位置，以进行分拣。这一自助借还系统的建立不仅使借阅过程更加高效，还提高了读者的知情权，有效地预防了借他人账户盗取馆藏资源的事件发生。

目前，一些美国图书馆也采用了无线射频识别技术，实现了自助式的借书和还书。这些自助系统提高了图书馆服务的效率，让借阅和还书变得更加便捷。

## 二、流通阅览一体化

实现馆藏资源利用效率的最大化是自助服务最根本的目的，而实现这一目标的重要途径是实行"流通阅览一体化"。读者只需在图书馆入口处进行身份认证之后，便可在馆内任意的楼层、任意的地点自由地进行浏览、阅读、利用各种馆藏资源与享受图书馆提供的各项信息服务。通过自助服务以实现"流通阅览一体化"，进一步使"无人图书馆"得以出现。例如，台北市于2005 年启用了名为"Open Book 无人服务图书馆"。该馆采用 RFID 技术作为图书识别、排架、借还及检测载体。这座完全开放的图书馆没有服务人员，阅览、借书还书完全由读者自行完成。

## 三、自助打印、复印、扫描

图书馆提供打印、复印和扫描存档资料等是常规服务之一。过去，这些服务是由专门的工作人员负责管理、操作和收费的。现在，通过在复印、打印和扫描设备中添加自助功能单元，读者可以自行完成这些服务。一些知名厂商如日本的理光、佳能和荷兰的奥西等公司已经推出了集打印、复印和扫描等多功能于一体的自助设备，可供图书馆选择使用。2007 年，暨南大学图书馆引进了杭州联创信息技术有限公司提供的联创校园自助打印复印系统，通过校园一卡通平台实现了身份认证和扣费，成功地建立了一个国内领先的无人化自助型打印复印环境。近年来，青岛市图书馆也采用社会化合作的方式，由第三方服务公司出资在馆内安装多台设备，读者可以通过手机微信与设备的通信，便捷地完成自助打印、自助复印和自助扫描，并在手机上自助付款，而整个运维工作也都是由第三方服务公司负责。

## 四、自助缴费

图书馆为用户提供的绝大部分服务项目都是免费的，例如常规的图书借阅、归还、续借、预约等。然而，有一些服务项目需要用户支付一定费用，例如使用多媒体阅览室的服务费、科技查新和文献检索等深度信息服务的费用，以及因借书超期产生的资源占用费等。这些费用都是为了保障图书馆的正常运营和提供优质服务。

为了方便用户缴纳这些费用，图书馆提供了校园一卡通或图书馆专用支付系统等自助缴费方式。用户可以通过这些渠道轻松地完成缴费，无须排队等待，大大提高了缴费的效率。同时，这种自助缴费方式也减轻了图书馆的人力负担，提高了财务效率。

此外，自助缴费还为图书馆带来了其他优势。例如，通过自助缴费，用户可以更加方便地管理自己的借阅记录和费用情况，避免因忘记缴费而影响借阅。此外，自助缴费还可以提高用户的自主性和参与度，使用户更加积极地参与到图书馆的活动中来。

综上所述，自助缴费不仅为图书馆带来了便利和效率，也为用户提供了更多便利和自主性。它是图书馆现代化建设和人性化服务的体现之一，有助于提高图书馆的整体运营水平和用户满意度。

## 五、研究室、会议室自助订退与使用

现代图书馆在为读者提供丰富的信息资源服务的同时，也致力于为他们的科研和学习创造更加优越的条件。因此，图书馆内设立研究室和会议室成为新馆建设的重要项目之一。比如，电子科技大学在新校区图书馆内设置了200多个单人团队研究室和会议室，供用户在独立的环境中更好地进行学习和科研工作，避免外界因素的干扰。

然而，如果采用传统的人工管理方式来管理这些研究室和会议室，不仅会增加图书馆馆员的工作量，还会降低管理效率。为了解决这个问题，我们可以建立一个自助预订和退还系统来实现网络化管理。

通过这个系统，用户可以凭借校园一卡通进行身份认证，方便地使用这些资源。同时，图书馆也能通过管理系统自动生成的报表来了解资源的使用情况，并据此进行合理的规划和调整，最大化地提高资源的使用效率。

## 六、自助印书

英国推出了一款名为"浓缩印书机"的新型设备，其外形与普通打印机相似，但打印速度高达每分钟105页。用户只需在电子目录中找到所需的书籍，按下"制书"键，然后等待约5分钟，即可获得一本完整的纸质书籍。该设备具备自动整理、夹紧、裁剪和装订的功能。

据报道，日本东京大学成功研发出一种高速扫描仪。这款扫描仪能够在不中断或放平书页的情况下，在一分钟内对长达200页的书籍进行扫描。操作者只需将书籍翻页，设备就会通过高速摄影机以每秒500帧的速度生成高清晰度的照片。此外，激光机也会将激光射线投射在书页上，并由相机记录下这个影像，以帮助系统校准翻页时的扭曲率。最后，软件会将照片重构为一个平整页面的数码图像。研究人员正在努力将其小型化，以便将其应用于相机和智能手机等便携工具中，这将为自助扫描图书提供更多的便利。

速成书记（EBM），作为 ODB（On Demand Books）公司所持有的专利成果，其独特之处在于集成了 EspressNet 顾客软件系统。此系统构建起速成书记与广泛网络书目库及印书设备之间的紧密联结，全面统筹印刷流程，涵盖打印作业与版权管理两大核心环节。书目资源所有者，即内容提供商，依托此软件平台，可自主管理其文档资源，或授权指定管理人员执行打印任务，并依据实际需求灵活调整打印序列，以优化作业流程。尤为值得一提的是，EspressNet 系统采纳了业界领先的加密技术，确保通信过程的安全无虞，有效抵御非法下载与盗用图书内容的企图，展现出卓越的安全防护能力。同时，系统还具备自动追踪所有印刷作业的功能，进一步提升了管理效率与透明度。

EBM 的应运而生，切实满足了读者对于迅速获取纸本电子图书的迫切需求，使这一愿景成为现实。速成书记所承担的图书印制工作，实则是对电子图书进行纸质化呈现的过程，业界称之为"数字资源的纸质化印刷"。无论是推进"资源内容数字化"的深度，还是实施"按需印刷个性化"的广度，其核心均在于运用先进科技手段，旨在进一步优化读者服务体验。EBM 凭借其即时印刷、精细修剪、高效装订的显著特点，为读者量身打造，提供了极具针对性的个性化服务方案。

## 七、网络自助服务

读者可以通过互联网或 VPN 等远程访问图书馆的资源门户网站，利用自助服务平台进行各种操作，包括信息检索、电子资源查找和下载、在线预约、图书续借，以及虚拟参考咨询等服务。

图书馆资源门户网站上的自助服务系统能够提供读者便捷、安全的远程服务。读者可以在网站上检索图书、期刊、光盘、数据库、音像资料等，并下载各种电子资源，包括网络资料、光盘信息和文献信息。

通过图书馆的在线自助服务系统，读者可以查看自己的借书记录，查询所需的信息源，进行文献预约和续借等操作。此外，读者还可以通过电子邮件、在线信息发送或手机移动信息平台接收或查询预约通知、催还通知、新书推荐等信息。

虚拟参考咨询服务允许读者通过图书馆网页与馆员进行互动,以解决在馆藏服务和资源利用方面遇到的问题,从而更好地利用图书馆资源。这种咨询服务可以采取多种形式,如传递咨询结果、提供课题建议、专题信息服务、特定文献和信息检索等。图书馆还可以建立自助咨询服务,创建信息资源引导库、学科专题信息库等不同特色产品,以便读者自主获取或选择所需的信息资源。

# 第六节　读者服务方法系统

不同的服务方法对应着读者不同的文献需求,各自发挥独特的功效。这些服务方法种类繁多,可以满足读者多样化的文献需求,从而形成一个动态的、多层次的方法体系。这个体系在整体上发挥综合性的服务功能。

## 一、读者文献需求的结构形态

从读者的文献需求类型、需求目的同需求层次之间的对应关系考虑,可归纳为三级。第一级:学习型和享受型需求。这级别反映了对科学文化知识的学习需求和浏览欣赏的需求。通常表现为整本书刊的需求,这是一般读者对图书文献的最基本和广泛需求。第二级:应用型需求。这别反映了读者为了参加考试或从事业余创作和研究等目的的需求。它表现为整本书刊和一次文献的需求,是广大从业读者对图书文献的迫切和现实需求。第三级:研究型需求。这级别反映了专业科学研究和战略情报研究的检索需求。除了表现为整本书刊和一次文献的需求外,还包括二次文献需求、三次文献需求和多次文献需求。这是专业研究读者和决策用户对图书文献在广度、深度和高级别上的高水平需求。这三个需求级别代表了不同读者和整体读者对图书馆服务系统多个层次需求的多维结构，这一需求结构形态是图书情报部门读者服务方法系统发展的依据。

## 二、读者服务方法系统的层次级别

### （一）一级服务方法

图书馆主要为大众读者提供信息资源选择、获取、阅读的服务。通常，图书馆经过专门处理文献信息资源，但不深入揭示文献的内涵。它旨在满足读者对书刊种类和数量的需求，同时提供时间、空间和使用方式的便利。这是最基本的初级水平服务，包括外借、阅览、复制、剪报、视听和网络信息服务等六种方法。

外借服务允许读者借阅整本书刊以在外面自由阅读，提供了阅读的时间和空间便利。然而，它受到借阅范围、品种、数量和借阅时间的限制。

阅览服务提供大量书刊资料，创造了适合阅览的环境，允许读者在短时间内查阅大量资料，获得良好的阅读效果。特别是分科开架阅读体制，满足不同读者的多层次阅读需求，鼓励读者选择和使用文献，发挥各类书刊文献的使用价值。然而，阅览服务受到时间和空间的限制。

复制服务系外借与阅览服务的必要补充，旨在充分满足读者对特定文献长期占有及自由使用的需求，有效节省时间成本，显著提升文献传递的时效性，进一步强化文献的深度利用效能，从而全面弥补借阅服务之不足。

剪报服务根据馆藏内容，提供主题服务，发挥馆藏资源和人才优势，为读者提供专题服务的快速通道。

视听服务是随着视听资源的出现而兴起的服务方式和教育工具。图书馆在视听服务方面有独特的资源优势，包括先进的硬件设备和丰富多彩的软件资料。视听服务以形象和直观的信息展示方式，融合声音和图像，富有感染力，易于接受。作为一种新兴服务方式，它在发挥图书馆的教育功能中发挥着不可替代的特殊作用。

网络信息服务以网络平台为支撑，以实体馆藏和虚拟馆藏为服务对象，引导文献信息流进入信息轨道，加速信息传递，确保文献信息的精确性、时效性、多元性。它为图书馆提供了新的服务方式和内容，具体包括：1.拓展信息资源的范围：网络信息服务将图书馆的信息资源从实体馆藏扩展到虚拟馆藏，形成了海量的信息资源，极大地丰富了图书馆信息资源的内涵。2.实现用户的自主和自由：用户通过网络信息服务可以跨越时空和地域的限制，自由地获取所需的信息，使自主性得到极大的发挥。3.促进便捷的信息获取：网络信息服务通过强大的检索功能，实现了文献信息检索的电子化和全球化，使图书馆的咨询功能更充分、更方便、更快捷，提高了查全率和查准率。4.产生快捷的信息传递：网络信息服务不仅带来了丰富的信息资源，还通过高效的传递方式，极大地提高了信息传递的速度。5.具有强大的信息发布功能：网络信息服务使图书馆具有了前所未有的信息发布能力，可以提供各种信息，如图书馆馆情、馆藏信息、服务信息、活动信息等，这是传统图书馆无法比拟的。6.提供自主的服务方式：网络信息服务赋予了读者开放和自主的环境，读者能够直面浩瀚的信息资源，依据自身需求与意愿进行精准选择，此举充分彰显了读者的主观能动性，有效提升了信息服务资源的利用效率与效果，切实满足了读者多元化、个性化的信息需求。

网络信息服务已经对图书馆信息服务产生深刻影响，并引领了新的发展趋势：1.服务范围拓展：网络信息服务将服务从实体图书馆拓展到远程，读者可以在网上获得多个图书馆的服务，避免了多人使用时的冲突问题。2.服务形式多样化：在线环境下，提供了多种服务形式，包括联机目录查询、馆际互借、电子传递、光盘远程检索、远程登录、专题讨论、信息检索、电子邮件、网上咨询、预约登记、用户点播、远程电视会议和图文信息等。3.服务模式变化：网络环境下，信息制造、检索和使用的边界逐渐模糊，强调提供文献和智能服务。个性化服务、特色化服务、网络信息导航和用户培训也受到重视。网络信息服务反映了当代图书馆信息服务的趋势。

### （二）二级服务方法

图书情报部门的任务是满足读者对特定文献资料的查询、搜索、编制和通报需求，包括一次文献和二次文献。这种服务属于中级和较高级水平的工作，采用多种服务方法，如咨询、检索、定题、报道、会展和编译服务。

咨询服务是深化的阅览服务，用于解决读者在研究中遇到的困难，利用二次文献工具提供相关文献或线索。

检索服务是根据读者的课题需求代替读者查找相关二次或一次文献，并提供检索结果。

定题服务涉及图书情报部门主动选择关键课题，深入实际，与研究人员合作，提供与课题相关的文献支持。

报道和会展服务包括组织专门书刊陈列展示，编制专题性检索文献，并宣传最新文献和文献信息。

编译服务涉及组织专业人员翻译和编译外文文献，以帮助读者克服语言障碍，扩大外文文献的利用。

这些二级服务方法具有主动性、针对性和实效性，它们在为读者提供服务时相互补充、相互交叉、相互结合，以共同满足读者的需求。

### （三）三级服务方法

图书情报部门的高级服务工作涵盖了代替读者和用户进行与科学研究、科学管理相关的情报交流、情报研究和竞争情报前期工作。这种服务提供了具有重要情报价值的三次文献和多次文献资料，属于高级别和高水平的服务工作。它包括情报交流服务、情报调研和竞争情报。

情报服务为决策部门、科研人员和科研管理人员提供复杂的多次文献工作，包括搜集、查询、处理、分析和编制，直接利用最终的文献情报成果，用于政策制定、规划、组织管理和研究安排等一系列活动。图书馆情报部门组织专家独立承担所有的战略情报和战术情报工作，成为科研活动的重要组成部分。

总结而言，读者服务方法系统的三个层次级别为主体，而读者文献需求系统的三个层次级别为客体。它们相互适应和协调，反映了图书馆与读者、用户之间由简单到复杂、由单层次到多层次、由分散到集中、由博到约的同步发展过程。各种服务方法都具有其客观规律性，需要在服务方法体系中充分发挥各自的独特功能以及整体的综合功能。

# 第六章　图书馆读者服务体系构建

## 第一节　读者服务体系构建需求

在提出新的研究领域和构建新的理论体系时，必须以科学的方法将学科理论建立在社会需求的基础之上，因为社会需求是科研活动的动力源。图书馆读者服务体系的理论研究也是基于社会的实际需求而产生和发展的。

### 一、读者服务体系的构建是读者文献交流活动的客观需要

图书馆在现代信息社会中扮演着传播人类文化知识的重要角色，它是文献信息交流的关键通道，被视为知识的源泉。在这个文献交流系统中，读者是关键的终端用户，是确保整个系统运转的核心。读者不仅影响和塑造了图书馆文献交流系统的规模、方向和整体布局，还反映了这一系统的功能发挥程度。

文献交流是通过共同的符号系统有效传递知识的过程。它是人类交流活动的重要组成部分，通过文献记录的信息和知识的文字、图像、符号、声音、视频等手段，社会价值在不断的交流和利用中得以体现。文献内容包含思想、知识和信息，代表着人类的智慧成果，因此文献交流实质上是思想、知识和信息的交流。通过文献交流，人们可以分享知识，实现新的创新。文献交流

是知识继承、创新和发展的前提，也是新知识得到社会认可和广泛利用的重要方式。

文献交流通常可分为两种形式：直接文献交流和间接文献交流。直接文献交流，也称为非正式文献交流，指的是读者与文献创造者之间的互动。这种形式通过个人关系来获取和分享文献信息，包括面对面对话、通信和信息交流等，具有个体性和随机性。

直接文献交流的特点如下：1.交流时间短。由于直接文献交流是双方之间的单向交流，读者能够迅速获得所需文献，无须通过中间步骤，加快了信息获取速度。2.选择性和针对性强。读者通常有明确的文献需求和阅读目的，能够有目标地选择文献。3.快速信息反馈。直接文献交流是一种互动的信息传递方式，可以根据读者需求迅速进行调整和反馈。4.加深对文献内容的理解。通过交谈和观察，读者可以更深入地了解作者的思想，从而更好地理解文献内容，做出自己的评价和判断。

然而，直接文献交流通常是以个人自发、直接联系的方式进行，缺乏组织和明确定义的交流体系。因此，它无法构建成特有、精确和科学的交流系统。此外，直接文献交流的覆盖范围和数量有限，没有社会性的监督机构来评价文献的社会价值、客观性和真实性，因此无法验证交流的可靠性，也无法实现文献的有效积累。因此，基于个人关系的文献交流始终是一种个体的、小规模的非正式交流方式。与之不同的是，间接文献交流，也称为正式文献交流，是通过文献服务机构进行的社会化文献交流。这些社会文献服务机构包括图书馆服务系统、档案服务系统、科技文献服务系统等，它们主要负责文献的收集、加工、整理、存储和利用。

间接文献交流利用文献的流通来发挥其潜在价值，采用系统化和社会化的文献流通方式，以弥补直接交流方式可能存在的时空和人数限制，以及难以进行系统有效积累的不足。其主要特点如下：首先，这种交流方式具有较高的知识可信度。文献服务机构作为社会文献资源的保障系统，主要负责文献的收集、加工、整理和有序化，形成科学的文献资源体系，因此通过这种方式进行的文献交流更为可靠，知识体系更为科学。其次，间接文献交流具有广泛的交流范围。通过有序化的文献工作，扩大了文献交流的时间和空间范围，不再受限于一对一的交互式交流，而是能够满足社会各层次的多向交流需求。最后，间接文献交流有助于系统化的社会积累。文献代表了人类社会的知识积累，而知识的积累对于科学发展至关重要。通过系统化和科学化的文献加工处理，间接文献交流能够帮助读者更深入地了解和选择有价值的文献资料，促进知识的迅速传递和积累，从而提高文献服务机构的工作效率。因此，促进间接文献交流是文献服务机构的重要使命。

要确保文献交流的成功，必须深入研究读者，了解他们的需求模式。读者是文献交流的终端环节，决定了交流功能的充分发挥和效果。这不仅依赖于交流的内容和技术，还取决于读者对内容的需求，他们吸收情报和知识的能力与素质，以及如何运用知识来改善他们的知识结构，提升对世界的认知和解决实际问题的能力。文献作为一种信息资源，其价值通常不是显而易见的。只有在深刻了解读者需求的基础上，根据这些需求以及读者可以接受的水平，才能有针对性地开发文献信息并定向传递，充分发挥文献的潜在价值。因此，开展读者服务理论研究是提高文献交流效益的必然要求，也是文献交流活动的关键因素。

## 二、读者服务体系的构建是图书馆工作社会化的现实需要

图书馆作为社会的产物，以一种明显的社会性形式存在。这体现在以下几个方面：

首先，图书馆的藏书既是人类社会的产物，又是人类社会共享的精神财富。文献是人类智慧的结晶，代表了千百万人对社会经验的总结和创造的知识。它既是全人类的精神财富，也是为满足科学技术发展和社会需求而不断更新的共享资源。这体现了"文献资源共享"的社会性特征。

其次，图书馆是人们共同使用文献的场所，其主要任务是促进知识的社

会传播和交流，为社会实践活动提供信息支持。图书馆一直鼓励社会大众利用其文献资源，使其成为具有广泛社会性的场所。在社会主义国家尤其如此，它组织人民充分利用文献资源，为社会主义的物质文明和精神文明服务。图书馆对社会成员都敞开大门，接纳他们成为读者，充分利用文献资源，提高科学文化素养。

最后，作为社会文献信息交流的主要场所，图书馆的核心任务是将静态的文献转化为动态的情报和知识，然后根据读者的需求提供多种传递服务。随着知识和信息的急剧增加以及各种出版物的不断涌现，图书馆工作者努力使文献资源得到更充分的利用，以增强其社会作用和服务效益，满足不断增长的读者需求。

在近现代，图书馆主要通过外借和阅览等传统方式为读者提供文献服务。然而，随着科技的迅速发展，图书馆在面对信息、情报的大量涌入时，面临着两个方面的重大挑战。首先，由于信息的爆炸性增长，文献数量急剧增加，这对图书馆的传统服务观念和服务方式构成了挑战。同时，新型载体的不断出现导致文献类型变得更加复杂和多样，文献的无序状态有所加剧。其次，读者对文献信息的需求日益复杂化和多样化，对图书馆的传统服务观念和服务方式也提出了新的挑战。因此，现代图书馆已不能仅满足于"读者要什么，就给什么"的传统服务模式。为适应现代社会中读者的需求，图书馆需要主动提供文献，并开展多样化的服务，同时还要提供更深层次、更具增值效应的服务。因此，图书馆服务工作日益复杂化，需要进行系统研究，并得到理论指导。这种理论研究旨在满足图书馆事业的发展需求，提高图书馆服务工作的社会效益和经济效益，为读者提供现代化和社会化的服务。

### 三、读者服务体系的构建是图书馆学学科体系发展的必然结果

图书馆读者服务是图书馆工作的关键领域，对读者及其需求的研究、读者利用图书馆文献资源行为的探讨、读者阅读心理分析、读者服务对策以及

服务效果的评估等，已经成为当代图书馆学理论研究中的核心内容。长期观察和研究的结果表明，读者是图书馆生存与发展的基础，读者需求是图书馆事业存在和发展的根本动力，没有读者需求，图书馆就失去了运行的动力，也就失去了自身存在的价值。因此，要提高图书馆文献资源的利用率，发挥文献在传递知识、交流信息中的价值，就必须坚定地为读者服务的新理念，以读者需求为导向，以服务读者为宗旨，注重服务效率和服务质量。作为对图书馆活动进行理论研究并抽象概括其本质与内在规律的图书馆学，应该从事实、现象、技术方法中抽象、概括、总结出图书馆活动的一般原理和一般规律，运用逻辑辩证、系统的方法来揭示图书馆活动的本质属性及其与社会环境的相互关联，考察图书馆学内部结构和外部联系，探究图书馆的社会功能及发展趋势。鉴于读者在图书馆活动中的特殊地位与作用，建立"以读者为核心"的现代图书馆学的重要性已经引起人们的强烈关注。

特别是在 21 世纪的今天，中国图书馆学若要融入全球图书馆学的洪流，突显自身的理论特色和民族特色，就不能简单地等同于各国图书馆学理论的拼凑，而应着力构建自身的理论体系，让全球图书馆学得以借鉴和研究。中国图书馆学应深深植根于中国图书馆事业的土壤，扎根于中国的传统文化、国情、科学文化的发展水平之中。

图书馆事业作为社会体系的一个分支，它的发展受到国家、民族的政治、经济、科学文化的制约。在图书馆事业的发展过程中，读者作为图书馆生存的土壤，对图书馆事业有着巨大的影响力和推动力。读者的文化素质、社会心态、阅读观念是推动这种推动力的关键因素。因此，研究读者的阅读行为，唤醒读者的阅读意识，提高读者的阅读能力，提高读者的信息素养，不仅是推动图书馆服务发展的有效措施，也是推动中国特色图书馆事业发展的根本途径，更是中国图书馆学理论研究和实践的重要内容和特色。

"以读者为核心"的图书馆学理念强调了以下三方面的内容：

首先，图书馆工作的核心目标是满足读者不断增长的文献信息需求。图书馆应将读者需求作为一切工作的中心，并在此基础上合理安排和调整工作环节，确保图书馆作为一个有机整体协调运行。由于读者需求因人而异，图书馆需针对不同读者的不同需求，提供相应的文献信息，并采用有针对性的服务方式和工作方法。因此，随着读者需求的不断提高和变化，图书馆的各项工作也必须相应地提高和调整，以适应读者需求的变化。

其次，在图书馆信息交流过程中，读者是最活跃、最能动的方面，起着主导作用。读者有权对图书馆进行选择，有权对图书馆的服务方法、服务时间进行选择，同时也有权对文献利用的内容、深度、方式进行选择。

最后，图书馆的读者服务需要着重关注服务效果，确保实现与读者之间的双向交流。读者的反馈在文献信息交流中起着关键作用，它影响着整个交流系统的规模、发展方向和格局，也反映了系统功能的发挥程度。因此，图书馆的文献信息交流系统应该具备反馈和调整机制，确保双向信息传递。如果图书馆馆员不了解读者的需求和他们如何使用文献资源，就难以明确服务的方向和目标，这将降低服务的效果。因此，深入了解和识别读者需求是任何图书馆进行服务工作的重要前提，也是提高服务质量的关键指标。服务质量是评估图书馆工作整体成效的主要标准。

总之，"以读者为核心"的图书馆学理念对于提高读者服务工作的总体水平具有重要意义，有助于人们深入认识图书馆读者服务问题的本质和规律。

读者服务理论作为一门综合性且高度实用的学科，属于图书馆学范畴，其理论体系主要关注读者在图书馆环境中的心理和行为特征，以及读者服务过程中的一般规律，实际上探讨的是人际关系。这门理论与其他相关学科之间相互交织互相渗透，为其研究内容提供了充实和丰富的支持。

通常而言，读者服务理论的研究基础主要包括：

第一，图书馆学和情报学。这两个学科主要关注图书情报机构在文献信息交流中的地位、作用以及工作规律。由于读者服务在文献信息交流中占据着重要地位，它成为图书馆学和情报学的主要研究领域之一。读者服务理论的研究对象、任务和理论体系都受到了图书馆学和情报学理论的指导。因为图书情报机构的最终目标是提供出色的读者服务。如果偏离了图书馆学和情报学的整体指导，忽略了图书情报机构的社会属性和整体职能，就会背离读者服务理论研究的核心宗旨。因此，读者服务理论研究必须建立在图书馆学和情报学理论的基础之上，以确保研究保持正确的方向。

第二，社会学。社会学是一门综合研究人类社会活动和社会关系的学科，以研究各种社会问题为核心内容。作为一个社会群体，读者具有人的共性，同时也受到时代性和社会性的影响。社会各个方面的发展和变化都会对读者的需求和行为产生重大影响。因此，研究读者需要将其放置于社会活动的背景中，研究读者与社会之间的相互关系，将读者的活动与社会的实际需求相结合，以便进行有实际意义的理论研究。缺乏与社会活动相结合的理论研究将脱离实际情况。此外，社会学中有关读者分层、社会因素对阅读活动的影响以及阅读的社会控制等理论为读者服务理论提供了丰富的内容，奠定了坚实的基础。

第三，心理学。心理学是一门研究人类心理活动规律的学科，涵盖了不同年龄、职业、文化背景和社会阶层的读者。理解和分析读者的心理需求和行为特点是读者服务工作的一项重要任务。为了更好地理解读者的阅读心理和行为，我们需要借助通用心理学的理论成果。因此，心理学为读者服务理论提供了基本理论和方法，是这一领域研究的重要学科基础。

第四，教育学。教育学是研究社会教育现象和揭示教育活动规律的学科。在图书馆进行文献信息交流的过程中，除了进行精神文明教育、政治思想教育、专业技术教育和综合教育外，还需要对读者进行文献知识和文献检索方面的教育，培养读者的情报意识，提高读者的文献查找和利用能力，从而真正实现图书馆的社会教育职能。为了实现这一目标，需要借鉴教育学的理论、原理和方法。读者教育既是读者服务研究的主要内容，也是教育学研究的一个课题。

第五，管理学。管理学是研究科学组织管理工作理论和技能的学科，主要涵盖管理过程、管理环境、管理技术和方法等方面。读者服务工作构成了一个庞大的管理体系，需要对丰富的图书馆资源进行科学、有序的管理，同时还需要对庞大的读者队伍进行科学管理，以确保"人有其书"和"书有其人"，并在最小的成本下最大程度地满足读者的需求。这就需要依靠科学的管理理论作为指导。因此，管理学理论与读者服务工作有着密切的联系。其他与读者服务理论研究相关的学科和理论知识在此不一一详述。

# 第二节　读者服务体系构建的内容组成

图书馆服务体系是一个包括多个子服务体系的综合体，这些子体系共同构建了一个多功能、多层次的服务系统。该系统包括文献外借服务、馆内阅览服务、馆外借阅服务、参考咨询服务以及用户教育服务等各项服务。

每个服务方法都有其独特的功能、效果和适用范围。然而，作为图书馆服务体系的一部分，这些服务方法之间存在着紧密的联系，它们相互补充、相互渗透。这些方法之间紧密结合，协同作用，共同为读者提供高效、全面、多元化的服务。

## 一、文献外借服务

图书馆的图书借阅服务是一项关键服务，目的是满足读者的阅读需求，允许他们借阅图书可以在图书馆之外进行阅读。在规定的借阅期内，读者享有图书使用权，并需负责妥善保管所借图书。这种服务允许读者突破图书馆内的时间和空间限制，使他们能够更自由地安排阅读时间。然而，需要注意的是，一些特殊文献，如孤本书或昂贵的工具书，通常不允许外借。对于可以外借的文献，也可能存在数量和期限上的限制。

文献外借服务是图书馆传统的服务方式之一，它通过图书的借阅和归还来维持图书馆与读者之间的联系。为了加强这种联系，图书馆可以采取多种措施，如提高借还频率、提供更多借还渠道，以及在开架书库设置相关信息和配置工作人员以协助读者。为满足读者的需求，图书馆需要全方位思考，以最大程度地发挥文献外借服务的效益。同时，也应积极探索新的服务方式，以弥补传统外借方法的不足。

## 二、馆内阅览服务

阅览服务是图书馆向读者提供的一项重要服务，使他们能够在阅览室内使用图书和资料。阅览室通常被认为是读者进行阅读、研究和自学的理想场所。这种服务方式有助于弥补文献外借的不足，因为一些不允许外借的文献（如期刊、工具书、二次文献和特殊文献等）可以在阅览室内阅读，而不受数量和类型的限制。

图书馆可以根据不同的设置目的、藏书范围、读者需求和特定功能，设置各种类型的阅览室，包括一般阅览室、分科阅览室、古籍阅览室和参考阅览室等。这有助于图书馆馆员更好地理解读者的阅读需求和兴趣，以便有针对性地提供书籍推荐、阅读指导、参考咨询以及组织学术交流和学术报告活动。同时，读者在阅览室内使用图书和资料也更加方便和自由。

## 三、馆外借阅服务

馆外借阅服务旨在通过多种方式，如流通站、移动书车和送书上门等，向读者提供书籍外借服务，以扩大图书的使用范围，充分利用图书馆的藏书资源，并主动满足广大读者的需求。近年来，馆外借阅服务的内容和方式也发生了一些变化。读者不仅可以借阅印刷书籍，还可以借阅音像资料，甚至可以在网上进行续借、预约和浏览电子读物等。这种多样化的服务方式受到了居住在偏远地区的读者和那些因紧急需要资料而难以亲自前往图书馆的读者的欢迎。

## 四、参考咨询服务

参考咨询服务是图书馆提供的一项重要服务，旨在满足科研过程中的文献信息需求，是读者服务的关键部分。这项服务以文献为核心，根据读者的提问，以个别解答的方式，有针对性地提供具体的文献、文献知识线索和文献检索途径。

图书馆的参考咨询服务，承担着助力读者解决文献、文献知识线索、文献检索等层面疑难问题的重任，务必积极、主动地回应读者提出的各类问题。基于此，图书馆馆员需具备深厚的学科知识底蕴，并精通图书馆学、目录学、情报学及文献学等领域的专业知识，以全面提升服务质量和效率。

## 五、用户教育服务

用户教育服务的核心在于为读者提供精准而高效的阅读指导和辅导。为确保此项工作的圆满实施，图书馆馆员需深入调研并准确把握读者需求，同时，必须熟练掌握图书馆各类目录、书目索引及现代检索工具的操作技巧。依托扎实的图书馆业务知识，馆员将积极协助读者解答各类疑问，深入阐述图书馆的性质、职能、任务及发展趋势。此外，馆员还将详细介绍图书馆藏书资源的广度、深度、布局结构及利用方法，并全面提供图书馆服务机构分布、服务模式、设施配备、借阅规则及流程等相关信息，以满足读者的多元化需求。通过全面了解图书馆，读者将能够更好地利用这一资源，充分发挥图书馆的作用。

此外，图书馆还应注重细节，将人文关怀融入科学管理中，把读者需求放在首位，善待每一位读者。图书馆馆员应时刻关注读者的需求和感受，站在读者的角度，观察、感知和体会读者的需求。只有赢得了读者的信任和支持，图书馆才能不断发现服务中的不足之处，并及时改进，推动整个图书馆事业的发展。

总之，随着现代生活节奏的快速加快和文献信息的急剧增加，读者的需求变得越来越专业化和情报化。为了满足这些不断发展的需求，图书馆需要建立一种现代化服务体系，其中手工操作、外借和阅览服务仍然是主要形式，但应结合现代化技术手段和人性化服务，以创建更适应现代读者需求的高效、便捷和舒适的阅读环境。因此，图书馆的服务体系需要进行改革，以适应不断变化的需求。

### （一）改变传统的单一服务方式

传统的图书馆读者服务方式通常是被动的，即坐等读者前来，主要提供外借和阅览服务，以传递文献为主要内容。这种服务方式要求读者花费大量时间来获取所需的知识信息。为适应现代读者的需求，图书馆的服务体系必须进行改革。除了继续提供传统的外借和阅览服务外，还需要加强文献的开发和报道服务，充分发挥图书馆在信息传递方面的职能。这可以包括引入预约借书登记系统，设置专栏如"新书介绍""书海导航"和"读书会"，举行读者座谈会等，以拓宽服务渠道，提高图书馆文献的利用率。

### （二）在现有条件下尽量扩大开架借阅范围

众所周知，如果读者他们可以自己在图书馆中选择文献，那么，他们更容易获得所需的专业文献。然而，许多图书馆目前还没有全面实行开架借阅的条件。为了解决这一矛盾，可以采用同时实行闭架和开架两种方式，以尽量满足读者的需求。这意味着对那些得到复本保障且受欢迎的文献品种可以实行开架，同时重新调整藏书布局，将与高流通率相关的学科类书籍全部开架，以促进更高效的文献流通。开架的实施扩大了读者可以接触的文献范围，增加了他们的选择余地，有助于缩短找书时间，提高文献的利用率，并为工作人员腾出时间用于宣传辅导和书籍推荐。在实施全面开架的前提下，还可以延长开架服务时间，以确保文献得到最大程度的利用和效益。

### （三）改变图书馆服务工作的封闭状态

图书馆拥有丰富的馆藏文献信息资源，同时具备专业的信息服务人才和技术设备优势。因此，应当充分发挥馆际协调作用，以实现与社会图书馆资源的共建共享为目标，尽最大努力为读者提供更加完善的服务。为了拓宽服务领域、改变服务方式、延伸服务范围，需要积极扩展横向联系，为读者提供更加全面、高效、便捷的服务。

### （四）组织专业人员开展专题文献信息服务

在不断扩大开架范围以方便读者外借和阅览文献的基础上，图书馆还应当充分挖掘自身馆藏文献资源的优势，积极面向社会提供深层次的文献信息。具体而言，图书馆可以编制二次文献书目、索引、文摘，撰写学科动态专题综述、科学研究发展动态、最新成果，以及宣传报刊最新信息等三次文献。这些深层次的信息服务可以帮助读者更快地获取浓缩的直接可利用的数据、事实、结论，从而更好地发挥馆藏文献信息资源和情报的功能。

### （五）更新服务手段，逐步实现计算机管理

为了提高图书馆的质量和效率，以更好地开发和利用书籍文献资源，摆脱传统的手工操作方式，引入计算机管理是至关重要的。计算机管理对图书馆的读者服务工作有多重优势：首先，它可以拓宽读者的选择范围，使他们能够从更广泛的文献中找到所需的信息；其次，计算机管理可以让读者通过网络获取最及时的科研信息，提高文献资源的社会和经济效益；最后，它还能够节省读者在获取文献时所需的时间和精力。此外，采用缩微、复制等先进技术也可以显著加速图书馆的科学化管理过程。这些改进将有助于提升图书馆的整体效能。

### （六）加强与档案馆（室）的合作和协作

图书馆作为文献情报中心，汇聚了包括传统媒体如图书、杂志和报纸在内的丰富资源，同时也应将档案馆纳入其管理体系。档案馆保存了科研管理和对外交流活动的记录，拥有宝贵的文献资源。因此，图书馆与档案馆应建立紧密的合作关系，共同承担馆内重要学科发展史、学术带头人等专题研究的文献信息保障职责。在提供历史研究服务时，图书馆应主动与档案室携手，充分发挥档案文献这一重要资源的价值。这种协作模式有助于更有效地满足社群的文献信息需求。

### （七）加强馆际协作，走社会化文献资源共享的道路

图书馆在优化内部文献资源配置的同时，应积极拓展区域合作，构建广泛的应用网络，实现读者服务与社会化发展的有机结合。在现代社会，图书馆的文献收藏能力有限，难以满足日益增长的读者需求。因此，图书馆应主动开展合作，互通资源，与诸如本系统图书馆和公共图书馆等建立联营，以构建全面的文献服务体系。通过相互沟通、支持与共享资源，不仅可以借助其他图书馆的文献资源满足本馆读者需求，同时也能充分利用本馆文献资源，提升学术价值，增强社会教育功能，进而推动社会学术研究和教育的发展。

# 第三节　读者服务体系构建的实施

## 一、读者服务机构的设置

合理设置读者服务机构是确保管理信息传递畅通无阻、系统功能不断提高的关键要素。通常来说，设置读者服务机构应当遵循三个原则：适应性原

则，即与图书馆的性质、任务、藏书情况、社会环境和自然环境相协调；方便性原则，既要方便读者充分利用图书馆资源，又要方便科学管理；效益性原则，即要最大程度地发挥图书馆的藏书资源、设备资源、人力资源等各种资源的效益。设置读者服务机构的主要目的在于明确机构的职责和任务。

### （一）流通阅览部的职责与任务

流通阅览部作为读者服务工作的前沿部门，承担着为读者提供外借、阅览服务的核心任务。为了促进文献资源的深度利用，该部门会进行各种形式的宣传和报道，并指导读者科学地利用图书馆。其目标是提高服务质量和效率，满足读者的文献需求。流通阅览部的主要职责包括：1.持续收集、整理、分析研究读者的文献需求信息和反馈信息，以改进服务工作。对于读者的反馈信息,流通阅览部需及时向上级反映,充当读者需求信息反馈渠道的枢纽。2.负责起草和修订关于外借、阅览工作的规章制度，并办理读者借阅证件等事项。3.管理外借书库和辅助书库，根据图书流通情况，优化藏书组织结构。4.对所属的各个阅览室、目录室进行管理，负责目录咨询工作。同时，为了给读者创造一个良好的学习和阅读环境，流通阅览部需保持外借厅和阅览室的舒适、整洁和安静。5.负责馆际互借、预约借书、邮寄借书、流动借书等业务。6.与其他相关部门合作，组织书籍展览、学术报告、读书座谈、图书推荐以及新书报道等活动。7.建立和健全有关图书流通和读者需求情况的记录和统计制度，并进行读者统计工作。8.确保借阅时间和阅览室的开放时间准确无误。作为图书馆工作的核心，读者服务工作至关重要。而流通阅览部则是这一核心的窗口，其运作直接反映了图书馆的两个文明建设风貌。因此，必须加强对图书流通机构的组织与管理工作，合理配置流通阅览部的人力资源，并制定相应的服务规范，以提升图书流通服务工作的水平。

### （二）参考咨询部的职责与任务

参考咨询部是图书馆中负责读者服务工作组织与管理的重要部门。在我国，大部分图书馆都设置了该部门。其主要职责和任务包括：1.解答读者咨询。无论读者遇到何种问题，包括文献、知识、线索等方面，参考咨询部都有责任提供解答。同时，应建立相应的咨询工作台，并做好咨询档案记录，以便为读者提供更准确、全面的解答。2.分析咨询问题的性质。参考咨询部的工作人员需对读者的咨询问题进行深入分析，以了解读者需求，并根据问题的性质提供相应的解答方案。3.提供口头、书面等多种形式的咨询解答。根据咨询问题的性质和读者的需求，参考咨询部需灵活运用不同的工具书，并利用口头、书面等方式为读者提供准确的解答。4.建立咨询档案。参考咨询部需根据问题的不同性质建立相应的读者咨询档案，并详细记录咨询过程，以便后续查询和跟踪。5.管理必备的工具书并编制书目索引。参考咨询部需组织和管理各种必备的工具书，同时根据读者及社会的需求编制各种书目索引，以提供二次文献服务。6.开展教育和培训工作。参考咨询部应与文献咨询部门、教育辅导部门等建立联系，并在其他部门的协助下对读者进行文献检索基本知识的教育和训练。

参考咨询部的员工需具备较高的专业素养和综合能力，包括相应的专业知识水平、阅读翻译能力和工具书使用能力等。

### （三）情报服务部的职责与任务

情报服务工作是现代图书馆业务的重要环节，注重服务的时效性和新颖性，具有强烈的时代特征。这一领域对图书馆馆员的要求更高，尤其注重外语能力、技术水平、专业知识以及分析和解决问题的能力。该部门的责任和任务包括以下几点：1.根据科研和教学的需求，与采访部门紧密合作，及时采集各类最新的文献信息。2.创建情报分析小组，吸纳各学科的专家参与情报服务部的活动，从而形成情报调研的网络。3.采用各种方法进行科研信息的调查和查新工作，制定各种专题的服务计划和实施方案。4.广泛开展书目服务、定题服务、编译服务、情报调研工作，向读者提供最新的情报信息资料，迅速、准确、全面地提供情报服务。5.研究现代技术在图书馆系统中的应用，建立计算机检索网络系统和终端数据库系统，运用先进的科学技术为读者提供服务。

### （四）现代技术应用和服务部门的职责与任务

随着科技发展的步伐，为满足社会需求，现代技术应用和服务部门应运而生，作为专门的组织机构。其主要职责在于根据读者的需求，提供计算机技术、缩微技术、复制技术、声像技术、通信技术服务，并负责开展现代技术的管理与利用工作。此外，该部门还致力于从深度和广度上开发文献资源，以满足日益增长的信息需求。在我国，绝大多数的图书馆都能根据自身发展的实际情况，组建各种现代技术应用与服务部门，以适应时代的变革和发展的需要。

## 二、读者服务借阅体制的确定

借阅体制是为读者服务工作提供必要前提，也是读者有效利用图书馆资源的基本环境。在我国的图书馆领域，是否应采用开架借阅，长期以来一直存在争议。如今，纯粹采用封闭式借阅方式已经不适应时代的发展趋势，也不能满足社会的需求。然而，盲目实行全面的开架借阅可能会导致图书的混乱和遗失，给图书馆带来巨大损失。因此，有必要根据我国的具体情况采取一种以开架为主，同时兼顾封闭式借阅的混合借阅体制，以更好地满足社会的需求。

### （一）借阅体制的含义

"开架借阅"允许读者进入图书馆的流通书库，并自行挑选书籍进行借阅。这一制度的要点包括读者能够进入书库并在书架上挑选书籍。

"闭架借阅"则不允许读者进入书库或自行挑选书籍，必须通过图书馆馆员的协助才能借阅书籍。该制度的核心特点包括读者无法进入书库，只能通过图书馆馆员来实现借阅。通常情况下，读者需要查找图书目录、填写借书单，然后由馆员前往书库取书后交给读者。

"半开架借阅"采用陈列展示的方式，将一部分常用或新书放在有玻璃展柜的书架上，读者可以看到书籍的封面和部分信息，并进行浏览选择，但不能自行借阅。在借书时，仍需要图书馆馆员的介入。这种借阅方式也被称为"亮架制"。半开架借阅相对于闭架借阅增加了读者的自主性，允许他们浏览书架上的书籍，减少了查找目录和填写借书单的步骤。然而，与开架借阅相比，它仍对读者有一定限制，因为读者不能自行借书，仍需要图书馆馆员的协助。需要注意的是，半开架借阅仅适用于部分馆藏，通常只在阅览室和一些特定区域展示，占用有限的空间。相对于整个馆藏书籍，只是一小部分采用这种借阅方式。因此，半开架借阅被认为是介于开架借阅和闭架借阅之间的一种辅助借阅制度，国外也称其为"准开架式"。这一制度在宣传和推荐图书时有其独特作用。

"部分开架制"是指图书馆的流通书库通常采用闭架借阅，但允许一部分高级职称或有特殊研究需求的读者以有限制的开架借阅方式访问部分馆藏。这一做法常被称为"闭中有开"，属于开架借阅的一种变体。

"部分闭架制"是指图书馆的流通书库通常采用开架借阅，但对其中的一部分藏书和读者采用闭架借阅方式。这种制度有助于安全保管和长期维护部分馆藏，同时也提供针对特定读者群体的服务。这一方式通常被称为"开中有闭"，属于闭架借阅的一种变体。

在开架阅览室系统中，存在两种开架形式：自由开架式和安全开架式。自由开架式允许读者自由出入，直接从书架上挑选并提取所需书籍，随后在阅览座位上进行阅读，无须进行借阅手续。尽管这种方式对读者非常便捷，但它可能对藏书的保护构成挑战。这一模式在美国很流行，因此也被称为"美国式"。

"安全开架式"是指辅助藏书设立独立的库区，这个区域与阅览座位相互连接。读者可以直接进入库区，选择并提取所需的书籍，但在阅览室内需要按规定进行登记。读者在阅读完毕后，需将书籍归还给工作人员。虽然这一方式可能需要一些额外的时间来完成操作，但对于保护馆藏非常有益，同时也有助于维持宁静的阅览环境。这一模式在英国颇受欢迎，因此也被称为"英国式"。

在国内外，大多数学校和专业图书馆采用自由开架式的借阅体制，而公共图书馆更倾向于采用安全开架式的借阅体制。我国的情况也与此趋势相符。

### （二）开架借阅体制的优缺点

开架借阅模式的核心优点是赋予读者直接接触和挑选图书馆藏书的权利。此举在提高读者获取文献便捷性的同时，也简化了借阅流程。此外，开架借阅模式还有效地扩大了图书流通范围，降低了拒借率，并减少了藏书不必要的外流。然而，这种模式也存在一些缺点，例如容易产生乱架、书籍破损快以及容易丢失等问题。为了充分发挥开架借阅模式的作用并克服其缺点，图书馆应采取一系列措施。首先，应加强图书馆管理，制定严格的借阅规定和处罚措施，以减少书籍丢失和乱架现象的发生；其次，图书馆应加强对书籍的保护和维护，定期进行修补和保养工作，以延长书籍的使用寿命。此外，图书馆还应提供更多的导览服务和阅读指导，帮助读者更好地了解和使用开架借阅模式。

总之，开架借阅模式具有许多优点，但也存在一些缺点。为了充分发挥其作用并克服其缺点，图书馆应采取一系列措施来优化服务和管理，以满足读者的需求并保护图书馆的藏书资源。

### （三）确立实行以开架为主、开架与闭架相结合的借阅体制

图书馆的借阅系统无论是开放式借阅还是封闭式借阅，其核心目标都在于满足读者的阅读需求，提升服务效率和服务质量，以确保读者和图书馆的长期利益。因此，各图书馆应该根据自身的藏书和读者需求来灵活选择适合的借阅系统，而不是盲目地采用开放式或封闭式借阅方式。

在适当的情况下，中国的图书馆可以根据不同的读者和馆藏，采用有条件的、局部范围的开放式借阅。这实际上是基于图书馆藏书使用情况的规律，采用开放式和封闭式借阅方式相结合的系统。具体来说，应根据图书在读者中的流通情况和使用价值来决定是否采用开放式借阅。如果某本书在大多数读者中有广泛需求，那么应该为广大读者提供开放式借阅；如果某本书只适合少数读者使用，那么不应该对广大读者实行开放式借阅。

一般的书籍、高使用率的书籍和大量复本的书籍可以采用开放式借阅。但对于珍贵书籍、单本书籍、使用率较低的书籍以及内容不适宜公开的书籍，应对一般读者实行封闭式借阅，同时为研究型读者提供开放式借阅。实际上，绝对的开放式和封闭式借阅是不存在的，每个图书馆都会采用封闭式借阅方式来保护其特藏和珍贵馆藏。关键在于需要同时考虑读者需求和馆藏的情况，避免一刀切的方式。

总之，采用以开放式为主、开放式和封闭式结合的借阅系统是满足读者需求、保护藏书安全和长期使用的有效方法。各类型图书馆应根据读者需求和自身利益，创造条件，建立以开放式为主的借阅系统。

## 三、读者服务设施的设置和布局

图书馆应当重视读者的阅读体验，为此需要确保丰富的馆藏和培养高水平的图书馆馆员。同时，为读者提供良好的活动场所、宜人的阅读环境和便利的设施也至关重要。这些必要的物质条件统称为图书馆的读者服务设施。管理读者服务设施主要涉及合理的配置和布局，以满足读者对文献资源的需求，并为图书馆馆员提供便于开展各项业务活动的条件。

### （一）读者服务设施的设置

1.适应本馆主要读者队伍的需求

不同读者对文献获取方式有各自的需求，因此他们对图书馆服务设施有不同的期望。例如，科研人员不仅需要借阅图书，还需要访问参考工具书和保存本。因此，设置工具书阅览室和保存本阅览室是必要的。

2.适应各类文献使用与保管的特点

不同类型的文献在使用和存储方面有各自的特点。为了充分利用各种文献，设置以不同文献载体为特色的分科阅览室是必要的。这有助于满足读者对特殊文献的需求，并便于管理和使用各种特殊文献。例如，可以设置古籍阅览室、中外文期刊阅览室、视听资料室和电子阅览室等。

3.适应馆舍、人力等现有条件

在设置读者服务设施时，需要考虑现有的物质资源、人力资源和馆舍条件。这有助于合理配置设施，以满足读者需求，同时充分发挥现有的馆藏、设备和员工的作用，以最大程度地满足读者需求。

## （二）读者服务设施的布局

现代图书馆非常重视读者服务设施的合理布局，因为这与提高服务效率密切相关。对服务设施的布局要求包括：1.缩短读者获取特定文献的距离，以便读者直接接触各种资源并加快流通速度；2.充分发挥各种服务方式与服务设施的特点和作用；3.确保读者活动路线与图书馆内部工作路线互不干扰，以便读者更好地利用书刊和内部管理。

在设置读者服务设施时，需要考虑开放性和结构的层次性。层次性的读者服务设施可以划分为以下几个区域：1.群众活动区。这一区域通常位于图书馆的入口处，拥有独立的出入口，以确保不会干扰到图书馆内部的工作和读者的阅读体验。2.流通阅览区。这一区域应该靠近书库，外借处和目录室应该在图书馆的入口处，同时应该设置咨询处以解答读者的问题。阅览室则应位于采光和通风较好的位置，远离群众活动区。3.情报服务区。这一区域可以设置在图书馆的高层，靠近基本书库，应该尽量避免与读者活动区域重叠，以呈现出小而精致的风格。

阅览室是由阅览空间、阅览桌椅、辅助藏书、读者目录及其他阅读设施构成的场所，是供读者进行阅读和研究的场所。工作人员是阅览室的管理者、指导者和咨询者，负责管理和维护阅览室的各项设施，为读者提供必要的服务和指导。读者是阅览室的查询者和使用者，可以在阅览室中查询和阅读各种文献资料，进行学习和研究等活动。

在阅览室的空间设计方面，应该从实际出发安排其结构。第一，要充分考虑读者阅读藏书的需要，为读者提供一个光线明亮、空气清新、安静舒适的学习和研究环境；第二，要合理设置适合读者阅读和学习的阅览桌椅，以满足不同类型读者的需求；第三，要配备合理数量的阅览座位，以避免资源的浪费；第四，在辅助书库和藏书结构的设计方面，要与读者的需求相结合，与读者查找和利用相结合，以提高文献的利用率；第五，读者目录及检索工具的配置，应该作为阅览室辅助藏书的有机组成部分，充分发挥其检索与参考作用；第六，配备适当的视听设施和阅读设施，使读者可以任意选择文献的载体形式，开展多种多样的阅览活动，增强阅览室的综合使用功能。

## 四、读者服务工作的开展

### （一）读者登记工作的组织

图书馆通常使用登记卡或登记簿的形式，详细记录读者的信息，并发放借阅证（卡）以便读者选择和借阅文献。计算机化管理的实施使得这个过程更加便捷，读者只需将借阅证在扫描仪上轻扫，就能完成登记手续。

读者登记是图书馆与读者建立联系的关键步骤，同时也是对读者进行组织和管理的主要环节。读者登记的范围通常根据图书馆的性质和类型来确定。

1.读者登记的范围

图书馆的类型区分具有多种标志。在发展读者队伍方面，以有无固定服务对象作为正式读者群的标志，图书馆可以分为两种主要类型：一是单位图书馆，其读者群主要由本单位的固定成员组成，只要做好这些人员的读者证登记工作，就不存在选择读者的问题；另一种是公共图书馆，没有固定的服务对象，需要从本馆所属地区范围内选择部分社会成员作为正式读者群。

对于单位图书馆来说，其正式读者范围相对明确和固定，本单位的固定成员都可以通过办理登记手续并领取借阅证，成为图书馆的读者并享受借阅权利。他们可以经常利用本单位图书馆。

公共图书馆的服务对象则更为广泛和分散，涉及大量的人员。因此，公共图书馆必须根据本馆和读者的实际情况制定发展计划，将符合本馆条件的社会成员发展成为正式读者，经过登记并发放借阅证后，开展各种形式的借阅活动。

2.读者登记的内容

根据图书馆的组织形式，读者登记的内容因个人读者与集体读者的差异而有所不同。个人读者登记的内容涵盖了读者的基本情况，如姓名、性别、出生年月、职业、职务、职称、文化程度、工作单位及其所属系统、联系地址、邮政编码和电话号码等。

此外，还包括读者的业务工作经历、工作成就、文献需求与所需服务方式，以及读者的文献信息能力和外语语种的利用程度等。同时，涉及读者的工作习惯和查找、利用文献的方式，以及对文献信息服务的期望或建议等。

对于集体读者，登记的内容包括集体读者的名称，人员组成情况和负责人姓名，以及集体的主要活动及工作成果。此外，还涉及集体获取和利用文献信息的能力和情况，以及集体读者所指定的经办人的姓名、通信地址及邮政编码、电话号码等。读者填好登记卡后交给工作人员，由工作人员抄录在读者登记簿上，并按序号排列，作为做各种分析统计的依据。

3.读者借阅证的发放

在完成读者登记后，读者将获得一张借阅证，该证件可用于文献的外借服务。借阅证有不同种类，主要根据其用途来划分。其中，外借证仅供读者外借文献使用，读者不能凭借此证进入阅览室；阅览证则是仅供读者进入阅览室阅览文献使用的证件，不能用于外借；外借阅览证则既可用于外借，又可用于阅览，还可以用于其他服务方式。

每张借阅证上应标注编号、读者的姓名、性别、工作单位、职务或职称、通信地址、发证日期、有效期限以及借阅规则等必要信息，并需贴上读者的照片。借阅证主要分为册式借阅证和卡式借阅证两种类型。

册式借阅证不仅可以证明读者身份，还可以将读者外借的文献记录在专门的"外借文献记录"栏内。对于采用电子计算机进行图书流通管理的图书馆，应当向读者发放卡式借阅证，并在证件上加上条形码或磁条以便计算机识别和记录。

4.读者的重新登记

鉴于读者情况的动态变化，如工作调动、通信地址变更、集体读者单位更替、经办人替换等，原有的读者登记信息可能失去准确性。部分读者在办理借阅证后长期不借书，占用名额，对图书馆拓展新读者产生影响。同时，部分读者丢失借阅证或被他人冒用，以及长期借书逾期不还，均会影响书籍的正常流通。

为有效应对以上问题，图书馆应每2～3年进行一次借阅证的核查与清理，并要求读者重新办理登记手续，以确保读者登记信息的准确性及借阅证的正常使用。为实施重新登记，可采用以下三种方法：一是在借阅证上标注有效期限，到期后由读者自觉办理重新登记和验证；二是发布通告或通知，要求读者在规定期限内自行办理重新登记和验证；三是请读者所在单位统一汇总办理重新登记和验证。

## （二）读者发展工作的组织

读者发展是一项具有复杂性且需深入谋划的工作。在执行这一重要任务时，必须精心编制一个系统而全面的发展规划，并选取科学有效的工作方法。在规划读者发展工作时，我们应紧密结合社会的客观需求、本馆的核心任务、丰富的藏书资源、人员队伍的专业能力以及馆舍设施的实际情况等因素，精准界定发展的广度与深度，明确设定发展读者的总体规模，并细致划分各类读者群体、各单位以及不同类型读者的具体占比,以确保读者发展工作有序、高效推进。此外,还需要明确发展读者的资格条件,并规划好发展读者的时间步骤及其具体措施,以确保有计划、有目的地发展读者。

在选择发展读者的策略时,存在以下两种模式:一种为计划性名额分配方式,即图书馆根据既定的系统和单位进行名额划分,随后由各单位按照设定的条件将名额具体分配给个人,个人需携带相关证明至图书馆完成登记和领证程序;另一种则为个人自主申请登记方式,图书馆将公开明确发展读者的条件和办理流程,读者可凭个人工作证或单位介绍信到图书馆进行申请登记,图书馆在充分了解和审核后,对符合条件的读者发放登记卡,随后办理正式的登记领证手续。两种方法各有利弊,一般图书馆在发展读者时将结合两种方法,以便互相补充并扬长避短。此外,图书馆除定期发展读者和调整读者队伍外,还可以根据需要进行经常性的读者发展工作。

### (三)读者规则的制定与执行

1.读者规则的种类

(1)读者借阅规则:读者在利用图书馆资源时必须遵守的规章制度和守则。这些规则主要涉及读者在借阅文献过程中应承担的职责和义务,以及应注意的事项。这些规定旨在确保文献借阅工作的顺利进行,保护文献不受损失,并加快文献的流通速度。主要内容包括读者借阅文献权利的规定、读者借阅册数和期限的规定、读者借阅秩序和借阅手续的规定、读者保护文献义务的规定、读者破坏或遗失文献后赔偿和罚款的规定、读者所借文献逾期不还处理的规定等。

(2)读者入馆(室)规则:读者进入图书馆某一空间设施的条件、手续和其他有关事项的规定。这些规定主要包括读者进入图书馆(室)的资格、读者进入图书馆(室)的衣着、读者进入图书馆(室)的手续、读者维护馆(室)内秩序的规定及对读者损坏馆(室)设施或文献处理的规定等。

(3)读者利用图书馆各项服务方式的规则:这些规定主要涉及读者利用

咨询服务、检索服务、定题服务等高层次服务方式。包括对读者利用这些服务方式资格与条件的规定、对读者申请利用这些服务方式手续的规定、对读者与图书馆工作人员相互配合的规定、对读者利用这些服务后信息反馈的规定等。制定和执行读者规定是读者管理的重要内容。

2.读者规则的制定与推广

在制定读者规则时，必须充分考虑图书馆的特性、使命、服务设施以及各服务项目的特点。同时，还需充分考虑读者的心理承受能力。因此，制定读者规则时，必须选择适当的表达方式，并确保所用语言精练、准确。

一旦制定出读者规则，图书馆应当通过各种方式对其进行宣传，以使读者了解其具体内容并能够自觉遵守。这些方式包括口头宣传和解释，或者将规则印刷成小册子发放或在馆内张贴告示。

3.读者规则的实施

制定出读者规则之后，除了加强宣传之外，更重要的是确保其得到严格执行。只有这样，才能充分发挥读者规则的作用，否则读者管理的目的将无法实现。

要执行读者规定，首先要求读者自觉遵守。此外，图书馆的工作人员应当对所有类型的读者一视同仁，不偏袒任何一方。对于违反读者规则的行为，必须按照规则条文进行严格处理，不能因为私人感情而有所偏颇。

# 第四节　数字馆服务体系构建

## 一、数字图书馆的硬件设备体系

数字图书馆每天要应对大量用户的访问，需要具备高响应速度的资源存储系统，以满足这种高频率的数据访问需求。此外，数字图书馆中包含大量采用多媒体技术的数字化文献资料，因此需要使用高性能的大容量资源存储系统。为了确保读者能够快速获取信息资源，数字图书馆必须构建高性能的服务器群集，并合理分配服务器的访问负载，以展示数字图书馆的卓越性能。硬件设施的完善与环境质量的提升，对于图书馆的稳健发展与长久生存具有至关重要的影响。为切实保障广大读者能够便捷地获取并充分利用数字图书馆的资源，图书馆应积极建设电子阅览室、多媒体教室以及独立的视听室，从而为广大读者提供多元化的服务体验。读者不仅可以在此借阅电子资料，还能轻松查阅各类信息、静心阅读以及参与各类讲座活动。

此外，图书馆馆员应充分利用多媒体教室和演播室等场所，为初次来馆的读者提供全面细致的引导与培训服务。通过详细介绍馆内资源分布情况，以及教授读者如何正确使用馆内设备，图书馆馆员将帮助读者更好地掌握数字图书馆的使用方法，进而实现资源的合理有效利用。

## 二、服务管理体系的建立与完善

数字图书馆的服务管理体系包括技术管理部门、信息管理部门、读者管理部门以及网上咨询服务管理部门等核心组成部分，各部分之间相互配合、协同工作，共同为提升数字图书馆的服务水平贡献力量。以确保提供高效、便捷、优质的服务。

### （一）技术管理部门

技术管理涉及网络、存储系统、服务器及计算机硬件设备的全面维护与管理。鉴于互联网与计算机技术之广泛普及，黑客技术亦同步演进，部分高级黑客已具备篡改系统参数、扰乱并破坏系统稳定运行的能力。鉴此，网络安全在技术管理体系中占据核心地位，必须采取严格措施，防范黑客入侵，确保系统安全无虞。为达此目标，需构建并强化防火墙体系，作为网络安全的第一道防线。同时，需保持服务器系统软件的更新与补丁修复工作的及时性，有效抵御黑客通过系统漏洞窃取用户密码等敏感信息的风险。此外，应实施精细化的服务器与文件管理策略，明确用户权限分配，确保各类信息内容免受恶意篡改，切实维护信息安全与稳定。

在向用户提供服务时，应根据不同的用户制定差异化的授权规定，以规范数字图书馆的使用权限，并提高系统的安全性。例如，可以限制特定 IP 地址的计算机是否能够下载或访问全文文献或重要数据。

确保计算机硬件设备保持优良运行状态，对于读者顺畅利用设备具有至关重要的意义。因此，必须定期开展设备的检查与维护工作，及时发现并妥善处理各类问题，以保障设备持续稳定运行。此外，还应高度关注并适时引入先进技术与设备，以不断提升设备性能与服务水平。

### （二）信息管理部门

信息管理的核心目标，旨在高效供给迅速、精确且品质上乘的信息资源及文献产品等。为充分契合重点学科的发展需求，以及教学科研项目的实际需要，图书馆应矢志不渝地致力于为读者群体提供最为新颖、精准且全面的情报资讯。此类情报资讯，广泛涵盖了课题发展趋势的预判、相关发展进程的深入剖析等多个方面。信息管理工作的具体范畴，则涵盖主页信息的条理化分类提示、信息的系统化分类存储、文献资源的科学构建以及数据库的全面建设等重要内容。

1.建立架构网站以及制作主页数字化服务

数字图书馆的建设需要从硬件设施和软件资源两方面入手。首先，要配置必要的服务器和流媒体设备，构建一个优化的、具有本馆特色的主页。其次，要将馆藏资源进行数字化处理，通过网络平台向读者展示，实现资源共享。主页设计是数字图书馆建设的关键，需要提供丰富的信息，引导读者快速找到所需内容，这就需要设计人员和信息管理人员的密切合作。同时，还要在互联网上筛选整理分散但有价值的资源，将其整合为有序集中状态，放置在图书馆主页上，并整理高水平和具有学科特色的专题信息，创建专题信息导航。数字图书馆的发展涵盖了数字信息的全球化，需要不断引入和利用国内外信息资源，进行跨国跨馆的数据利用，及时更新主页上的信息和专题导航，使本馆能够拥有一个庞大的虚拟外部馆藏。只有从硬件设施和软件资源两方面同时发力，数字图书馆才能真正建设成功，为读者提供优质的服务。

2.加强文献资源的采购和加工

高校数字图书馆的建设应以学校的教学、专业特色和科研方向需求为导向，整合文献资源。首先，要采购新颖高品质的学术资源，如文献、光盘、磁带、图片等，为数字化提供丰富的软件资源。其次，要按专业性对资源进行分类、整理和标引，优化馆藏资源，并实行开架借阅，满足读者需求，提供方便的查找方式。再次，要通过扫描、处理和存储等方式，将馆藏资源转化为数字信息资源，包括各种格式的文件，如图表、动画和声音等。最终的目标是将馆藏资源全部上网，实现馆际交换和共享，更好地满足学校的教育和研究需求，提供丰富的数字化资源支持。这样的数字图书馆建设思路，能够充分发挥高校图书馆的优势，为学校的教学和科研提供强有力的支持，同时也能够提高图书馆的服务水平和效率，更好地满足读者的需求。

3.建立专题导航

为了提升资源服务质量和加强网络虚拟馆藏建设，图书馆应积极建立专题导航系统。这一系统的构建分为两个阶段：首先，利用现有馆藏资源，开发标准化的学科专业数据库和精准的专题索引，为用户提供高质量的信息检索工具；其次，通过主动利用网络技术，进行信息的深度挖掘和筛选，扩充专题资源库，同时创建专业信息资源指南，为读者提供直观的学科信息入口，帮助他们迅速掌握学科前沿和研究热点。这些努力将有效提高图书馆在支持学术研究和教学中的作用，为用户节省时间，提升信息获取效率。

## （三）读者管理部门

首先，以读者的实践技能提升为导向，设计并提供针对性的支持服务，帮助他们在实际操作中不断提高能力；其次，关注读者的能力拓展，提供丰富的新技术应用材料，激发他们在实践中学习和掌握新知识的兴趣；最后，根据读者的专业背景和研究需求，精准定位信息资源，围绕科研项目和课题深化服务，确保提供的信息既符合专业要求，又能满足读者的个性化需求。

图书馆作为知识获取的重要场所，需要不断加强对读者的技术培训，帮助他们更好地利用图书馆的各种资源。随着数字信息资源的快速发展，读者可能会面临使用新型检索工具的困难，因此图书馆应当及时为读者提供相关培训，让他们掌握高效的信息获取方法。同时，将培训内容融入图书馆的网页，供读者随时查阅，也是一种经济实用的培训方式。总之，图书馆应当重视读者的培养和引导，充分发挥自身的服务功能，为读者提供更好的知识获取体验。

### （四）网上咨询服务管理部门

网络咨询服务作为图书馆服务的关键一环，已逐步融入并丰富着图书馆的服务体系。作为个性化服务的深化与延伸，它旨在为广大读者提供精准、高效的一对一信息支撑。

图书馆馆员需深刻把握读者的多样化需求，全面分析他们的信息诉求，进而通过电子邮件、频道推送、构建 Web 页面等多元化渠道，积极主动地为读者提供解答与帮助。此举旨在确保读者能够迅速、准确地获取所需信息，从而得到满意的阅读体验与知识服务。

随着网络通信技术的持续进步，图书馆的读者群体已摆脱地理局限，实现了全球范围内的覆盖。图书馆作为网络的重要组成部分，与外部世界的联系愈发紧密，其咨询服务的范畴亦随之扩大，不再局限于本地读者，而是辐射至社会各阶层。鉴于单一图书馆的资源有限性，多图书馆之间的协同合作，共同提供咨询服务，已成为一种不可逆转的发展态势。

# 第七章　图书馆数字化服务

## 第一节　数字化图书馆的服务内容

数字化图书馆是一个高度综合的应用系统，它整合了计算机技术、多媒体存储技术、网络传输技术、信息技术、通信技术以及图书馆文献组织技术等多个领域的技术。这些技术的融合使得信息存储数字化、信息资源网络共享、信息传输光缆化，并支持了多元化网络。数字化图书馆还能与国内外重要网络如 Internet 和 Cernet（中国教育和科研计算机网）进行快速连接，从而实现真正的资源共享。

### 一、数字化图书馆管理

#### （一）人力资源管理

数字化图书馆的成功构建与持续发展，深深植根于坚实的人力资源基础之中，这涉及数字化图书馆领域的专业人才队伍、高效的管理团队以及不断壮大的后备人才库。在此进程中，对人员实施科学、合理的管理，不仅是数字化图书馆建设不可或缺的一环，更是保障其稳步前行、实现战略目标的坚实基石。

数字化图书馆的建设和发展与传统图书馆有着根本性的差异。它不仅需要馆员具备扎实的图书馆学基础知识，还要求他们掌握计算机操作、网络通信、多媒体等现代信息技术技能。

数字化图书馆的馆藏内容和检索方式与传统图书馆大不相同，馆员需要熟悉各种数字资源的检索方法，并对信息的鉴别、筛选、分析和预测能力有较高要求。此外，他们还需要承担"信息向导""信息过滤者""系统专家"等新兴职责，为读者提供更专业、更高效的服务。

为了应对这一挑战，图书馆需要开展员工培训，提高他们的信息素养、信息道德水平和信息能力。同时，也需要积极引进一批具有计算机开发、运行管理和维护专业背景的人才，以满足数字化图书馆建设的需要。这些措施将有助于构建强大的数字化图书馆团队，促进数字化图书馆的健康发展。

### （二）信息管理

1.信息的收集与加工

为了方便读者快速检索信息和保障信息提供者的权益，我们需要重视信息的收集和处理工作。在信息的收集方面，可以利用网络技术检索新科技信息，通过全球多元化的渠道、来源和接收点广泛搜集信息，以实现即时出版和采购。此外，协作和信息资源的互换也有助于提高信息利用效率。

在信息搜集阶段，必须坚持针对性、系统性和协作性的原则。搜集到的大量信息应通过科学的管理方法进行处理，对数字信息进行恰当的加工和整理。加工和整理的方法应根据信息载体的不同而相应调整。例如，机器可读目录（MARC）是一种利用代码和特定结构记录在计算机存储介质上的目录，它能够被计算机系统识别和读取。MARC 最初由美国国会图书馆资源委员会开发，并自 1968 年起应用于计算机编目工作。该系统的推出引起了全球图书馆界的广泛关注，导致许多国家也开发了各自的机读目录系统。中国亦开发了自己的机读目录系统，即 CNMARC。新一代的图书馆自动集成系统已经支持 CNMARC，例如深圳大学的 SULC-MIS3 系统。这些措施有助于更好地管理和利用数字化信息资源。

2.馆藏信息数字化

数字化图书馆的核心特征在于将馆藏信息全面数字化，并以多媒体形式呈现，从而实现了信息内容的多样化提供方式，包括通过计算机和网络传输。实现数字化图书馆需要综合运用多种技术，如印刷载体文献的数字化技术、元数据和搜索引擎技术、数字文献的全文检索技术、数字化图像信息的压缩技术，以及多媒体、超文本和超媒体技术等。这些技术的应用不仅促进了计算机技术的进步，也使数字化图书馆的建设成为现实。

数字化图书馆的发展依赖于计算机通信网络，特别是互联网的普及。互联网的普及推动了数字化图书馆的兴起，通过充分利用互联网，数字化图书馆可以将分散在网络上的各种相关信息进行集中、分类、整理，并以超文本的形式呈现给读者。这种方式可以提供更高级别的信息服务。

万维网技术为广大读者开辟了新颖且充满活力的信息检索途径。其独特的超文本组织和连接方式，使读者能够便捷地访问涵盖图像、声音、视频等多媒体元素的信息资源。同时，数据库建设对于促进信息资源共享具有不可估量的价值，特别是那些具备鲜明学科特色的数据库构建。在遴选商业数据库时，务必全面权衡成本效益、数据质量及知识产权保护等关键因素。

尤为重要的是，数字化馆藏的建设应紧密依托并最大化利用出版界的既有成果。图书馆作为知识传播与保存的重要阵地，其核心使命在于高效收集、系统整理并广泛提供优质的数字化信息资源，以满足社会各界对知识的渴求与利用。

3.信息的存储

在图书馆内，对海量信息进行识别并数字化处理后，必须采取有效措施进行存储。随着信息存储和传输技术的迅猛发展，各种类型的信息，包括音频、视频、文本、图像等，都能够借助计算机和通信网络实现高密度存储和快速传输。目前，市场上已经推出了大容量磁盘镜像陈列柜，最多可支持25个硬盘槽位，每个槽位可插入一个 36GB 的硬盘，这使得陈列柜能够提供高达 900GB 的存储容量，足以存储相当于 1500 张 CD-ROM 的信息量。此外，日本胜利公司（JVC）生产的光盘库，其最大规格可容纳 600 张光盘。一张光盘便能储存大约 1000 册图书的信息。同时，所谓的"海量"硬盘也已经问世，其存储能力足以覆盖 100 张光盘的信息量。因此，信息存储构成了数字化图书馆管理的关键环节。

4.信息的维护

在数字化图书馆的运营中，信息维护扮演着至关重要的角色。这不仅涵盖了系统软件与硬件的管理与维护，还包括解决常规故障和实施有效的网络安全措施。为了确保数据的完整性，实施双重目录备份是必要的。同时，为了防范硬盘故障带来的风险，进行硬盘备份和定期升级以抵御计算机病毒的侵袭也是不可或缺的。防火墙的管理同样至关重要。维护工作还扩展到对各种工具的管理，包括目录结构、格式转换、快速检索馆藏、资料加密、链接以及元数据定义等，这些都需要定期进行维护。同时，还需要不断地开发和优化众多其他工具。

## 二、数字化服务存在的问题及应采取的对策

### （一）电子资源种类多，存在重复购置现象

通过上述描述，可以清晰地了解到，各图书馆已采购了大量电子资源，以提供多样化的服务。这些资源种类丰富，覆盖面广泛。然而，值得关注的是，一些图书馆在采购过程中存在重复现象。尽管图书馆的目标是提供全面的服务，但明显的重复并不符合最佳实践原则。例如，中国期刊网和维普中文期刊数据库在中文数据方面存在一定的重叠。很多图书馆同时订阅了这两个数据库，仔细观察可以看到这两个网站在学科覆盖范围等方面有一些重合。因此，建议各图书馆在采购电子资源时，应注重资源的独特性和互补性，以避免不必要的重复。

## （二）深层次电子资源服务少

在自主建设电子资源方面，大部分图书馆的表现未尽如人意。调查发现，尽管各校均拥有多个数据库，但绝大多数图书馆仅局限于引进现有数据库或参与共建项目，自行建设数据库者寥寥无几。此外，在知识深度挖掘方面，除学位论文数据库、目录数据库、学科导航数据库等，其他数据库仍有优化空间。仅有极少数图书馆提供其他具有特色的自建数据库服务。

馆藏目录和其他电子资源的检索是图书馆提供的基本资源服务，但由于资源数量众多，检索平台各异，给读者带来了一些不便。调查结果显示，只有南京大学、清华大学和华中科技大学实现了方便读者的跨库检索，也就是提供一站式检索。这种跨库检索服务能够有效整合馆内各类资源，提高读者检索效率，更好地满足他们的信息需求。

## （三）信息咨询服务方式的局限

当前，图书馆的信息咨询服务多数仍处于较初级的阶段。通过对各图书馆的调查发现，常见的信息咨询服务方式包括电子邮件、电话、在线表单、常见问题解答以及留言簿等，但它们仍未满足信息个性化和及时性需求，且在不同图书馆之间存在较大差异。

随着互联网的发展和资源的急剧增加，人们对信息的需求日益个性化和及时化，传统服务难以满足这些需求。尽管一些图书馆已开始探讨利用软件技术提供实时在线咨询服务，但这一服务仍处于初级阶段，缺乏可复制的成功模式，因此发展和推广相对较慢。

## （四）经费和人员限制导致某些服务项目难以开展

通过深入研究和充分验证，某些服务方法确实具备可行性条件。然而，在实际操作中，由于各种因素的影响，这些服务方法无法顺利推广。在数据库方面，一些高质量的大型数据库因成本较高，图书馆通常无法承担，因此不得不放弃购买或只能部分购买。此外，如果数据库的使用率较低，将存在投入与使用不匹配的情况，图书馆可能会考虑不购买。例如，动力机械工程师协会数据库的费用较高，吉林大学只购买了一个读者的使用许可。

在虚拟咨询服务方面，由于图书馆缺乏高水平的咨询馆员来执行这项任务，这种服务通常难以实施。此外，软硬件技术和设备支持等障碍也对图书馆数字化服务的发展构成了制约。因此，在开展数字化服务时，图书馆需要克服各种障碍和困难，不断提高自身的软硬件实力和咨询服务水平，以满足读者需求并推动数字化服务的发展。

### （五）对服务缺乏系统统计和评价

为确保服务质量，必须对服务前和服务后进行科学、合理的评估。据调查，目前国内图书馆开展数字化服务，虽然有些进行了统计分析，但缺乏统一体系。一些图书馆只在需要数据时才进行统计和评价工作，而其他一些虽然进行了统计，但未将结果用于指导服务工作。此外，还应重视读者的意见和反馈。总的来说，图书馆对这项工作的重视还不够。

鉴于国内图书馆数字化服务的现状和问题，需要从读者、图书馆馆员和服务三个方面着手，综合优化各要素和各环节，方能真正解决数字化服务中的问题。

1.强化数字化服务理念，建立科学评价标准体系

虽然数字化服务理念并非新概念，但其重要性仍需强调。尽管我国已经开始关注这个问题，但仍需更深刻地理解它。因此，除了重视和理解数字化服务的概念，还需要以实际行动来保持科学的态度。在这方面，新西兰大学魏霞的一项调查研究提供了有益的启示。她的研究显示，图书馆馆员对于不同的数字化服务理念存在不同的认知，而且不同的图书馆馆员和读者之间也存在显著差异。尽管国内尚未有类似的调查报告，但这份国外调查报告揭示的问题在国内图书馆界同样存在。因此，应该从实际需求出发，进行科学的评估，建立以读者为中心的评估体系，并建立相应的标准，以事实和数

据为评估基础。

2.提高图书馆馆员整体素质，提高服务能力

网络图书馆馆员与知识工程师的角色，是对当代图书馆馆员职能的深刻重塑与期待。他们不仅需要沿袭传统图书馆的服务精髓，还要在网络技术的浪潮中，担当起知识架构师与信息管理者的重任。这意味着他们需积极引入前沿的电子媒介与信息技术工具，不断创新信息服务模式，并推出一系列数字化服务项目，以适应时代的需求。

要达成这一目标，先进的技术支持固然重要，但更为核心的是图书馆馆员们所应具备的现代服务素养。在数字化服务的背景下，图书馆馆员们应当具备以下能力与素质：

首先，他们需拥有广泛而深入的知识体系，以便能够全面理解并处理多元化的信息。其次，卓越的沟通技巧是他们不可或缺的能力，这有助于他们与用户建立有效的沟通，深入了解用户需求，并据此提供定制化的服务。同时，他们还需具备出色的计算机与网络技术能力，以灵活应对各类数字化工具的操作与应用。

此外，高级别的数据库管理能力也是现代图书馆馆员所必备的。他们应当能够高效地使用和维护数据库系统，确保信息的准确存储与快速检索。最后，一定的开发技能也是他们提升服务品质的利器，使他们能够自主开发新的信息服务项目，不断满足用户日益增长的需求。

3.注重数字化服务方式的宣传介绍及教育培训

国外研究表明，图书馆数字化服务的潜力尚未充分发挥，主要因为其宣传不足。为了改善这一状况，图书馆需要积极宣传其提供的服务。这可以通过举办信息发布会、座谈会以及与学院合作的数据库学习评比会等方式来实现。这些举措旨在提高读者对图书馆服务的认知，促进图书馆与读者之间的互动，以便读者更好地了解图书馆提供的各种数字化服务。

由于数字化服务通常通过图书馆网站提供，因此图书馆工作人员需要确保所提供的服务项目清晰可见,易于访问，以便读者能够轻松找到所需信息，

减少链接的使用。此外，一些读者可能对某些数据库资源不熟悉，因此图书馆应该通过在线教程、提供使用手册以及注意事项的方式来加强读者的培训。最直接的方法之一是提供在线帮助，以解决读者在使用数字化资源时可能遇到的问题。这些措施有助于提高图书馆数字化服务的利用率。

4.深化服务内容，注重知识开发

相对于国外图书馆的服务，国内图书馆存在一定的差距。为了稳步发展并不断提高现有的服务水平，图书馆应着重于知识开发，主要包括以下两个方面内容：第一方面，基本服务的升级与创新。需要从基础服务入手，引入新技术和方法。目前，虽然我们有联机书目查询系统，但它并不能提供相关书目的相关度信息，这对读者来说是不能满足需求的。图书馆可以学习国外的经验，采用虚拟现实等新技术，以提高读者的体验和服务质量。另外，对于无法找到所需书籍的读者，图书馆可以提供推荐系统，帮助他们找到最适合的可借阅书籍；第二方面，深层次服务的开展。服务不仅应多样化，还要向深度发展。在信息咨询服务中，读者最需要及时解答问题，但图书馆目前不能提供实时解答服务。此外，图书馆的推送服务仍然以电子邮件为主，不能满足读者对某类信息的定期需求。图书馆可以扩展服务内容，包括日常生活中的信息提示，如天气预报、火车时刻表、航班查询、学术讲座预告、校内馆内通知以及当日重要新闻事件等，这些都可以纳入在线服务的范畴。

5.尝试联合共建数字化服务

随着信息技术的迅猛发展，数字化图书馆的建设和服务的提供已经成为现代图书馆发展的必然趋势。然而，这一进程需要大量的资金投入、人力资源、物质资源以及财务支持。对于许多图书馆而言，自身所拥有的资源可能不足以应对这一挑战，因此，与其他图书馆进行合作，共同推进数字化建设，成为了一种切实可行的方法。

这种合作模式包括了资源引进和开发等多个方面。通过合作，图书馆可以共享彼此的资源和技术，实现资源的协同建设和共享。这不仅能够提高资源的利用效率，还能降低单个图书馆在数字化建设上的成本负担。一些图书馆已经开始积极探索这种合作途径，并取得了一定的成效。

对于大型数据库的引进，图书馆可以选择购买本馆重点需求的部分，而不是全面购买。这样可以确保每一份资源都能得到最有效的利用，同时也能更好地控制成本。通过这种方式，图书馆可以在有限的资源条件下，最大限度地满足读者的需求，提供高质量的数字化服务。

6.加强与读者的联系

图书馆的进步并非孤立的，而是与其所处的环境紧密相连。图书馆必须始终坚守为教学和科研服务的宗旨，不断追踪最新的发展动态，灵活调整采购策略，以更好地满足教育需求，提高图书馆在读者中的利用率。同时，图书馆还需要树立良好的服务形象，确保读者对图书馆的信任和满意度。为了确保图书馆的服务与读者期望保持一致，图书馆需要及时了解读者的需求，避免因馆员和读者对服务需求的理解不同而产生偏差。图书馆的所有工作都应以满足读者信息需求为导向，从书籍采购的基础环节到更深层次的服务，都应该以此为出发点。只有这样，图书馆才能成为读者信息交流的重要平台，为读者提供更好的服务。

数字化图书馆服务的竞争力在于提升"在最需要的时间，为最需要的人提供最需要的知识"的效率与能力。传统图书馆长期致力于以书籍为核心的知识引导，然而，随着数字化信息技术等先进技术的飞速发展，数字化图书馆拥有了实施以知识为中心的"知识导航"的技术基础。图书馆的服务不能仅局限于提供书籍查找的基本功能，更应具备直接提供知识的增值服务的能力。深信随着图书馆的持续发展，更多的信息将通过数字化服务以更高效、更精确、更及时的方式传递给广大读者。

# 第二节　信息资源的共享

信息资源共享是一项现代技术，以电子计算机技术为核心，用于收集、整理、存储、检索和传递文献信息。其主要目标是通过计算机网络促进不同信息机构之间、信息机构与信息源之间以及信息机构与读者之间的信息交流。在一些发达国家，资源共享网络的建设已经展现出显著的发展趋势。例如，在美国，所有高等教育机构的图书馆都已接入互联网，每个学校和研究机构都拥有独立的在线账户。高等教育图书馆已经构建了资源共享网络的基础架构，使得各个图书馆能够自由地共享信息，实现国内外范围内的在线资源共享。为了与国际趋势保持同步，推动国内外学术交流，促进我国教育和科研事业的发展，我国高等教育图书馆也在加快资源共享网络的建设步伐。

中国教育和科研计算机网（CERNET）是一个全国性的网络覆盖体系，涵盖了全国主干网、地区网以及校园网。其网络中心位于清华大学。CERNET已将 300 多所大学的网络相互连接，并与国内其他信息网络及国际互联网实现了互联互通。1997 年，CERNET 建立了区域信息资源共享系统，被称为"中国科学院、北京大学、清华大学图书情报网络（ATLN）"，并成功实施了中关村地区教育与科研示范网（NCFC）的三个图书馆的联机公共检索服务、联机联合编目以及馆际互借计划。

图书馆网络体系以北大 PUNEN 与清华 TUNET 为中心节点，紧密连接NCFC，构建起一座桥梁，通往国家数据交换网、全科教网、中国科学院网以及浩瀚的互联网世界。这一网络架构首先打通了中关村与高科技区的信息通道，随后将资源共享的触角延伸至全国各个角落。各地区积极响应，纷纷建立起图书馆自动化集成系统，为区域乃至全国范围内的网络一体化铺设了坚实的基石。在各部委的引领下，众多图书馆与部委信息网紧密融合，共同编织出一幅全国性的专业信息网络图景。

"全国医学文献资源共享网络"系由原卫计委引领创建，涵盖了全国范围内的 30 所医学高校图书馆，共同编织成这一宏大的资源共享网络。该网络自 1991 年起航，构建起一个由国家、地区及各省（含自治区、直辖市）中心馆组成的三级医学文献资源共享体系。各级中心馆凭借 PC、调制解调器、传真机等现代化通信工具，实现了信息的无缝对接与共享。这一网络不仅为全国医学图书馆之间的资源共享搭建了高层次、全方位的平台，还成为了技术支撑体系中不可或缺的重要基石。

## 一、图书馆文献资源的联合采购

图书馆实现信息资源共建共享的一个主要途径是通过馆际合作，共同采购图书、期刊、电子资源等文献，并提供联合借阅服务。这种合作模式将地区或系统内的图书馆联合成一个联盟，与相关电子资源提供商进行谈判，以订购电子资源或使用权，确保这些资源能在整个联盟的图书馆服务范围内广泛使用。通过联盟订购，可以发挥规模效应，为图书馆争取到更优惠的价格和政策，同时也有利于提供商扩大市场份额和提升效益。这种联合采购方式在国外已广泛实施，并且近年来在国内也逐渐推广，取得了显著成效。

CALIS 以 CERNET 为依托，构成了一个全国性的资源共享网络。CALIS 的核心任务是联合全国文献信息中心、地区文献信息中心以及参与"211 工程"的高校图书馆，共同打造一个三级文献保障体系。在 CALIS 的资源建设过程中，引进国外数据库和电子文献被视为至关重要的任务之一。CALIS 致力于通过集中采购的方式，运用多种灵活的策略来高效地利用有限的预算，从而实现资源的最大化。例如，CALIS 引进了工程索引（OCLCEI）、SDOS 等国际知名的数据库，这些数据库涵盖了广泛的学科领域，包括工程、科学、社会科学等。通过这些举措，CALIS 旨在解决我国图书馆长期以来面临的外文文献匮乏和获取难题，提高图书馆的文献保障能力，满足广大师生和科研人员的需求。引进这些国际数据库不仅丰富了图书馆的资源，还提升了学术研究的水平，促进了国内外学术交流与合作。CALIS 的这一战略举措，不仅有助于缩小我国图书馆与国际先进水平的差距，还为我国高等教育和科研事业的发展提供了有力的文献支持。

## 二、图书馆的联机合作编目

为实现资源共享，各图书馆应积极参与信息网络建设，加强文献信息资源整合，并将馆藏资源数字化，以便通过网络进行资源共享。目前，图书馆的主页上提供了馆藏信息查询功能，特别是馆藏书目信息。

为进一步完善书目数据库建设，各图书馆积极参与区域性书目数据库的建设，力争建立覆盖全国的书目数据库系统。CALIS 联机合作编目系统于 2000 年 6 月正式启动，目前有 517 个成员馆。未加入该组织的图书馆可以从网络上获取成员馆已编制的书目数据。这种批量编目数据获取方式提高了书目数据库的制作效率，使图书馆的编目工作更加规范，为图书馆书目资源的共享奠定了坚实基础。

## 三、图书馆馆际互借与文献传递状况

目前，图书馆愈发重视开展馆际互借与文献传递服务，以推动资源共享。在全国范围内，馆际互借服务的发展呈现出不均衡的态势，多种服务方式并存。一些条件优越的图书馆早已启动馆际互借工作，并取得了显著成效。例如，清华大学图书馆自 1995 年起便开始提供馆际互借服务，其网络现已覆盖全国乃至全球，为校内外、国内外的读者提供所需文献。

如今，依托 CALIS 馆际互借与文献传递系统，越来越多的图书馆读者能够在线提交馆际互借申请，并通过多种途径，包括邮件、网上文献传递系统、Ariel/CALIS、传真、邮寄、自取以及人工传送等，获取其他图书馆的书刊原文复制件和各类数据库的电子版文章。同时，读者能够实时追踪其申请的处理进度。

## 四、图书馆自建特色资源情况

在当今信息化时代，图书馆不仅仅是一个简单的知识储备之地，还肩负着更为重要的使命，那就是文献的收藏与传播。与此同时，图书馆还必须为用户提供个性化且独具特色的服务，以满足他们在信息时代日益增长的需求。我国的图书馆在长期的发展历程中，已经充分认识到自建特色资源的重要性，并且根据这一认识，开展了一系列丰富多样的特色资源建设活动。

这些特色资源涵盖了多个方面，其中包括 CALIS 资源项目下的特色数据库、学位论文数据库、教学参考书数据库等。这些数据库不仅为用户提供了一个丰富的知识宝库，还为他们提供了更为便捷和高效的检索方式。此外，各图书馆还根据自身的专业特色、地域特色、技术实力和经费条件，自行构建了各种独具特色的数据库。这些数据库不仅丰富了图书馆的资源，还为用户提供了更为个性化和专业化的服务。

例如，一些图书馆根据自身的专业特色，构建了与之相关的专业数据库，如医学、法学、工程等领域的专业数据库。这些数据库不仅涵盖了丰富的专业文献资源，还提供了各种专业工具和应用，为用户提供了更为专业和深入的研究支持。另外，一些图书馆还根据自身的地域特色，构建了与之相关的地域文化数据库，如地方志、民俗、历史等领域的数据库。这些数据库不仅为用户提供了丰富的地域文化资源，还为他们提供了更为深入的地域文化研究支持。

总之，在信息化时代，图书馆作为知识储备之地，不仅需要担负起文献收藏与传播的责任，还需要为用户提供个性化且独具特色的服务。我国图书馆在长期的发展历程中，已经充分认识到自建特色资源的重要性，并且根据这一认识，开展了一系列丰富多样的特色资源建设活动。这些特色资源不仅丰富了图书馆的资源，还为用户提供了更为个性化和专业化的服务，满足了他们在信息时代日益增长的需求。

## 五、合作的开展

在我国，图书馆界正积极地追求资源共享的目标，同时也在不懈努力地通过各种多元化的方式推动服务共享的进程。这些服务共享的方式涵盖了从异步咨询到同步交流的广泛范围，从单一服务到联合协作的全方位参考咨询服务。分布式联合虚拟参考咨询系统（CDCVRS）正是这一努力的杰出代表。这个系统巧妙地将本地服务与分布式联合服务相结合，不仅成功地建立了一个可持续发展的多馆协作咨询框架，而且还配备了丰富的知识库和学习资源中心。

作为连接图书馆馆员与读者之间的重要纽带，CDCVRS 使得馆员能够即时响应读者在使用数字图书馆时遇到的各种问题，彻底打破了时间和空间的限制。这为构建理想的服务模式扫清了技术障碍，极大地提升了服务效率和质量。此外，我国图书馆界还在不断推动图书馆门户网站的建设，通过统一的标准和模式，促进各图书馆服务水平的共同提升。这些门户网站不仅为读者提供了便捷的访问入口，还整合了各类丰富的数字资源，使得读者能够更加方便地获取所需信息。通过这些努力，我国图书馆正在逐步实现服务共享的目标，为读者提供更加高效、便捷、全面的服务。

# 第三节　读者服务模式转变

图书馆作为信息资源存储的核心机构，其价值通过多样化的服务方式得以展现。随着社会的演进、图书和信息资源的整合以及读者需求的变化，图书馆的服务模式也在持续发展和完善。因此，图书馆必须从传统的实体管理模式向信息化管理模式转变，从根本上改变其服务方式、管理策略以及图书馆馆员的专业能力。在这一过程中，信息技术将扮演更为重要的角色。得益于政府和学校的大力支持，图书馆在实施读者服务现代化技术方面具有一定的优势。因此，图书馆有责任和义务引领变革，实现读者服务模式的转型。如何适应新的环境，构建具有竞争力且可持续发展的读者服务模式，已成为图书馆界共同关注的热点问题。

## 一、传统图书馆读者服务模式的特点

传统图书馆主要收藏纸质文献，因此其读者服务工作通常以纸质文献和图书馆建筑为中心。大部分图书馆侧重于文献保存，导致出现"重藏轻用"和"重管理轻服务"的倾向，通常将读者的需求置于次要位置。传统图书馆在服务模式、服务理念、服务结构等方面形成了独特的规律和特点，主要体现在以下几个方面：

### （一）封闭式服务

在历史的长河中，传统图书馆在其发展和演变的过程中，受到了诸多因素的限制和制约。这些限制因素包括技术、资金、空间以及管理理念等各个方面。正是由于这些制约，传统图书馆逐渐形成了一种相对封闭且自我导向的服务模式。在这种模式下，图书馆的资源和功能并没有得到充分的发挥和利用，很多珍贵的文献资源也因此被束之高阁，无法得到广泛传播和充分利用。这种传统图书馆的服务模式具有明显的被动性。读者若想获取所需的信息和知识，必须亲自前往图书馆，亲自在书架间寻找和翻阅。图书馆的服务主要集中在书刊的借还以及一些基本的引导服务上，例如提供阅读座位、简单的文献检索等。然而，这种服务模式缺乏主动性和前瞻性，图书馆很少主动为读者提供帮助和指导，更不用说根据读者的需求进行个性化的服务了。

此外，传统图书馆的服务模式往往以图书馆自身为中心，而不是以读者的需求为中心。图书馆的工作人员更多地扮演着管理者的角色，而不是服务者的角色。他们更多地关注图书馆内部的管理和运营，而不是如何更好地满足读者的需求。这种以图书馆为中心的服务模式，使得图书馆与读者之间的互动和沟通变得相对有限，进而影响了图书馆服务的质量和效果。

### （二）浅层次、密集型文献服务及管理

在传统的图书馆环境中，工作人员承担着文献管理的重任，这包括了从采购各种书籍和期刊开始，到对这些资料进行编目、加工和存档管理等一系列烦琐而复杂的工作。这种服务模式常常伴随着大量的重复性劳动，导致工作人员面临较高的工作强度。由于这些任务的重复性和烦琐性，工作人员往往需要花费大量时间和精力在这些基础性工作上，从而影响了他们进行其他更有价值工作的机会。

传统图书馆的服务成效通常以图书流通量作为衡量标准，也就是说，图书馆的工作成效往往通过图书借阅的数量来衡量。这种衡量方式虽然在一定程度上反映了图书馆的使用情况，但它并不能全面地反映图书馆的服务质量和读者的满意度。此外，传统图书馆的等级划分也主要依据其收藏和所拥有的文献数量，这意味着图书馆的等级高低往往取决于其馆藏的规模和数量，而不是其服务的质量和效率。这种以数量为主的评价体系可能会导致图书馆过于注重馆藏规模的扩大，而忽视了对读者服务的改进和提升。因此，传统

图书馆在面对现代信息社会的挑战时，需要不断改进和创新其服务模式，以更好地满足读者的需求。

### （三）服务观念落后

在传统的图书馆服务理念中，图书馆被视为核心，重点在于对书籍和期刊进行有序的整理和分类，并努力营造一个舒适宜人的阅读环境。然而，由于受到机构结构的限制、陈旧的观念束缚、资金的短缺、人员配备的不足以及设备的落后等多种因素的影响，图书馆的工作人员常常表现出一种官僚主义的倾向。他们往往缺乏主动向读者提供服务的积极性，对文献资源的有效利用、读者的借阅满意度以及服务成效的关注度并不高。

具体来说，图书馆的工作人员往往满足于传统的服务模式，不愿意主动去了解读者的需求，也不愿意主动去推广和介绍图书馆的资源和服务。他们往往只是被动地等待读者前来咨询和借阅，而不会主动去提供帮助和指导。这种被动的服务态度，使得图书馆的资源得不到充分利用，读者的借阅满意度也难以提高。

此外，由于资金的短缺和设备的落后，图书馆的硬件设施往往无法满足现代读者的需求。例如，图书馆的计算机设备可能过于陈旧，无法提供快速的网络服务；图书馆的座位可能过于拥挤，无法提供舒适的阅读环境。这些问题的存在，进一步限制了图书馆的服务能力，使得图书馆难以提供高质量的服务。

因此，为了提高图书馆的服务质量，需要改变传统的服务理念，重视读者的需求和满意度，积极主动地提供服务。同时，我们也需要加大对图书馆的资金投入，更新设备，改善硬件设施，以满足现代读者的需求。只有这样，图书馆才能真正成为知识的殿堂，为读者提供高质量的服务。

### （四）组织结构松散

传统图书馆的运作机制紧密围绕着文献的处理流程与类型划分，设置了诸如采编、编目、流通等专项服务部门，它们依据文献的不同形式，设立了期刊阅览区、电子资源室、图书借阅区等读者服务区域。这种组织模式构建了一个层次分明的结构体系，以馆、部、室为基石，使得读者在寻求特定学科的文献资源时，需要跨越多个部门进行查询，过程显得颇为曲折。文献的传递流程烦琐，需要经过多个部门的协同处理，这无疑增加了读者获取信息的时间成本。此外，各部门员工往往专注于各自职责范围内的工作，对于整体服务流程的优化与效率提升缺乏足够的关注。这反映了图书馆部门职能的分配主要基于现有的组织架构，而其工作绩效的评价也往往侧重于任务的完成情况，而非将读者的满意度与反馈作为主要的衡量标准。

## 二、传统图书馆读者服务模式的转变

### （一）由封闭式服务向开放型服务模式发展

经过多年的运营，图书馆一直沿用计划经济体制下的单一服务模式，致力于为读者提供服务，同时采取了一种相对封闭的管理方式。这种封闭的管理策略导致了图书馆的文献信息资源未能得到充分利用，甚至出现了闲置和浪费的现象。鉴于此，将封闭的管理模式转变为开放式管理，已经成为图书馆发展的必然趋势。在逐步向社会开放的过程中，图书馆可以提升对社会读者的开放水平，拓宽书刊借阅的范围，并提供文献检索与咨询服务。具备条件的图书馆甚至可以在远程教育领域发挥作用。图书馆应主动与社会互动，突破传统文献处理的局限，逐步构建起一个开放的、辐射型的服务模式。

### （二）有偿服务与无偿服务相结合

在市场经济环境下，为了更好地满足社会需求，图书馆可以在提供公益性服务的同时，探索有偿信息服务的途径，以增强图书馆的自我维持和自我发展能力。

### （三）文献服务模式的转变

传统图书馆的服务模式主要集中在文献的采集、储存、编录、检索、流通和阅览上。然而，这种模式仅在基础层面运作，无法充分挖掘和揭示文献的深层价值，也难以灵活地利用文献的丰富内容，满足读者日益多样化的信息需求。现代电子信息化图书馆则致力于将工作重心从文献转移到信息本身，信息服务不再局限于传递文献，而是要求图书馆馆员对信息进行深入的处理和系统的整理。图书馆应更加重视和加强参考咨询服务，使其成为为读者提供服务的核心，同时作为连接读者和社会信息的纽带。

### （四）多样性服务

图书馆的学术价值已被社会广泛认可。然而，随着科技的迅速发展，读者服务工作面临新的挑战。因此，图书馆工作人员需要跟随时代的步伐，积极探索适应新形势下的读者服务模式。图书馆团队中，许多专业人才致力于图书馆工作，他们利用自身的优势和丰富的信息资源积极从事学术研究，并取得了显著的成就。现代图书馆应以读者为中心，满足他们的需求，将服务模式从"单纯服务型"发展为"服务经营型"。同时，图书馆应主动拓展市场，深化信息的加工处理。在新的定位下，图书馆不仅仅是文献资料的收藏和提供机构，还应该成为信息产品的生产者、开发者和提供者。

## 三、传统图书馆读者服务模式的发展对策

### （一）改变信息资源结构，使文献资源数字化

改变信息资源结构包括自身结构、配置结构和组织结构的改革。自身结构指的是信息、信息符号和信息载体的构成。数字化转型是其中的关键，它满足了快速获取和便携阅读的需求。配置结构的改变意味着需要合理调整纸质文献和电子文献的比例，逐渐增加后者，以更好地满足特定图书馆读者群

的需求。组织结构的调整涵盖了库房架构和信息内容的优化重组，旨在提升检索和分类工作的效率。只有对这三个层面进行全面而细致的考量，图书馆的信息资源才能得到最大程度发挥。

在数字化时代背景下，图书馆的文献信息资源结构经历了转变。这些资源既包括传统的实体馆藏，也包括新兴的虚拟馆藏，二者共同构成了图书馆文献信息资源服务的基础。鉴于任何图书馆，无论其规模大小，都无法独立收藏所有文献资料，因此，跨系统、跨地区乃至跨国界的协作与合作变得至关重要。通过将馆藏概念拓展至协作网络的集体收藏，图书馆能够主动为读者提供丰富多样的服务内容和方式，从而提供高质量的现代信息服务。此外，图书馆可以根据不同学科的特点和研究领域的规模，建立定制化的数据库，以支持目录检索、主题检索和全文检索。同时，为了满足教学和科研的需求，图书馆还可以对相关教材和学术期刊进行数字化处理，并构建全面的搜索引擎，以便用户能够在线轻松阅读和下载。

### （二）探索数字化环境下图书馆服务的新模式

数字化环境为图书馆带来了前所未有的机遇，赋予了其全新的发展前景。因此，图书馆必须主动把握这一机遇，为信息资源的搜集、处理、整理和服务注入新的意义与方法。为了满足数字化环境的要求，图书馆的组织架构、人员配置以及业务流程都需持续进行调整和优化。同时，传统的服务模式亦可借助数字化环境和网络技术的力量焕发新生。

举例而言，图书馆的查询、外借预约以及馆际互借等服务都可以通过网络实现，为读者提供更为便捷的信息获取途径。此外，图书馆还可以充分利用网络技术的优势，拓展服务领域，创新服务方式。信息的收集不再仅仅由采编部门负责，参考咨询人员也应积极参与，这种新的服务模式打破了传统的图书馆工作分工。

### （三）改善网络及各种硬件设施建设

在当今时代，许多图书馆正积极投身于数字化转型的浪潮中。尽管这些图书馆的起点各不相同，但它们都处于一个关键的发展和变革阶段。鉴于数字化图书馆的核心任务在于高效地处理和运用数据，以满足读者对实体和数字资源的多样化需求，因此在选择技术和产品时，图书馆应优先考虑那些具备先进性、易于扩展和维护的设备。总的来说，图书馆在硬件升级方面应专注于打造一个开放的信息环境，特别需要关注以下几个关键领域的工作：

首先，构建高性能、高适用性的图书馆网络和服务系统是至关重要的。这不仅能够确保读者能够快速、稳定地访问各种资源，还能为图书馆的数字化服务提供坚实的基础。其次，多媒体阅览室的建设也是硬件升级的重要组成部分。通过配备先进的多媒体设备，读者可以更加便捷地获取和利用各种多媒体资源，从而提升阅读体验。最后，推进书刊电子化的工作同样不容忽视。通过将传统的纸质书刊转化为电子格式，不仅可以节省存储空间，还能方便读者随时随地进行查阅和学习。

综上所述，图书馆在硬件设施的改善和升级过程中，应综合考虑各个关键领域的需求，选择合适的技术和产品，以打造一个高效、便捷、开放的数字化阅读环境，满足读者不断变化的需求。

### （四）提高专业人员素质，培养信息服务能力

在数字化时代背景下，图书馆服务标准的提升势在必行，同时对图书馆馆员的知识结构提出了更高层次的要求。在信息服务工作的实施过程中，知识和技术的复杂性日益凸显，智能化发展趋势愈发明显。因此，从事读者服务工作的专业人员在工作方式、工作价值观、工作效率和工作成果等方面均将经历深刻的质变性变革。

图书馆必须拥有一批能够适应数字化环境的专业人才，这是提升图书馆整体服务水平的关键所在。为此，图书馆应深化对图书馆馆员的专业培训，

致力于培育出既熟悉数字化与网络技术，又掌握图书馆学专业知识的复合型人才。这样的努力，旨在更好地满足用户需求，提供更为高效、更高质量的现代信息服务。

# 第四节　图书馆馆员角色转换

## 一、数字化环境下图书馆馆员角色转换的必要性

### （一）工作环境的转变

在数字化时代背景下,图书馆馆员的工作职责经历了显著的转变。以往,他们的主要任务是处理实体书籍,包括收集、分类、编目、排架以及提供借阅服务。但在现今的数字化环境中,图书馆馆员的工作环境已经从传统的物理书库和阅览室转变为一个庞大且不断演变的信息世界。他们的核心任务已经转变为向读者提供高效的信息服务,而这些服务的大部分工作现在都是通过网络平台来实现的。

### （二）工作重心的转变

在传统图书馆中，图书馆馆员的主要责任是收集、整理、分析和提供文献资源以满足读者的需求。然而，随着数字化时代的来临，图书馆馆员的工作重心已发生显著变化。例如，在信息服务方面，他们不再直接与读者面对面，而是通过电子网络进行信息交流。此外，在编目工作中，不再需要为每本书编制书目数据，因为一些数据可以在网上找到并直接使用。这种工作方式的变化是图书馆的一项重大进步，但适应这种工作方式对图书馆馆员来说是一项挑战。这需要逐渐适应，并提升心态和能力。

### （三）服务意识的转变

传统图书馆馆员的服务对象主要是那些到馆借阅的读者，他们主要提供以印刷型文献为基础的服务。然而，随着网络时代的到来，图书馆馆员的服务方式需要由被动转变为主动。他们不仅要为到馆的读者提供服务，还需要为那些通过网络访问资源的读者提供服务。此外，他们不仅要提供本馆的馆藏资源，还需要根据读者的需求搜索、组织和提供网络资源。这表明，网络环境对图书馆馆员提出了更高的要求。

## 二、数字化环境下图书馆馆员角色的重新定位

### （一）图书馆馆员是信息管理员

在信息化时代背景下，网络化与数字化技术，依托现代信息技术，已经深刻地改变了人们的日常生活和工作模式。为了更高效地利用信息资源，迫切需要构建一支高素质、规范化、专业化的中介团队，充当信息资源流通的枢纽。图书馆馆员正是这一角色的承担者，他们构成了专业群体。从职业本质分析，图书馆馆员担任信息的中介和传播者的角色；从工作对象角度出发，他们的工作以信息单元为核心；从工作流程审视，图书馆馆员负责信息的搜集、整理、开发和应用；从工作目标来看，他们的努力旨在提升信息的价值。因此，在信息化时代，图书馆馆员可以被看作真正的信息专业人员，他们的任务是应用现代信息技术，向读者提供高效、准确和专业的信息服务，推动信息资源的开发和应用，为经济建设的发展做出贡献。

### （二）图书馆馆员是知识馆员

图书馆馆员乃知识传播之使者，承担着连接与支持知识与读者的重要职责，亦是高知识含量产品之创造者、提供者及实施者，为图书馆内在发展之动力源泉。在知识创新与创造领域，馆员之研究工作不仅有助于新知识的产

生、新规律的发现及新技术的推进，更贯穿于整个知识创新与科研过程之中，为科研提供坚实服务，成为科研活动不可或缺之组成部分及重要支持体系。身处信息时代，图书馆馆员既注重知识的组织与开发，又致力于满足知识需求与应用，力求最大程度地实现知识信息的功能与价值。在知识应用之道路上，馆员还肩负着培训与发展人才之重任，于知识经济时代中扮演着知识馆员之重要角色。

### （三）图书馆馆员是网络馆员

随着信息技术的迅猛发展，网络资源和信息量激增，图书馆馆员肩负着帮助读者高效利用信息网络的重要职责。网络信息资源的主要特征是其无边界的丰富性和缺乏组织的混乱性。随着在线信息的持续涌入和传播速度的加快，读者在信息检索方面遭遇的挑战日益严峻。若不提升在线信息获取的技能，读者可能会难以充分利用信息网络。因此，为读者提供有效的导航和指导，已成为图书馆馆员的关键职责。通过引导读者利用在线一次信息、在线二次信息以及在线三次信息，图书馆馆员能够显著提升读者的检索效率和对网络资源的开发与利用能力。由此，图书馆馆员也承担起了网络馆员的角色。

## 三、数字化环境下图书馆馆员实现角色转变的有效途径

### （一）强化信息意识

受限于历史因素和旧有体制的束缚，图书馆馆员的工作模式长期局限于图书借阅和提供基础咨询服务。他们往往依赖个人的知识和经验来应对读者的需求，这造成了信息意识的不足和信息素养能力的低下。然而，随着社会信息化步伐的加快，公众对信息的需求日益增长。图书馆馆员的角色正在经历转变，从传统的文献服务向以单元信息为核心的知识信息开发转变。因此，图书馆馆员必须更新他们的工作思维，增强信息意识，并积极掌握各方面的

信息需求，以提高服务的质量和效率。

## （二）完善知识结构

在信息时代，图书馆的工作正向数字化和网络化发展。网络环境为图书馆馆员带来了新的挑战，要求他们不仅要掌握新技术和设备，还要运用专业知识和分析能力来整理在线信息资源，构建自动化网络系统和文献信息保障系统，并利用电子文献提供高效的信息检索服务。因此，图书馆馆员必须不断更新和拓展他们的知识结构，熟悉多样化的信息来源，并持续跟踪各学科知识的发展趋势以及最新的研究成果，以便更好地支持各学科的教学和研究活动。随着计算机技术和网络技术的迅猛发展，熟练操作现代技术设备已经成为各行各业的基本技能要求。

## （三）增强服务能力，提高服务品位

在数字时代，图书馆的藏书信息多以电子格式呈现，并通过互联网进行传播。鉴于网络信息的即时性、普及性和分散性等特性，有效地开发和利用这些在线资源确实面临不少挑战。因此，图书馆工作人员必须提高他们的专业技能和服务质量。

首先，图书馆馆员需要具备对在线信息的评估能力。随着互联网的普及，读者在信息检索时常常需要筛选大量的信息，其中包括质量良莠不齐、真伪不一的信息。图书馆馆员应当具备评估信息来源的能力，筛选出有价值的信息，并对其进一步加工，以创建有序、高质、集中的信息资源，并有针对性地传递给相关读者。

其次，图书馆馆员需要具备在线信息的获取能力。互联网是一个包含各种信息资源的综合性平台，但也因此存在信息的泛滥。图书馆馆员应当熟悉各种搜索引擎的特点，积极引导读者选择适当的搜索引擎，并掌握各种检索技巧，以帮助读者快速找到他们需要的网站和信息。

最后，图书馆馆员应具备二次信息开发的能力。网络信息资源浩如烟海，正如繁忙都市需要交通警察与清洁工，数字图书馆亦需专业馆员来开发和利用这些网络信息资源。这要求图书馆馆员掌握二次开发技能，并能提供高质量的二次信息服务。具体来说，图书馆馆员需要对在线原始信息进行加工、提炼和整理，以创造新的信息内容，提高信息的实用性和价值，为读者提供最有效的信息服务。

### （四）走学者化的道路

美国著名图书馆学家谢拉曾明确指出，早期的图书馆馆员都具备深厚的学术背景。在网络环境的影响下，教育信息网、学术数据库以及数字图书馆的信息数据不断变化，增加了阅读的难度。为了迎接这一挑战，图书馆馆员必须具备卓越的学术素养，类似于"首席科学家"，他们需要解读、整理和加工那些难以理解或无法接受的知识信息。为胜任这一重要任务，图书馆馆员需要迈向学者化的道路，不仅要建立科学合理的知识结构，还要展现卓越的敬业精神和学识修养。

# 第八章　我国儿童图书馆读者服务

## 第一节　儿童图书馆与有关服务

### 一、儿童图书馆概述

#### （一）儿童图书馆的概念

自儿童图书馆被社会广泛认可以来，人们普遍将其视为一个致力于积极搜集、高效整理、安全保存文献信息的机构，并为儿童群体提供服务，这凸显了其在社会文化教育领域的重要作用。进一步明确指出，儿童图书馆的服务对象是儿童，其工作职责涵盖收集、整理、保存和传递信息文献，旨在培养和提升儿童读者的能力，而其机构性质则是一个社会文化服务教育机构。

#### （二）儿童图书馆的类型

现阶段，儿童读者服务在图书馆系统中已经实现了广泛的普及，不仅在国家层面的儿童图书馆中，还深入到了公共图书馆的儿童服务区域，以及社区和私人图书馆的每一个角落。

1.独立儿童图书馆

独立儿童图书馆是专为儿童量身打造的图书馆服务场所。根据《图书馆服务汇报提纲》的规定，我国正积极促进在大中型城市建立专门的儿童图书馆。这一策略不仅加快了儿童图书馆的建设步伐，也为提升儿童读者管理服务的质量提供了有力的支持和指导。

2.儿童服务部门

一种广泛采纳的服务模式是在公共图书馆内设立专门的儿童服务区。依据国际公共图书馆工作宣言的指导原则，图书馆应提供平等、人性化的服务，不受年龄、国籍、地域、民族、性别、语言或社会地位的限制。因此，我国的公共图书馆纷纷设立了儿童阅览室和专门的儿童服务部门。

3.社区图书馆

随着图书馆工作理念的不断更新和发展，新时代促进了乡镇和社区图书馆的繁荣，为读者带来了便利和高质量的服务。社区和乡镇图书馆还特别设立了儿童阅读专区，以吸引更多小读者。

4.私立图书馆

私立图书馆，由个人或民间学术机构运营，致力于为学术研究者，尤其是历史学研究者，提供文献资料支持。其馆藏资源主要源自私人收藏和公益捐赠，包括珍贵版本、人文社会科学以及自然科学等各类资料。在新时代的背景下，私立图书馆经历了快速的发展，有效地弥补了我国公共图书馆在服务方面的不足。同时，私立图书馆也积极投身于儿童阅读领域，开展了一系列探索性工作，为公共图书馆提供了宝贵的经验借鉴。

### （三）我国儿童图书馆的发展现状

1.历史沿革

我国儿童图书馆的发展历程较为滞后。在 20 世纪初期，北京率先设立了专为儿童服务的阅览室，而天津则率先创办了国内首家独立的儿童图书馆。随后，这股风潮也蔓延到了上海、延安等地，它们也相继成立了儿童图书馆。进入20世纪50年代，我国东北地区及部分市级图书馆也开始设立儿童专区。据统计，全国约 60% 的公共图书馆都设有儿童阅览室或专门的阅读区域。时间推移至 1955 年，沈阳、兰州、重庆、武汉等地纷纷建立了独立的儿童图书馆，山东、云南等地也在图书馆内设立了儿童分馆和阅览室。1958 年，我国儿童图书馆界迎来了一次重要的发展契机，一些地区的儿童图书馆参与了在上海举行的行业工作交流会，共同分享经验，这一事件标志着我国儿童图书馆服务管理事业的重大进步。至 70 年代末，我国已拥有 7 所独立的儿童图书馆，为读者提供了共计 1600 个阅览座位。

80 年代初期，我国开始推动在主要城市设立专业儿童图书馆，县市地区的图书馆也逐步建立起儿童阅览区。在 1989 年前后，我国已经建立了 75 所独立的儿童图书馆，并在许多地方设立了大量的儿童阅览室，特别是在北京、上海等大城市，街道儿童图书馆的数量已经增至 200 多所。进入现今阶段，我国的独立儿童图书馆数量已经增至 86 所，同时，公共图书馆中儿童阅览室的数量也实现了飞跃，超过了 2000 个。

2.现状研究

我国儿童图书馆的发展始于 20 世纪初期，而国际图联的标准要求每 5 万人建立一个公共图书馆，人均藏书量至少 3 本。图书馆的辐射半径为 4 公里，因此我国应建设约 6000 个公共图书馆来服务 3.6 亿儿童。但实际上，20 世纪 70 年代我国仅在部分城市建立了 7 所儿童图书馆，且读者服务是弱项。

当前，我国儿童图书馆建设发展不均衡，南部优于北部，东部优于西部。根据 2009 年的统计数据，我国共有 91 家独立的儿童图书馆，分布情况如下：中东部地区拥有 56 家，中部地区有 19 家，而西部地区则有 16 家；在馆藏资源方面，东部地区的图书馆是中部的 3.7 倍、西部的 5.7 倍；在财政支出方面，东部地区是中部的 6.9 倍、西部的 10.3 倍。

许多儿童图书馆主要服务于城市儿童，这导致农村和偏远地区的儿童在获取课外读物方面存在不足。对于这些地区的孩子来说，拥有自己的图书馆只能是一个梦想。截至 2020 年底，我国独立建制少儿馆已经增加到 146 家，建成分馆 1319 家，少儿馆的书库面积从 2010 年的 4.52 万平方米，提高到 2020 年的 10.63 万平方米；阅览室总面积由 2010 年的 7.14 万平方米，提高到 2020 年的 21.82 万平方米，增长逾 3 倍。

## 二、儿童图书馆服务

### （一）儿童图书馆服务的类型

1.图书借阅服务

儿童图书馆为儿童读者提供图书借阅服务，在发达地区还要增加多媒体与网络服务，设立多媒体电子阅览室，方便儿童读者浏览。

2.预约服务

随着图书馆服务水平的提升，预约服务受到欢迎。读者可以在家中通过网络预约想借的图书，节省时间并提高图书利用率。可以在图书馆或家中登录网络系统完成预约，也可以通过电话或邮件预约。

3.参考咨询服务

图书馆提供参考咨询服务,解答读者资料文献问题,提供优质信息服务。这是现代化图书馆的核心职能,提升读者服务水平,是信息检索的重要任务,也是衡量图书馆管理服务水平的标准。

4.交流合作服务

儿童图书馆应提供丰富多样的图书服务，以儿童利益为先，利用馆藏和网络资源，提供人性化和全方位服务管理，丰富课余生活，开展特色化、有文化内涵的活动，形成当地优质品牌。

5.教育培训服务

在特定时期如世界读书日或服务宣传周等，图书馆会为儿童提供多元化的阅读教育培训活动，引导他们养成好的阅读习惯，丰富课余生活，提升核心素质和实践能力，激发求知欲，提高听说读写能力。

### （二）儿童图书馆服务的对象

国际图联《儿童图书馆服务指南》定义儿童图书馆服务目标群体为：婴儿和学步儿童、学前儿童、13岁前的上学儿童、有特别需求的群体、父母和其他家庭成员、看护人以及从事儿童工作、儿童书籍和儿童媒介工作的成人。

儿童图书馆读者服务工作对象包括：

1.一般性儿童读者

从 0 岁至 5 岁的学龄前儿童、6 岁至 12 岁的学龄儿童，以及 13 岁到 18 岁的青少年。

2.特殊读者群体

针对生理或心理上存在缺陷的儿童，应当提供专业的、具有针对性的服务。

3.其他对象

儿童的家长、监护人、致力于儿童文学研究并从事儿童图书馆工作的专业人士，以及负责儿童相关工作的团体。

## （三）儿童图书馆服务的影响因素

1.法律政策

为了提升图书馆服务水平，需要建立健全的法律政策体系，为图书馆建设和管理提供重要保障。同时，针对儿童图书馆的特殊性质，需要加强相关立法工作，确保儿童读者的权益得到充分保障。

2.资金来源

为了确保图书馆服务的顺利运营，需要采取多种方式筹措资金，包括政府拨款、社会捐赠、图书馆自筹资金等。这些资金将用于图书馆的日常运营、资源采购、人员培训等方面，全面提升图书馆的发展水平。

3.馆舍、馆藏建设

在建设儿童图书馆时，需要充分考虑儿童的特点，从环境到设施都应该充满童趣和人性化。同时，为了提供优质的阅读资源，需要选择适合儿童身心发展的书籍，包括绘本、科普读物、儿童文学等。

4.服务形式

为了吸引更多的儿童读者，图书馆需要提供多种形式的服务，如借阅服务、阅读指导、阅读分享会、讲座活动等。这些服务旨在激发儿童的阅读兴趣，提高他们的阅读能力和素养。

5.馆员队伍

图书馆馆员是图书馆的核心力量，需要具备专业的业务知识和良好的职业素养。他们需要熟练掌握图书馆的资源和设备，为读者提供优质的服务。同时，对于弱势群体，如残障儿童、贫困地区的儿童等，图书馆馆员还需要提供特殊的服务和支持。

# 第二节  儿童图书馆服务现状分析

## 一、服务环境

儿童图书馆管理服务环境包括物理和人文环境，本文主要分析馆舍中的环境，包括建筑、空间、馆藏和设施。为儿童提供良好服务，体现着人文关怀和儿童本位的管理宗旨。儿童图书馆应为儿童创造主动学习、互动交流、增长见识的环境。设计应简洁舒适，显现童趣，适合儿童心理需要。不同年龄层次儿童的环境设计不同，大龄儿童重视文字，低龄儿童喜好色彩明艳、生动的画面。阅览室设计应促进儿童动手能力，设置明艳色彩和造型吊灯，书架布设便利人性化，有安全桌椅设施。儿童图书馆建筑规划应新颖舒适，吸引儿童积极参与查询和学习活动。幼儿阅读区应考虑儿童的心理和生理特征，选择丰富的颜色、独特的造型和可爱的玩具，让幼儿自由阅览、交流和游戏。

湖南儿童图书馆和深圳图书馆都特别重视为儿童打造独特、个性化的阅读环境。湖南儿童图书馆大厅内，设计师巧妙地布置了色彩斑斓的蘑菇形状立柱，而顶层平台则被打造成了蘑菇状的亭子。下方，细心地摆放了多样化的坐垫和台阶，为孩子们营造了一个梦幻般的阅读和交流空间。这种以蘑菇为主题的创意设计，完美契合了儿童的心理需求，仿佛将他们带入了一个童话般的奇妙世界。深圳图书馆在幼儿阅览区则提供了体贴入微的服务，为6岁以下的孩子和家长们打造了一个温馨的环境。在这个区域里，书架的高度不超过四层，并且被巧妙地装饰成了山洞的形状，四面墙壁上则是由藤蔓装饰而成，给人一种大自然的感觉。此外，那里还提供了沙发座椅，并摆放了一些颜色鲜艳的坐墩，整个环境让人感觉仿佛置身于一个童话世界中。

两所图书馆都致力于让孩子们在阅读和学习过程中感受到梦幻般的氛围，从而成为图书馆最忠实的支持者。在设计和规划儿童图书馆时，必须重视展现其鲜明的个性特征和丰富的想象力。这样，每个踏入图书馆的孩子都会被其独特的空间设计、多样化的系统设施、各具特色的文献资源以及细致周到的管理服务所吸引，进而成为图书馆最忠诚的支持者。

## 二、馆藏文献

未成年读者需要的馆藏资源应包括传统图书、视频、音频资料和有声读物。公共图书馆应借助网络平台提供人性化、多样化的信息服务。儿童图书馆的馆藏资源需要包含各种形式的、大量的和合适的资料，如印刷型资料、多媒体、玩具、游戏器具、计算机、软件和网络连接等。儿童图书馆必须收藏和管理大量的儿童读物以及一定数量的成人文献，为儿童和从事儿童工作的研究人员提供专门的优质服务。在信息时代背景下，儿童图书馆的资源管理建设还应着重提高数字化资料的收藏比例，推动馆藏资源向丰富和多元化的方向持续发展。

## 三、存在的不足

我国儿童图书馆以儿童为本，营造舒适的环境，注重空间与设施的儿童化、人性化设计。相较之下，国际先进国家的儿童图书馆已将服务范围扩大至婴幼儿，提供周到细致的管理与服务，并设有喂食区、换尿布区以及儿童专用卫生间等设施。我国儿童图书馆在馆藏资料方面，以儿童为服务核心，力求选取对儿童成长有益的优质信息资料，但仍需加强馆藏建设，以吸引更多儿童前来阅读。

# 第三节　对我国儿童图书馆读者服务工作的建议

## 一、完善相关政策法律并加大投资力度

我国缺乏完善的图书馆工作法律规范，只有一些细节层面的规章和条例。我国图书馆面向儿童读者的服务法规政策是空白的，这制约了图书馆的服务规模和深度。因此，我国需要创建符合国情的图书馆行业法规，以作为图书馆日常管理和服务工作的核心依据。

公共图书馆作为具有公益性质的文化机构，主要依赖政府的财政资助。由于资金来源较为单一，这在一定程度上限制了其为读者提供的服务。除了政府的财政支持，还应鼓励社会团体、企业以及个人积极参与，通过各种方式为图书馆的发展筹集资金。这样的多元化资金来源将有助于确保图书馆在管理与运营方面拥有稳定的财务支持，从而提升服务质量。

在实际操作中，我们应当采取多种措施筹集资金，确保满足当前服务需求并建立坚实的物质基础。儿童图书馆需要强化宣传和管理，积极与相关机构进行沟通与合作，从而吸引更加多元化的资金支持。同时，应加大经费投入并专款专用，提升自我监督管理技能，预防经费不良挪用现象，确保儿童图书馆读者服务管理具备坚实的后盾。

## 二、拓展儿童图书馆个性化服务

### （一）开展形式多样的讲座与主题活动

儿童阅读服务工作应重视他们的心理特征，策划富有吸引力的主题阅读活动，并推荐有益的绿色读物，以点燃他们的阅读热情。例如，可以举办评选活动，为不同年龄层的儿童设计相应的奖励机制。同时，邀请学者提供心理健康教育和指导，协助他们应对成长中的困惑与难题。此外，开展读书心得分享会，邀请作家亲临指导，引导儿童正确阅读，并培养他们的自主创作能力。图书馆可设立心理健康教育专区，提供人性化的咨询与服务，帮助幼儿在学习和成长过程中处理心理问题，使图书馆成为促进儿童健康成长的环境。

### （二）积极推广儿童阅读活动

1.推广分级阅读

分级阅读是一种科学的方法，根据不同年龄段儿童的智力和心理发展状况，提供适合他们的图书资料。通过分级阅读，可以激发儿童对阅读的兴趣，提高他们的阅读能力和想象力。在推广分级阅读方面，可以采取多种形式，如组织读书会、开展阅读讲座等。

2.推广亲子阅读

亲子阅读是一种有效的教育方式，可以帮助儿童与父母建立亲密的关系，同时也可以提高儿童的阅读能力和语言表达能力。可以通过开设亲子阅览室、开展亲子阅读活动等方式推广亲子阅读。

3.推广学校和社区阅读

学校和社区是儿童成长的重要环境，也是推广阅读的重要场所。可以通过与学校和社区合作，开展联合展览、讲座等活动，提供适合儿童的图书资料和阅读环境，营造良好的阅读氛围。

### （三）注重合作与交流服务

1.加强图书馆合作

为了满足多元化的文献资料需求和个性化的读者需求，图书馆之间应该加强合作，共同制定发展计划，避免重复采购，节约经费，实现文献资源的全面共享，提升图书馆的综合应用效率。

2.与其他社会机构合作

（1）与幼儿园合作

通过合作，幼儿可在幼师的引导下参观图书馆，探索其窗口布局、资源组织、借阅流程以及网络阅读技巧等。此外，通过组织讲故事和手工制作等活动，孩子们将逐渐熟悉并爱上图书馆，培养成为未来的忠实支持者。

（2）与医疗机构合作

儿童图书馆应与医疗机构建立沟通机制，为孕妇读者提供全面的孕前、孕期及产后保健和护理资料，以及相关专业知识。此外，图书馆应为特殊儿童群体提供定制化的集体借阅服务，并派遣工作人员前往医院为儿童讲故事，举办与儿童健康相关的知识讲座。图书馆还可以设立咨询室，以解决儿童成长过程中遇到的问题。

（3）与慈善部门合作

儿童图书馆应与慈善机构携手合作，深入了解患病儿童的阅读需求，为他们提供卓越的借阅服务，促进儿童图书馆在服务弱势群体方面的持续发展。

### （四）重视低幼儿童服务

我国的儿童发展纲要明确了儿童发展的建设目标，特别强调了 3 岁以下儿童早期健康发展的推进。然而，当前我国公共图书馆服务的主要对象是 6 岁以上的儿童，这与发达国家对学龄前儿童教育的重视程度存在明显差距。例如，英国等国家的图书馆服务甚至延伸至孕妇阶段。因此，我国有必要加强对低幼儿童读者的服务与管理，充分认识到儿童读者服务的现实意义。通过精心的空间设计、储备丰富多样的资源，并积极组织阅读活动，可以吸引更多的家长带着孩子来图书馆参与阅读。这不仅能够培养儿童对图书馆的兴趣，还能帮助他们从小养成利用图书馆的良好习惯。

### （五）加强弱势儿童群体服务

《中国儿童发展纲要（2011—2020 年）》强调对各类弱势儿童群体的关注，图书馆应发挥其公益属性，为这些儿童提供适合他们的阅读学习资料和人性化设备。图书馆不仅是一个提供图书资源的场所，更是一个为孩子们创造公平获取知识的机会的平台。对于留守、流动、残障儿童和孤儿，他们更需要得到社会的关注和支持，图书馆应该成为他们的另一个家，为他们提供心灵的慰藉和知识的滋养。为了实现这个目标，图书馆应该采取一系列措施，如为残障儿童提供无障碍设施和电子资料，为盲童提供朗读服务，为孤儿和流动儿童提供家庭式的温馨和关怀等。这些举措都能够让这些儿童感受到社会的温暖和支持，同时也能够为他们提供更好的学习和成长环境。

## 三、加强服务对象及馆员队伍建设

### （一）坚持"以人为本"的服务理念

教育家蔡元培认为儿童图书馆对培养儿童阅读习惯和智力开发十分重要，树立以人为本的工作理念能优化儿童图书馆管理。儿童图书馆应提升服务思想，体现社会价值，促进儿童健康成长，并有效应用资源。儿童图书馆应尊重知识获取的开放自由性，树立平等服务管理的工作理念，并考虑读者需求和利益。儿童图书馆应将读者置于首要位置，把握服务至上的核心宗旨，开展人性化管理服务。

### （二）培养职业精神

为了拓展公共图书馆的发展空间，构建一个高效的工作团队至关重要，而员工的职业精神是保障工作质量的核心要素。在儿童图书馆领域，工作人员的职业精神主要表现在积极主动的态度和树立正确的职业观念上。学者们一致认为，儿童图书馆的核心使命在于"服务儿童、推动阅读"，这一使命深刻揭示了儿童图书馆服务管理工作的本质特征。

尽管我国的儿童图书馆建设起步较晚，但自21世纪以来，已经逐步进入了快速建设与发展的新时期。为了进一步促进图书馆的发展，建立一支卓越的工作队伍显得尤为必要。除了对工作人员进行必要的专业技能培训外，还应当注重培养他们的职业道德和工匠精神。

### （三）树立终身学习观念

在我国，尚未实行图书馆馆员资格考试制度，这导致儿童图书馆的工作人员往往缺乏专业背景或与儿童学科相关的工作经验，基础知识不够扎实。在处理工作中的问题时，他们常常需要依赖自学或额外的培训。尽管这些图书馆馆员工拥有较高的学历和丰富的文化知识，但专注于图书馆学和信息管理研究的专业人员却寥寥无几，他们的知识体系不够完善，服务能力也显得片面和单一。为了改善这一状况，应当丰富服务管理内容，更新实践方法，掌握图书馆学的基础知识，并提高外文应用能力和计算机处理的综合技术水平，以提供更加专业的咨询和管理服务。此外，员工应树立终身学习的理念，不断完善自我，更新专业知识体系，从而提升专业素养。

### （四）强化专业技能培训

图书馆作为公共服务机构，肩负着为读者提供高质量服务的使命。为了确保图书馆服务的质量和效率，对图书馆工作人员进行培训和教育是至关重要的。

图书馆工作人员是读者与文献资料之间的桥梁，他们的专业知识和服务态度直接影响到读者的阅读体验和图书馆的形象。因此，《公共图书馆宣言》明确指出，必须对图书馆的工作人员进行专业技能培训和继续教育培训，以确保他们具备提供优质服务所需的知识和技能。

同时，《中国儿童发展纲要（2011—2020 年）》也强调了加强儿童社会工作队伍建设的重要性，并指出要强化对儿童工作人员工作能力的培训。儿童图书馆工作人员需要具备针对儿童的服务技能和知识，以及与儿童沟通和互动的技巧。通过培训，他们可以更好地了解儿童的需求和心理，并提供更符合儿童兴趣和特点的服务。

为了提升图书馆工作人员的业务水平，可以组织各种形式的培训和教育活动。为了提升老员工和新进员工的专业知识水平，可以安排图书馆专业知识的培训课程，鼓励员工主动参与进修班以促进学习。对于那些已经具备专业知识的员工，可以特别策划业务讲座，以助于他们进一步增强实践经验。此外，图书馆应根据实际业务需求，推荐工作人员深入学校和科研机构，以加强人才的教育和培养。

通过这些培训和教育活动，图书馆工作人员可以不断提升自己的专业素质和实践能力，为读者提供更优质、更便捷的服务。同时，这些培训和教育活动也有助于提高图书馆的整体服务水平和形象，使读者更好地受益于图书馆的公共服务。

# 第九章 图书馆读者导读工作与读者教育服务

## 第一节 图书馆导读工作与读者教育概述

### 一、导读工作概述

#### （一）读者导读工作的概念

导读工作是图书馆的引导性行为,旨在帮助读者有效利用文献信息资源。它能够激发读者的求知欲,加强馆藏文献资源的开发与利用。导读工作包括推荐好书、揭示馆藏、接待咨询、编制推荐书目等活动,是图书馆的服务方式之一。导读活动是图书馆基于社会发展需求,通过一系列策略积极吸引和引导读者,激发他们的阅读兴趣,并通过干预和影响其阅读习惯,提升公众的阅读意识和阅读技能的教育性实践。导读工作是一项有明确目的的引导性工作,将读者最需要的文献信息及时准确地展现在他们面前。导读工作是现代文献信息服务机构的基本任务。

#### （二）导读工作的性质

读者导读工作是"中介"活动,通过专业人员和用户的"互动",沟通文献信息和读者之间的联系。这种"互动"分为四个阶段,由浅到深。

1.简单互动阶段

图书馆工作人员与读者主要是借还关系，无思想交流。

2.相互渗透阶段

图书馆工作人员通过系统了解读者借阅行为，读者通过系统了解图书馆业务。馆员与读者之间间接交流。

3.语言交流阶段

导读员与读者通过咨询、报告会、讨论会等进行语言交流，是一种较深层次的直接和及时的导读活动。

4.网络交流阶段：导读工作进入网络化远程交流阶段。导读员和用户之间通过网络进行远程服务交流，形式多样。

### （三）读者导读工作的重要意义和作用

导读服务在图书馆中具有重要地位，其目的是提高读者的信息素养和综合素养。导读服务的核心是帮助读者快速、准确地获取所需文献信息。在数字化时代，导读工作需要适应新的环境和需求，包括培养读者的自学能力、掌握搜索技术等。导读工作不仅节省读者的时间和精力，还能引导他们选择研究方向，提高自身价值。同时，导读工作也是图书馆提供特色深层次服务的重要方式之一。在网络环境下，读者对图书馆服务的需求已经从单纯的文献借阅转向全面的信息检索和参考咨询服务。因此，图书馆需要开展网络化读者导读服务，以满足读者的需求和提高服务质量。

### （四）读者导读工作的原则

图书馆导读工作应遵循以下基本原则：

1.科学性原则

在导读过程中，要依据当代科学最新成果进行推荐和指导，确保所推荐文献的科学性和先进性。同时，还要根据读者的阅读需求和心理特点，指导读者掌握科学的阅读方法和技巧。

2.需求性原则

导读工作应基于读者需求进行，明确读者需求的目标、层次和要求，并根据这些需求来制定导读计划和内容。同时，要深入了解读者的阅读心理和需求，以便提供更加精准的导读服务。

3.主动性原则

在导读工作中，馆员应主动与读者沟通，了解他们的需求和问题，并提供相应的指导和帮助。同时，要主动调整导读策略和内容，以适应读者的需求变化和社会发展。

4.针对性原则

导读工作需根据读者的社会环境和教育程度，专业和文化素养的不同，定期开展针对性调查，深入研究读者的阅读习惯、模式以及他们的兴趣偏好、审美观念和心理状态，以此为基础组织和实施导读活动。

5.高效性原则

导读工作是一项旨在提升阅读效率的读者服务活动，必须遵循高效性原则。

6.灵活性原则

开展形式多样的导读活动，引导读者阅读优质书籍，是取得导读成效的关键所在。

7.求实性原则

导读工作必须基于实事求是的原则，以确定其开展的规模、内容、形式和方法。

8.发展性原则

随着社会的进步，读者的需求和阅读目标持续演变。这要求导读专家在这一动态过程中寻求成长，开拓创新路径，不断更新内容并追求创新。

## 二、读者教育概述

### （一）图书馆教育职能的产生与发展

图书馆职能发展经历了由弱到强，由简单到复杂，由不完善到较完善，由低级到较高级的过程。古代图书馆被称为藏书楼，以保存文献为主，教育职能微弱。1840 年后，图书馆开始解体并兴建一批新的图书馆，官府和私家藏书开始向公众开放，图书馆逐渐转变为教育机构，其教育职能得到了显著加强。中华人民共和国成立后，图书馆事业得到长足发展，教育职能进一步扩大、丰富和增强，形式更加主动实用高效。

### （二）新技术革命对图书馆教育职能的影响

新技术革命的来临，对社会产生了深远的影响。在这个时代，知识不断增长和更新，信息成为决定性的资本，智力劳动者也日益增加，这标志着新技术革命的到来。

1.新技术革命的挑战

（1）教育受到的挑战

传统教育方式已经不能适应现代社会的需求。现代教育更注重能力的培养，而不仅仅是知识的灌输。此外，教学方法也发生了变化，以课堂、书本和老师为中心的传统方式正在被更加互动和实践性的教学方式所取代。

（2）科研面临新的挑战

随着科学技术的迅速发展，文献的数量和类型也在不断增加。这导致了"情报爆炸"的现状，给科研人员检索和利用文献带来了困难。同时，现代科学技术的发展趋势是高度分化和高度综合的，这要求科研人员需要具备更广泛的知识背景和更高的信息素养。

（3）对经济建设的挑战

当今世界正在经历科技发展的新阶段，其中发达国家已进入信息化社会，整个人类社会也将逐渐信息化。在当今时代，经济成功的关键在于知识与信息的掌握。谁能够率先获取最新信息，谁就能赢得经济上的优势。

我国经济体制的改革加深了人们对科学技术在经济建设中所扮演角色的认识，导致了情报需求结构的转变。农民逐渐意识到知识与信息的价值，越来越多的农民开始成为图书馆的新用户。

2.新技术革命对图书馆教育职能的影响

（1）图书馆是学校教育的重要组成部分

图书馆作为学校教育的重要基石，在新技术革命的推动下，教育不断寻求创新和改变，形成了全新的教育观和人才观。在教育的演进历程中，从古代的师徒传授，到近代的批量培养，再到现代的个性化教育，教育的主体逐渐从师傅、教师转向学生。而图书馆在这一过程中扮演着不可或缺的角色。它不仅是知识的宝库，也是学生自学、自我完善的摇篮。没有图书馆的辅助，现代教育将无法实现其目标，即培养出能够适应社会发展需要、具备自我更新和改造能力的人才。

（2）图书馆是实现终身教育的重要场所

随着科技的迅速进步，知识的更新速度不断加快，文献的更新频率也相应提高。作为社会教育机构的重要组成部分，图书馆对于毕业后继续教育的重要性不言而喻。图书馆拥有丰富的知识资源，为各类读者提供了自学深造的机会，成为人们进行终身教育的重要场所。同时，图书馆还为各类研究者提供了研究资料，促进了社会知识的发展与进步。因此，我们应该充分利用图书馆的资源，不断提升自己的知识水平，为社会的进步与发展做出贡献。

## （三）图书馆教育职能与读者教育的关系

开展读者教育活动是发挥图书馆教育职能的催化剂。图书馆馆藏丰富，包括各种学科专业知识和各种水平的读物，能满足各种读者需要，有广阔的教育范围。通过读者利用文献，图书馆对公民进行教育。增加读者数量和提高读者利用文献程度是衡量图书馆发挥教育职能的重要尺度。读者教育活动可以转化为现实读者，提高利用文献能力，使图书馆更好地履行教育职能。

### （四）图书馆的职能

1.图书馆的社会职能

图书馆的社会职能是由其活动的社会本质决定的，它反映了社会对图书馆的需求和期望。这些职能是图书馆与外部社会之间不断相互作用的结果，同时也是图书馆赖以生存和发展的基础。在理解图书馆的社会职能时，我们应该将其置于社会的运动过程中，并关注图书馆如何通过与外部社会的互动获得动力和支持。

（1）社会记忆职能

社会犹如一个有机体,同样需要一个存储和记录人类知识和经验的载体。这一载体即为图书馆，其在功能上犹如人体的记忆系统，收藏了海量的人类知识成果，涵盖古今中外。这些知识成果以文献的形式得以凝聚和传承，翔实地记录了人类在征服自然和社会发展过程中的手段与进程，以及人类历史的演进与发展。没有任何其他社会机构能够像图书馆一样，积淀如此丰富的知识宝藏。

有了这个载体，社会就能跨越历史长河中的鸿沟和时间间隔，让那些已经消逝于现实中的知识成果在现实中奇迹般地"复活"。其关键在于图书馆所具备的社会记忆功能。这一功能能够长期保存并积累社会知识，为再生和创造新的社会文明奠定坚实基础。

（2）文献保障职能

文献作为商品在社会中流通时，存在供应和需求的矛盾。出版量有限,读者需求无限,个体读者因经济能力限制无法拥有所需文献。为解决此矛盾，应建立公共性的文献收藏机构，通过社会力量提供文献，满足社会成员的文献需求。保存人类文化遗产是图书馆最古老的职能，至今仍为基础职能。图书馆在自身发展进程中保存对象的形式不断变化，包括各种文化遗产。

与古代图书馆注重文献保存相比，现代图书馆发生了根本变化，更注重文献使用，因为保存的目的在于使用。因此，现代图书馆保存文化遗产的职能处于从属地位，但同时也应该认识到，图书馆搜集和保存人类文化遗产的职能是固有的、有代表性的职能，是区别于情报部门的重要特征之一。不同层次的图书馆担负不同的文献保障职能，具体图书馆侧重不同，但总体上构成社会或国家图书馆体系的整体文献保障能力。评价一个社会或国家图书馆体系的发达程度，文献储备和人均文献保障率是很重要的指标，反映图书馆满足社会文献需要、提供社会文献利用的能力。

（3）社会教育职能

图书馆馆藏文献是人类文明的瑰宝，为读者提供了丰富的知识资源，同时也是社会教育的重要载体。然而，许多文献并未得到充分利用，这主要是因为社会对文献的认识有限，以及存在语言障碍等。为了更好地利用这些资源，图书馆应该加强对馆藏文献的开发和利用，通过各种方式向读者揭示文献的内容信息，为传递文献信息创造条件。此外，图书馆还应该通过各种教育形式，如书目知识教育、文献检索知识教育、阅读方法教育和学习方法教育等，培养读者的科学思维能力，提高学习效率。尤其要加强对读者"如何使用图书馆"的综合性教育，帮助读者更好地利用图书馆资源进行科学研究或自学。总之，图书馆在人才培养和终身教育方面发挥着重要作用。

（4）文献信息传递职能

图书馆肩负着收集和整理大量科学文献的使命，这些文献为图书馆提供了丰富的科学情报源和最新的科学技术发展成果。图书馆的工作人员负责将这些文献传递给读者，使读者能够充分利用这些文献，从而实现文献的价值。这是图书馆发挥文献信息传递职能的基本体现。

图书馆的这一基本职能是由其中介性质所决定的。文献作为人类思想信息的载体，其意义在于传播思想信息。图书馆对文献的传递实质上就是传递载于文献中的内容。读者到图书馆的最终目的也是获取这些文献的内容信息。文献信息传递职能包含两个方面：一是文献的传递，二是信息情报的传递。这两种功能随着历史的发展逐渐分化。传递文献是对图书馆传递职能形式上的概括，而传递信息情报则是对传递内容进行的概括。传递信息情报不是孤立进行的，而是通过传递文献来实现的。

（5）文化娱乐职能

图书馆的文化娱乐职能是其在社会交流传播中的重要体现之一。图书馆作为社会知识交流的重要机构，与科学、教育等知识活动以及大众传播交流活动紧密相连，共享某些社会传播的特性。娱乐作为传播交流的关键功能，在日常及频繁的社会传播交流中占据显著地位。图书馆的读者群体包括各个阶层、各种职业、不同年龄、不同文化水平、不同爱好，他们利用文献的动机和目的也存在差异，这种多样化的现实活动内容为图书馆的多功能发挥提供了基础，也为图书馆娱乐职能的实现创造了客观条件。

图书馆的几种基本职能互相联系、互相补充，不应片面强调某一职能。图书馆的社会职能在发展过程中逐渐形成，不同阶段有不同的侧重点，不同类型图书馆的职能也有所侧重。因此，应根据实际情况发挥图书馆的职能作用，办出具有特色资源、特色服务的图书馆。

2.图书馆的教育职能受到广泛重视

图书馆从文献收藏到文献利用的发展，凸显了其社会教育职能。人们越来越重视图书馆作为社会文化、科学、教育机构的角色，而不仅仅是藏书的地方。图书馆的价值在于为人们提供知识利用的机会，而不仅仅是保存文献。

（1）图书馆教育职能的形成和发展

图书馆的教育职能的形成和演变与图书馆历史发展密切相关。在中国古代图书馆时期，图书馆的教育职能主要表现为为学校教育提供文献资料。中国古代书院的藏书就是图书馆在学校教育中的最早应用实例。一些著名的古代书院不仅是教育人才的机构，还是藏书和校书的地方。图书馆与学校教育的相互联系被视为形成社会教育系统的基本条件，这一观点早已得到共识。

然而，将图书馆本身看作教育机构、视为社会教育场所的认识是在传统图书馆形态形成之后逐渐出现的，尤其是随着公共图书馆的兴起，图书馆的教育职能由单纯辅助学校教育扩展到实施社会教育，这是一个重要的转变。

近代公共图书馆运动实质上标志着作为社会教育机构的图书馆的兴起。爱德华兹，被誉为"英国公共图书馆之父"，在公共图书馆的早期发展阶段观察到，绝大多数读者属于工人阶级和中低社会阶层。这一现象揭示了公共图书馆的兴起是在社会教育历史潮流的推动下形成的，旨在适应大工业生产的发展需求，满足培养具有基本文化和生产技能劳动者的时代要求。

随着无产阶级革命运动的兴起，图书馆在启发工人阶级觉悟、提高人民科学和文化素质方面扮演着重要角色，备受无产阶级革命领袖关注。李大钊关注图书馆的社会教育职能，将其视为当今的教育机关。列宁认为图书馆可成为全国最广泛普及的文化教育机构，是社会主义教育的支柱。图书馆和农村图书馆将成为群众政治教育的主要场所和唯一机构。在现代社会，图书馆的社会教育功能得到强化，人们必须定期进行知识更新以适应时代需求。利用图书馆丰富的文献资源是自我学习的重要方法之一，作为社会自学的组织者和场所，图书馆在现代社会生活中展现了新的活力。

（2）图书馆教育职能的本质

图书馆教育职能的本质区别在于其利用文献资源进行教育，相比其他社会教育机构更具广泛性和长期性。图书馆提供自学场所，提高读者自我学习、利用文献资源的能力，培养情报意识。图书馆教育的对象和内容具有广泛性，涵盖各种社会知识结构、职业、年龄阶段的人，涉及各个领域的知识，有常识，也有高深学问。图书馆的教育活动包括对读者开展如何利用图书馆和文献检索的辅导与教育，以及对图书馆干部队伍的在职教育和职业培训。

（3）图书馆教育与学校教育比较

图书馆通过广泛利用书籍进行社会教育，相较于学校教育，具有以下几个特点：首先，具有社会性和公共性。学校教育是特定人生阶段的一种形式，而图书馆的阅读教育是整个社会生活的一部分，向整个社会、全体公民开放，不受场地、年龄、职业、性别等限制，是一种广泛的社会教育。其次，具有连续性和辅助性。学校教育的时间有限，而生命中的大部分时间在学校教育结束后，这时主要通过阅读进行教育。阅读是人们接受连续教育的最佳形式。

图书馆教育与连续性紧密相连，同时具有辅助性，是对正规教育的补充，不仅有活化课本知识的作用，还弥补了课本知识的不足。最后，具有潜在性和长期效用。学校教育主要传授知识，其作用是明显的且可衡量的。而图书馆通过书籍的社会教育是潜移默化的，读者的自主性在这里起着重要作用，不同读者对书籍的价值实现也各异。与学校教育不同，通过阅读获得的收效不能像分数和升学率那样直观地体现，而是悄然而至，长期影响一个人的世界观和思想意识。

3.发挥图书馆教育职能，开展读者教育活动

文献交流系统中，读者是最活跃的因素。文献交流活动是一种始于文献生产，终于文献"消费"的社会活动。读者是消费主体，是社会交往系统中的主体。图书馆的读者工作以最大限度满足读者需要为目的，读者工作是图书馆工作的出发点、过程和归宿。没有读者，图书馆也就失去了存在的价值。图书馆与读者是一对互相依存、互相影响、互相促进、互相制约的矛盾统一体。教育越发达，社会文化教育普及程度则越高，图书馆的现实和潜在读者的数量也越大。

图书馆馆藏资源丰富，包括传统的纸质文献和现代的电子资源，如电子书籍、数字化资源和网络数据库等。图书馆不再局限于自身收藏的信息服务，而是通过信息网络在更广泛的范围内提供资源共享服务。图书馆的信息服务形式正在逐步更新为多媒体阅读、网络查询等。图书馆的功能价值取决于读者的数量、质量和使用效益。因此，图书馆有责任和义务培养读者获取信息的能力，这是深化信息服务、开发图书馆所藏文献的关键途径。

**（五）读者教育的概念**

读者教育尚无确切定义，不同专家学者从不同角度定义，提出不同观点。瑞典 N·菲埃乐勃兰特等认为读者教育涉及整个信息和交流过程，其中部分指读者与图书馆的相互接触，是一个连续的过程，从中小学图书馆和公共图书馆开始，并可能扩展到高校图书馆和专门性图书馆，每次去图书馆都具有

教育价值。缪斯定义读者教育为一种帮助读者最佳地使用图书馆的教育。

虞志方指出，普及文献情报利用知识是指使读者掌握文献情报基本知识，了解各种检索方法和途径，懂得与从事专业有关的各类文献的检索方法，熟悉检索刊物，知道如何获取、合理利用情报，了解国内外图书情报机构，以及掌握科研论文的撰写规则、方法和文摘、书评的编写规则。周文骏主编的《图书馆学情报学词典》中，"读者教育"与"用户教育"分为两个条目，前者定义为帮助读者获得最有效地利用图书馆功能的教育。

综上所述，读者教育是指图书馆及其他文献情报机构开展的，旨在培养读者利用文献情报能力的教育活动，亦称情报用户教育。通过宣传推广、专题培训等多种形式，向读者介绍不同类型、不同载体的文献信息资源的获取方式和检索策略，以及图书馆提供的各项服务。其目的在于帮助读者深入了解文献知识，掌握文献检索和利用的技巧，从而培养和提升读者的文献信息意识，增强他们利用各种检索工具和通过多种渠道获取文献信息的能力。它是图书馆读者工作的重要内容之一，是一项普及性、实用性的综合能力教育。

### （六）读者教育的发展

读者教育应运而生，是由于现代文献数量的急剧增加以及情报需求的多样化。图书馆提供的参考咨询和阅读辅导活动已经涵盖了部分读者教育的内容。自 20 世纪 60 年代起，一些国家开始组织大规模的读者教育活动，并在法律中作出规定，建立了专门机构来规划、组织和协调这些活动。在这些国家中，不仅高等教育和研究生教育阶段提供了相关课程，中小学阶段也实施了相应的教育计划。在发达国家，读者教育之所以能够广泛普及，很大程度上归功于现代化技术的应用。

在中国，20 世纪 30 年代，一些高校就已经开设了参考工具书和专业文献利用课程。到了 50 年代，中国借鉴苏联的经验，开始宣传图书馆学和目录学知识，并开设了专业文献的讲座或课程。进入 70 年代，更多的图书馆和情报机构开始举办文献检索培训班，同时，更多的高校也开设了文献检索和利用方面的课程。1984 年，教育部规定高校必须开设"文献检索与利用"课程，无论是作为公共课还是选修课。随后，全国高等学校图书情报工作委员会负责组织筹划、师资培训、教材编写、经验交流和学术研究等工作。到了 1990 年 6 月，大约 70% 的高校已经开设了"文献检索与利用"课程或讲座，并且编纂出版的教材超过了 100 种，大约有 130 万大学生接受了这项教育。此外，成人高校、中等专业学校、中学也纷纷开设了相关课程或讲座；公共图书馆、科研机构、厂矿企业以及各类企事业单位的文献情报部门也积极开展读者教育，取得了显著成效。读者教育应是连续性的、阶段性的传授或辅导，内容和方法随社会的变革和读者的不同而变化。

### （七）读者教育的目标

读者教育的目标是指教育活动所要达到的总体意图，而目的则是与总目标一致的、具体而短期的意图。在进行读者教育时，明确定义教育的目标和目的是至关重要的。这是因为读者教育的目标和目的不仅构成了实践活动的起点，而且在整个教育过程中起着指导和支配的作用。设计课程、安排教学时数、选择教学方法等各方面的活动都应围绕教学目标展开。同时，读者教育的目标也是评价这一工作的基本依据。

国外对图书馆读者教育的目标和目的进行了深入研究，这些目标主要涉及认识性和感情性范畴。具体而言，认识性目标包括帮助读者理解各种概念和掌握如何使用图书馆资源的知识；感情性目标则涉及培养读者对图书馆的信任和信心，以及使他们愿意按照教育要求使用图书馆。一些国家还通过实例详细阐述了读者教育的目标和目的，例如英国和美国的图书馆都制定了相应的目标，以确保读者能够充分利用图书馆资源并满足他们的信息需求。这些目标不仅有助于提高读者的信息素养和技能，还能促进图书馆资源的有效利用和学术研究的开展。

为实现整体教育目标，明确短期教育目标至关重要。在评估读者教育效果时，关键在于预先设定的目标和实际达成情况。然而，与国外相比，我国对读者教育目标和目的的研究尚不够深入广泛。

当前，我国的读者教育主要致力于增强读者的信息意识，培育他们检索文献的技能，以及分析、处理、评价和应用文献的能力，旨在培养他们的自学和创新能力。然而，在设定具体目标和目的时，必须兼顾不同地区和不同类型图书馆的特色，既要确保目标的统一性，也要展现其多样性。逐步在实践中构建一个多层次的目标体系。

### （八）读者教育的意义及作用

1.增强读者图书馆意识，提高馆藏文献利用率

对读者进行图书馆知识教育，教授文献检索方法，让他们更好地了解和利用图书馆，从而激发他们的阅读热情。这样可以吸引更多的读者，使馆藏文献信息得到充分使用，减少浪费，推动图书馆事业的良性发展。读者数量的增加证明图书馆的需求旺盛，能够得到政府和公众的支持，图书馆事业也会更加繁荣昌盛。

2.提高读者信息素养，增强自学能力

在信息社会，知识与信息的更新换代速度日益加快，读者在利用和加工信息方面的能力已成为制约其发展的关键因素。读者自我学习与自我教育的能力将决定其发展水平。对于那些没有明确学习目标和阅读筛选标准模糊的读者，图书馆应承担起引导教育的责任，提升他们查找、识别、评价和选择文献信息的能力，培养良好的阅读习惯，增强自学能力，陶冶性情，塑造成才的个性。

3.有利于读者与图书馆之间的沟通

对于当前的读者而言，对图书馆了解的深度与广度，直接影响了他们对图书馆的利用程度、阅读兴趣以及文献需求。当读者对图书馆的认识加深，他们会更为主动地利用图书馆资源，这将激发出更多的阅读兴趣，同时对文献需求也会多样化。这种相互促进的关系，将推动图书馆服务方式的多样化发展，拓展服务领域，并进一步提高服务效益。建立在读者与图书馆相互沟

通基础上的读者工作，必将焕发出勃勃生机。

4.交给读者开启知识宝库的钥匙

在当今世界，信息呈现"爆炸"趋势，文献信息数量极为庞大。因此，教会读者使用各种检索工具，掌握检索文献的方法和技能，增强读者的信息敏感度和处理能力，对于提高信息资源使用价值的最大化具有重要意义。同时，读者对专业领域的熟悉程度也将有助于更好地利用信息资源。

5.发挥文献信息社会和经济效益

获取文献信息的目标是激发新的文献信息增长点，充分挖掘和实现文献信息的使用价值。图书馆致力于教授读者掌握各种文献信息检索工具的使用方法和步骤，以便他们能够高效地收集、鉴别、分析、提炼相关的论述和理论知识，从而解决他们在工作、学习、生活以及科技活动等方面遇到的问题。最终，我们以实现知识信息为社会和经济服务的效益性为宗旨。

6.有助于文献信息资源的开发利用

图书馆的主要职责之一是向读者提供文献服务，例如借阅和归还服务，但这并不是其全部工作。在当今信息社会，图书馆对馆藏文献的深入挖掘变得尤为重要。例如，通过开展专题服务、编制文摘、索引以及撰写综述和评论等方式，图书馆能更好地为读者提供服务，从而更充分地体现其价值。这些工作的推进同样依赖于与读者的互动作为桥梁。通过读者教育可以让读者充分了解图书馆所具有的功能、服务项目等，从而使得图书馆这座信息宝库能够被社会大众充分利用。

7.图书馆日新月异发展的需要

图书馆从藏书楼演变为为大众服务的文献信息中心，从收藏书刊为主发展为提供多种媒体尤其是电子资源和网络资源为主体的信息机构，从封闭式服务走向开放式的联机远程信息服务。图书馆正以全新面目跃进新世纪，被网络连接起来，信息资源数字化、虚拟化，传播渠道网络化，信息运作管理电子化、自动化，信息处理服务社会化、全球化已逐步形成。读者教育需跟上，帮助读者了解、应用图书馆的新资源、新设备、新服务，使读者成为现代图书馆的能动的和主动的读者。

8.知识经济社会的需要

21世纪是知识经济时代，特征是知识创新、高新技术产业化、软件产品及无形资产比例增加。知识经济对现有生产方式、社会生活、思想方式等都将产生重大影响。图书馆面临严峻挑战和难得机遇，因为一个研究人员的工作投入有超过一半用于查阅资料文献。因此，读者文献信息教育必将渗透到社会经济生活领域的各个方面。

9.人才素质培养的需要

为了培养杰出人才，我国必须拥有多所达到世界先进水平的一流大学。这些大学应当成为孕育创新人才的摇篮，洞察未来世界、探索客观真理、为人类解决重大问题提供科学依据的前沿阵地，推动知识创新、促进科技成果转化为现实生产力的关键力量，以及成为民族优秀文化与世界先进文明成果交流与借鉴的桥梁。务必明确，加速知识创新和高新技术产业化进程的关键在于人才。

为实现读者自由开展信息开发应用，必须掌握文献信息资源，了解资源分布状况，熟悉文献信息网络及网上资源范围。在信息需求出现时，能主动运用相应信息进行对接。因此，在现代技术背景下，读者教育的重要内容在于培训读者。当然，信息能力培养对于不同读者存在较大差异，图书馆应针对读者不同的信息能力基础，有针对性地开展培训活动，逐步提升用户群的信息能力。

### （九）读者教育的现状及必要性

1.读者教育现状

（1）到馆读者人数减少，文献利用率低

读者是图书馆服务的对象，是图书馆生存和发展的重要保证。近年来，许多图书馆多方筹措资金,添置现代化设备或改进服务手段,拓宽服务领域，吸引读者。虽然图书馆的努力取得了一定的成效，但公共图书馆系统的服务人次整体下降，读者到馆率大幅下降，文献利用率逐年降低。市县图书馆普遍存在这种现象：有价值的文献被闲置，读者抱怨没书借、借书难。原因是多方面的，其中之一是读者教育工作较为薄弱，许多读者缺乏文检知识，不会利用图书馆。

（2）对读者教育认识不够，读者工作有待加强

图书馆界过于关注内部事务，忽视服务对象。学术性强的分类、编目工作被认为是公众最不了解的东西。在外借阅部门的工作人员中，临时工作人员、学历较低人员所占比例较多，反映了一种倾向性看法：读者工作不需要高深学问，读者教育工作可有可无。原因是读者教育工作在图书馆事业中的意义和作用未引起足够重视，相反被忽视。

（3）多数公众缺乏对图书馆的了解

许多人不知道图书馆的位置和用途，也不懂得在遇到学习或工作中的困难时利用图书馆寻求帮助。一些人曾试图利用图书馆，但由于无法找到所需的资料或得不到满意的答复，最终放弃了。这种情况导致许多人不再愿意来图书馆。

我国公民的读者教育十分薄弱，只有少数人有机会接受图书馆入门教育和文献检索与利用等课程。这使得大多数公民对图书馆的基本知识缺乏了解。此外，文献检索是一门实践性很强的学科，虽然部分读者上过相关课程，但实际操作中仍会遇到很多问题。

在我国文献信息领域，读者教育尚未确立为独立的学科体系，其研究深度与受重视程度尚需进一步加强。当前，全国范围内的读者教育体系显现出明显的"断层"问题，具体表现为学前及中小学阶段读者教育的缺失，以及在职人员读者教育水平的普遍薄弱与不均衡。此外，关于读者教育的目标与宗旨，尚缺乏深入系统的研究，实践探索亦显不足。同时，师资力量薄弱，经费保障不足，亦成为制约读者教育发展的瓶颈。再者，对于读者教育成果的评价工作，尚未得到应有的重视与关注。

### 3.读者教育势在必行

在信息技术的蓬勃发展之下，图书馆正致力于积极拓展虚拟馆藏资源，以期有效弥补物理馆藏的局限与不足。当前，网络环境的日益成熟，使得人们获取知识的方式发生了深刻变革。网络空间的信息资源极为丰富，具有极强的时效性和内容交叉性，同时缺乏统一有序的管理。在网络化环境下，计算机操作、资料查询、信息甄别与下载等任务，亦可能面临诸多挑战与困难。因此，图书馆的首要任务是教导读者（用户）信息检索技能。为了充分发挥图书馆的文献信息情报职能，进行读者（用户）教育和培训工作、普及文献检索知识、引导读者（用户）充分利用图书馆已成为时代的要求。培养一支掌握现代技术、具有奉献精神、能够提供高层次多样化读者教育手段的人才队伍，是建立新世纪的读者教育模式的重要前提条件。

## 第二节　图书馆导读工作方法

### 一、直接导读方法

#### （一）指导读者了解图书馆

公共图书馆会在读者入馆或者办证时，学校图书馆会在秋季新生入学时，对新读者进行入馆教育，包括图书馆布局、资源分布、借阅规程、服务和规章制度等。带领读者参观图书馆并进行查检和借阅方法的培训，也是图书馆进行读者教育的重要内容，旨在帮助新读者尽快了解并利用图书馆。还可以采用集体讲座、现场讲解、发放读者指南或播放录音录像等方式进行介绍。

## （二）指导读者利用馆藏目录

图书馆工作人员有责任帮助读者了解和使用馆藏目录，这是获取知识的重要途径。馆藏目录是图书馆的灵魂，它为读者提供了寻找所需图书资料的线索。在德国柏林图书馆的大门上，有一句话："这里是人类知识的宝库，如果你掌握它的钥匙，那么，全部知识都是你的。"这把钥匙就是图书馆的目录体系。然而，对于读者来说，无论他们是初次访问还是经常访问，都可能会遇到困难和问题，无法快速准确地找到自己所需的图书资料。因此，图书馆工作人员有责任和义务指导读者，解决他们在检索过程中遇到的问题，提高他们的检索效率。

## （三）指导读者利用导读书目

导读书目是针对特定读者或目的，对某一专门问题的文献进行精心选择编制的书目，是图书馆重要的导读方式之一。例如，北京大学和清华大学曾邀请专家推荐书目，引发人们对推荐书目的关注。

## （四）指导读者使用工具书

工具书是按一定编排方法汇集知识或某一门类知识的书籍，是供人们检查用的文献检索工具。读者在工、学、科研中需要查找文献资料，尤其是社会科学读者，工具书是必不可少的。随着知识不断发展，工具书种类和内容也在不断丰富。作为图书管理人员，需要指导读者正确使用工具书，才能发挥其更大的社会效益。要引导读者熟悉工具书的种类和查阅方法，解决查阅时遇到的困难。

## （五）文献检索与利用教学

文献检索与利用是图书馆开设的重要课程，旨在培养读者的信息素养，传授他们如何利用检索工具获取知识情报。该课程涵盖了文献检索的基础理论和基本知识，以及各种检索工具和计算机检索系统的使用方法和技巧。通过学习该课程，读者可以更好地掌握获取知识情报的方法，提高自己的学术研究能力。

## 二、间接导读方法

### （一）专业性导读方法

专业性导读方法是一种有效的手段，旨在帮助读者获取新知识和新信息，并能够对其进行分析和利用。这种方法不仅提供了对文献内容的理解和认识，而且能够促进读者的专业学习和研究发展。通过专业性导读方法，读者可以更深入地理解文献中的内容，并将其应用于自己的学习和工作中。

### （二）学术性导读方法

图书馆利用馆藏学术期刊、学术专著等进行导读，馆员要发挥期刊、专著的学术导向作用，指导读者开展学术科研活动。书评是图书馆重要的导读方式之一，图书馆会邀请专家学者撰写书评，以满足读者的阅读需求。

### （三）娱乐性导读方法

娱乐性阅读是普通读者基本的阅读需求，它能够为读者带来轻松愉悦的阅读体验，缓解日常生活中的压力和焦虑。这种阅读需求是普遍存在的，不受年龄、性别、文化背景等因素的影响。然而，由于社会环境的变化和媒体形态的多样化，娱乐性阅读也受到了很大的影响。

在当今社会，人们面临着越来越多的压力和挑战，因此对于娱乐性阅读的需求也日益增加。这种阅读方式可以帮助读者放松身心，减轻压力，同时也可以提高读者的阅读能力和文化素养。因此，我们不能忽视娱乐性阅读的重要性，它不仅能够满足读者的基本阅读需求，还能够促进社会文化的发展和进步。

### （四）指令性导读方法

指令性导读是图书馆使用制度、守则等手段来限制读者在阅读过程中的某种要求的方法。这种方法的目的是调节读者的阅读动机。通过这种方式，图书馆可以有效地管理读者的阅读行为，确保他们在阅读过程中遵守规定，并且满足图书馆对读者行为的要求。指令性导读方法通常包括一系列明确的规则和指导方针，以确保读者在图书馆中能够有序、文明地阅读。

### （五）专题性导读方法

专题性导读是培养读者良好的读书习惯和读书情操，实现图书馆教育职能的一种导读方式。通过理性的阐述、事实的提供和感染力的论证，提高读者的阅读兴趣和情趣。例如，开展读书活动，帮助读者选择馆藏文献资源，提高自学、演讲、专业应用、组织、社交能力等。举办读书报告会、评好书活动、读书咨询活动、读书知识竞赛活动等。

### （六）社会性导读方法

社会性导读是指在不同历史时期中，读者群体普遍表现出的具有社会共性的阅读兴趣和倾向。这种阅读倾向受到时代背景、社会环境以及读者心理因素的影响。为了有效开展社会性导读，需要对这些影响因素进行深入分析。同时，要利用图书馆藏书的特色和导读方法，准确把握时机，引导和影响读者的阅读选择。

## 三、做好高次文献的整理编撰工作

高次文献详细记录了作者的观点、论据、事实、方法、过程和结论等，具有直接的参考价值，但内容分散。检索相关文献既烦琐又低效，即使找到部分文献也只能看到局部。对于经验有限的读者来说，难以通过零散文献全面了解主题的理论体系和发展过程。因此，整理和编制分散的一次文献，创建系统的索引或进行压缩提炼，以创作出具有高度综合性的综述、评述或进展报告，是至关重要的。这些工作有助于读者更深入地分析文献的价值，而这些二次或三次文献则被统称为高次文献。编辑和整理高次文献是一项挑战，它要求具备专业知识。图书馆应开展调研，明确当前的重点领域，并结合读者的需求，邀请专家参与整理工作。此外，图书馆应定期发布各类专业新书目、论文索引和学术动态介绍，以更有效地指导读者利用图书馆资源。

## 四、建立重点科研课题档案，做好跟踪服务工作

图书馆应当与高校、科研、技术等机构保持紧密联系，深入了解当前的重点科研课题的最新进展情况，以及相关科研人员对文献信息的需求。为了更好地服务于科研人员，图书馆可以为每个重点课题建立专门的档案，并编制专题目录索引，以便科研人员能够快速、准确、全面地检索到所需资料。

同时，图书馆应当及时将了解到的急需而无馆藏的文献信息反馈给采编部门，以便采编部门能够及时地进行采购，从而满足科研人员的文献需求。这种紧密的沟通和反馈机制能够确保图书馆的资源储备始终与科研需求保持同步，为科研工作提供强有力的文献信息支撑。

跟踪服务工作在图书馆为科研人员提供的服务中占据了至关重要的地位。图书馆应当主动为重点课题提供及时、准确的文献信息支撑服务，确保科研工作能够顺利进行。这种主动的服务方式不仅能够提高图书馆的服务质量，也能够增强图书馆与科研人员之间的合作关系，实现双赢。

# 第三节　网络导航与学科馆员制度

## 一、网络导航

传统图书馆导读服务以馆藏资源为基础，旨在引导读者选择合适的阅读材料，同时为其提供针对性的辅导。面对浩如烟海的图书馆藏书，如何确定哪些书籍值得一读，哪些不适合阅读，这是读者经常面临的问题。因此，图书馆有责任根据读者的不同需求，提供专业的阅读指导，以帮助读者获得最佳的阅读效果。

随着网络信息资源的迅速增加，人们面临着海量的信息选择，但同时也面临着信息分散和无序的问题。在这种情况下，读者往往感到迷茫，不知道从哪里开始。因此，图书馆应利用其专业优势，为读者提供网络导航服务，帮助其快速准确地找到所需的信息资源。

为了满足读者的需求，图书馆需要适应网络环境的变化，对网络信息资源进行科学的整理和组织。通过建立网络导引系统，图书馆可以引导读者了解和获取全球范围内的有用信息。这种网络导航服务不仅可以节省读者查找信息的时间，还可以帮助其提高信息获取的效率和质量。

总之，图书馆作为信息服务的专业机构，应该根据读者的需求变化，不断调整其服务方式。通过提供网络导航服务，图书馆可以帮助读者更好地利用网络信息资源，提高其信息获取的效率和质量。

### （一）网络导航的概念

网络导航是引导读者获取网络信息资源的过程，包括搜集、筛选、评价、组织、序化、发布、传递等步骤，利用先进技术构建导引系统，指引用户获取所需信息,显示信息定位和快速获取知识功能。图书馆建立信息导航系统,整理网络信息资源,形成本馆虚拟资源,方便读者查询,提高查询质量,节省时间和资金。

### (二)网络导航的必要性

1.网络发展的需要

信息技术、网络技术和现代通信技术的飞速发展催生了全新的网络环境。互联网已经连接了无数的网络和主机,成为继传统三大媒体之后的第四大传媒平台,为人们提供了获取知识和交流信息的重要途径。然而,网络的开放性、隐蔽性、多元性和封闭性也导致了一系列负面影响,包括虚假信息的传播、反动宣传的蔓延、不良信息的污染以及个体自我封闭的现象。因此,迫切需要加强网络管理,优化网络环境,并开展网络知识教育和导航服务,以帮助人们正确认识和有效利用网络资源。

2.信息开发的需要

网络资源丰富繁多,涵盖了各个领域,呈现出无序、分散、良莠不齐的特点。虽然有利于人们选择和利用,但也加大了信息自身的科学性和自由性之间的矛盾。因此,需要采取有效的措施来组织、控制和提供导航,以便用户更好地利用这些资源。

3.用户利用的需要

互联网在 20 世纪的出现是人类历史上的一大奇迹,它的影响力逐渐渗透到人们的学习、生活的方方面面。鉴于网络用户群体庞大且构成复杂,每个用户的信息意识、知识结构、语言能力和网络技能水平均存在差异,导致检索路径、方法和需求各异。为应对这一挑战,图书馆依托其馆藏文献信息资源,借助网络资源和信息搜寻技术的优势,主动为用户提供信息咨询和网络导航服务。此类服务旨在协助用户迅速锁定检索范围,精准挑选信息源,高效运用检索工具,并精确获取所需信息。这不仅符合大众期待,也是在互联网环境下信息服务扩展与深化的必然趋势。

### （三）网络导航的原则

1.收集范围广泛，权威性高

网络导航系统应当广泛搜集涵盖各专业和学科的网站或网页，不限于新兴、边缘或交叉学科，目的是为了充分满足用户的需求。收录标准应当考虑网站与目标用户群的相关性、内容的质量与价值、出版者的权威性与可靠性，以及网站的更新频率和维护状况。同时，应当详细标明信息来源，提供者联系信息，并对信息内容进行简要评价，以确保其情报价值。

2.组织系统规范

图书馆应对收录的网络文献信息资源进行系统规范的组织，以确保网络导航系统的有效利用。为提高查全率和查准率，系统应采用科学的知识体系和规范的标准对文献信息类目进行标引并组织网络文献信息资源。同时，考虑到用户对类目体系和检索语言的熟悉程度，提供相应的注释或参见。

3.结构合理易用

网络导航系统的结构设计和用户界面应直观、简单易用。主要作用是方便用户进行信息检索、获取与交流。可提供帮助性工具或信息，如系统简介、用户指南、技术支持热线、菜单、系统、索引和搜索工具等。

### （四）网络导航的作用

首先，经过筛选、分析和整理的网络信息变得更加集中、系统、有序且实用。其次，导航系统的构建为各类用户提供了便捷的信息检索途径，有助于科研人员掌握当前的研究状况和发展趋势，同时节约了宝贵的时间和网络通信成本。最后，知识的转化与创新得到了推动，数字图书馆的信息服务与咨询功能得到了进一步的深化和扩展，其资源的开发与管理也变得更加科学和具有可操作性。

### （五）网络导航的形式

**1.网上资源导航**

对网上的各类资源进行搜集、整理和分类，帮助用户快速找到所需的信息。涉及的领域广泛，包括文化、娱乐、生活、医疗、教育等。同时，还会对网络上的资源进行评价和筛选，确保提供给用户的信息质量。

**2.馆藏资源导航**

图书馆为了更好地服务读者，将本馆有价值的馆藏文献信息资源进行数字化转化，建立相应的数据库和网站，便于读者在线查阅和获取。这些数字化资源涵盖了各种类型，包括期刊论文、专利、学位论文、会议论文等，为学术研究和交流提供有力的支持。

**3.数据库导航**

随着图书馆文献信息资源的数字化、电子化，各种实用数据库、专业数据库和特色数据库的构建和应用越来越广泛。为了方便用户快速找到所需的数据库资源，数据库导航应运而生。它可以将不同系统中的数据库信息整合在一起，提供统一的检索界面和多种检索途径，使用户能够快速、准确地获取所需信息。

**4.网站导航**

为用户访问网站提供清晰、易于理解的标识系统，包括站点地图、FAQ和相关链接。导航系统应具备可访问性、明确性和通用性，以确保用户能够快速找到所需信息。

**5.电子文献导航**

针对电子文献的导航，包括电子图书、电子期刊、电子报纸等。电子图书中的参考工具书具有重要参考价值，电子期刊是重要的信息来源，核心期刊是重点学科学术资源信息库的重要收录内容。导航可以帮助用户快速找到所需电子文献。

6.网络出版信息导航

网络出版信息导航是一个功能强大的工具，旨在帮助读者及时了解书刊和媒体的出版发行动态。通过这个导航，用户可以轻松地查阅和订购所需的书籍和文献，从而更加便捷地获取所需的信息资源。

7.学科导航

针对网络信息资源中的学科和专题信息进行识别、筛选、整序和评价，以满足个性化、专业化检索的需求，促进学科和专题的建设与研究。学科导航可以帮助用户快速找到相关学科和专题的信息资源。

## 二、学科馆员制度

### （一）什么是学科馆员制度

学科馆员制度体现了国际图书馆界的先进服务理念与模式，其发端于美国和加拿大的研究型大学图书馆。该制度旨在选拔那些精通馆藏文献信息资源、具备高效信息检索技能，并且对特定学科的专业知识有深入了解、能够与相关院系教授有效沟通的图书馆专业人员。他们为特定学科的读者群体提供全面而深入的信息服务。这种服务模式促进了文献信息资源的快速传递与广泛交流，有助于图书馆更紧密地融入学校的教学与科研活动，从而提升各类文献信息资源的利用效率。学科馆员制度是一种新的服务模式和管理创新行为。

### （二）学科馆员制度的产生

学科馆员制度起源于美国和加拿大的研究型图书馆，该制度以大学科为服务对象，实施了"跟踪服务"和"网络化馆员免费导读"等创新服务模式。大学图书馆开始实行学科馆员制度是在 20 世纪 90 年代末期，以清华大学图书馆为先锋，北京大学、西安交通大学、武汉大学等图书馆也相继引入并取得了显著成效。学科馆员制度作为图书馆的一项创新服务措施，需要建立配套的管理机制，明确学科馆员的权利、职责和义务，并提供相应的激励政策。同时，应建立一个优胜劣汰的评估体系，以充分激发学科馆员的潜能。

### （三）学科馆员制度的意义

1.建立学科馆员制度是时代的要求

随着知识经济时代的到来，公共图书馆的读者对信息的要求更加专业和精准，在普通公众中也不乏研究型和专业型的读者，他们的需求对图书馆馆员的知识储备提出考验；与此同时，我国的高等教育事业迎来大发展，招生规模扩大，读者信息需求多样化，需要方便快捷地获取本学科的各种载体信息。学科专业调整，新兴学科出现，对文献信息服务的针对性、科学性提出新要求。随着网络远程教学模式的推广，图书馆面临着提供更深入、更具特色的学科文献信息服务的需求。实施学科馆员制度有助于推动文献信息服务的创新，并满足学科发展的内在信息需求。图书馆的资源建设策略，无论是传统的印刷型文献还是新兴的电子和数字型文献，都必须与图书馆的使命和职能保持一致。图书馆的角色正在转变，不再过分强调"拥有"资源，而是更加重视"获取"资源的能力。学科馆员能够通过上门服务、个性化培训等定制化信息服务方式，满足教学和科研的信息需求，确立以用户为中心的服务理念，彰显人文关怀。

2.学科馆员制度是满足用户专业文献信息需求的有力举措

图书馆的学科馆员制度是专门为满足专业学科需求而设立的一种服务机制。这个制度将一批具备专业能力的图书馆馆员组织起来，为各个学科的读者提供深层次的信息服务。学科馆员制度旨在为各学科专业人员和即将踏上专业岗位的准专业人员提供便利，最大限度地满足他们对文献信息的需求。通过这种服务机制，各学科专业人员可以更加方便快捷地获取所需文献信息，同时也能得到及时准确的专业指导。这种服务机制不仅为读者提供了便利，还有利于各学科专业文献信息的深层开发和利用。

3.学科馆员制度是图书馆深化服务的必然结果

图书馆中的参考馆员与学科馆员的工作存在相似性，但参考馆员未进行学科分工，并且主要提供被动服务。在文献载体大量增加、网络信息资源极为丰富以及现代信息技术持续更新的背景下，被动的事实咨询服务已无法满足读者的信息需求。因此，建立学科馆员制度显得尤为必要。学科馆员将深入各个学科领域，深入了解教学和科研人员对专业文献信息的需求，并针对性地进行收集、整理和分析研究，主动为各学科读者提供高水平和深层次的服务。这可以被视作图书馆在新形势下的发展趋势。

4.学科馆员制度是图书馆优秀人才培养的必然要求

图书馆人力资源年轻化、专业化、高学历化，有利于文献信息事业发展和学科馆员制度建立，学科馆员需具备学科知识和咨询馆员能力，积极主动服务，以为人民服务为宗旨，与时俱进，提高自身素质，带动图书馆形成积极向上的良好氛围，提高图书馆学术地位及影响力。

## （四）学科馆员的职责作用

首先，与目标读者群体建立稳定的沟通渠道，征集反馈意见，评估试用资源，据此制定或优化采访计划，为采购决策提供依据。其次，为目标读者群体提供信息利用的指导和培训，涵盖图书馆资源与服务介绍、读者参考资料的编写与更新，以及技术支持的提供。再次，积极搜集并整理学科信息资源，深化资源加工，编纂二次和三次文献，构建学科网络导航系统。最后，主动为科研活动提供决策支持服务,建立服务档案,提供定制化的信息服务,包括可行性分析、研究动态跟踪、参考文献提供、专利申请指导、核心期刊投稿指南等。

## （五）学科馆员的培养

图书馆实施"学科馆员"制度的主要问题是缺乏具备针对性专业背景的复合型人才。因此，需要从引入人才和在岗培训两个方面来解决问题。

在引入人才方面，图书馆应招募那些具备扎实专业基础、卓越外语能力和较强计算机技能的应届毕业生。同时，亦可在现有馆员中选拔具备专业技能的人员，并通过多种方式不断补充和提升各学科领域的专业知识与技能。

在岗培训方面，需要提高学科馆员的综合素质，强化学科馆员的在岗培训。这主要包括两个方面：一是文献信息专业水平和能力培训，可以通过学历教育和在职培训两种方式进行；二是学科背景知识更新，可以通过自学、旁听或选修相关专业的部分课程、参加院系的相关会议和学术交流活动等方式进行。

### （六）学科馆员制度建设应注意的问题

为确保"学科馆员"制度的成功实施并取得预期效果，以下几个方面值得特别注意：

1.避免盲目模仿

无论是国内还是国外的图书馆，他们的做法都有其独特的历史、文化和背景。在引入和实施"学科馆员"制度时，不能简单地照搬他们的做法，而应该根据自己机构的实际情况和需求进行灵活的调整和改进。

2.避免生硬移植

其他行业的管理方法和服务手段可能并不完全适用于图书馆。在引入这些方法时，需要对其进行深入的分析和研究，确保它们能够适当地应用到图书馆的实际工作中。

3.等待条件成熟

实施"学科馆员"制度不能操之过急。在条件尚未完全成熟的情况下强行实施，可能会导致制度无法顺利运行，甚至产生负面影响。因此，需要等待各方面的条件都达到要求，包括硬件设施、人力资源、培训和管理体系的完善等。

4.营造学科馆员文化

通过设计学科馆员胸标和具有独特徽标的名片，增强学科馆员的归属感和责任感。同时，加强学科馆员自身的修养，使他们能够更好地为学科的教学科研服务。此外，学科馆员还应该主动与院系科研课题组相关人员联系，以便更好地了解和满足他们的需求。

# 第四节  图书馆读者教育的内容与方式

## 一、读者教育的内容

### （一）文献信息机构基本情况的教育

文献信息机构基本情况的教育是读者教育的重要组成部分。这些教育内容包括介绍文献信息机构的分布情况、馆藏特点、收藏范围和服务项目等。通过这些详细的介绍，读者可以更好地了解这些机构的特点和优势，以便能够更快捷、更有效地利用这些机构的文献资源。同时，这些信息也可以帮助读者更好地规划自己的文献检索和获取策略，提高文献获取的准确性和效率。

### （二）文献信息基础理论基本知识的教育

我国的信息资源开发利用相较于国外处于较低水平，此现象背后存在多重因素。例如我国的信息服务体系不够健全，信息服务部门在人力和财力上的水平相对较低，但更深层次的原因则是全民信息意识相对薄弱。因此，增强全民信息意识成为开发利用信息资源的核心，同时也是推动我国经济发展的重要任务。

为了实现全民信息意识的提升，我们需要对读者进行文献信息基础理论、基本知识和作用的教育。这样的教育能够让读者深入理解信息是一种普遍存在于社会生活各个方面的现象，它与科技发展和经济建设之间存在相互促进、相互储存的关系，并在科研活动及个人知识的增值方面发挥重要作用。

教育的目的在于激发读者的信息需求，增强他们的信息意识。通过这样的方式，我们可以进一步推动我国信息资源的开发利用，提升我国在信息服务领域的国际竞争力。

### （三）文献信息利用教育

人们通过文献交流信息，吸收信息后可以获得新的认识和成果。获取文献是利用文献的前提，而利用文献则是获取文献的目的。为了更好地利用文献，读者教育至关重要。这需要介绍治学方法、选择收集分类编目整理文献信息的方法、分析研究科技写作等知识。只有掌握了这些基本知识，读者才能更好地利用文献信息，提高自己的学术水平和能力。

### （四）如何利用图书馆教育

利用图书馆培训是针对新进馆读者的指导，旨在让他们熟悉图书馆的各项服务和资源，以便更有效地利用图书馆。在培训中，读者将了解图书馆的部门设置、工作流程、规章制度以及馆藏文献的分布和布局。此外，培训还将介绍图书馆提供的各种服务内容和形式，包括参考咨询、文献传递、科技查新等，并宣传图书馆在地区文化建设、科研建设中的重要作用。通过培训，读者将能够更好地利用图书馆的丰富资源和服务，提高自己的学术水平和综合素质。

### （五）信息资源检索原理、方法与技能教育

科技工作者主要依赖文献获取信息，因此需要掌握文献检索的原理、方法和技能。图书馆馆员要掌握并传授常用的检索工具、参考工具书、数据库和计算机检索的基本知识，并针对信息技术难题提供解决方案。图书馆应主动为读者提供关于信息资源使用方法和技巧的培训，包括如何利用馆藏资源、了解不同类型资源的特点和使用方法、掌握电子资源数据库的收录范围、数

据量和检索途径等。此外,图书馆还应筛选和整理互联网上的免费信息资源,并介绍一些免费的数据库资源,帮助读者更好地利用网络资源。

### (六)读者宣传辅导教育

1.宣传读者

宣传工作是图书馆管理读者的基本手段之一,旨在了解和研究读者需求,主动揭示文献内容,宣传先进思想、知识和文化信息,吸引读者利用图书馆资源,提高资源利用率。

2.辅导读者

读者辅导工作,旨在有的放矢地帮助读者增进知识,提升阅读技能和阅读效果。为满足不同读者的个性化需求,图书馆除了组织群众性的宣传辅导活动外,还需开展针对性的阅读辅导工作。通过了解和研究读者阅读需求,积极引导他们选择合适的阅读范围,正确选择文献内容,并学会有效利用图书馆资源。

3.培训读者

图书馆文献利用与读者技能有关,因此读者培训很重要。培训包括培养情报意识和提高利用图书馆和检索情报的技能。具体来说,图书馆通过各种方式传授利用图书馆的知识、目录学知识、文献知识、情报检索与利用知识等。

## 二、读者教育的方式

### (一)现场指导

面对面教育是一种历史悠久且仍然普遍存在的教育形式,它以最直接、最亲近的方式为学习者提供指导。在这种形势下,讲师能够与学习者进行面对面的交流,为他们提供实时的反馈和指导,从而帮助他们更好地理解和掌握知识。通过现场指导，学习者不仅能够获得知识，还能够培养沟通、协作和解决问题的能力。

面对面教育的优势在于其互动性和灵活性。在现场指导中，讲师能够根据学习者的需求和问题进行有针对性的解答，帮助他们克服学习中的难点和困惑。此外，讲师还可以根据学习者的个人情况和需求，为他们提供定制化的学习计划和资源，从而更好地满足他们的学习需求。

除了互动性和灵活性之外，面对面教育还具有情感传递的优势。在现场指导中，讲师可以通过语言、表情和肢体动作等方式与学习者进行情感交流，帮助他们建立自信心和学习兴趣。这种情感传递不仅能够促进学习者与讲师之间的信任和互动，还能够提高学习者的学习动力和成果。

### （二）媒体宣传

媒体教育法是一种应用广泛的传播方法，通过展览会、信息发布、图书馆知识讲座、电视大奖赛以及教育性和艺术性的公益广告等渠道，能够有效地普及某方面的知识。通过编写小册子，如《图书馆读者指南》等，利用板报、宣传栏等工具，为读者提供文献检索知识的介绍，帮助他们更好地利用图书馆资源。这种方法能够有效地提高读者的信息素养和知识水平，同时也能促进图书馆资源的利用和知识的传播。

### （三）设立电子教室

在当今这个数字化时代，电子教室已经成为一种新型的教育方式。通过设立电子教室，可以提供更为便捷、高效的学习途径。电子教室不仅具备多媒体教学的优势，还可以通过互联网连接，实现远程教育，让读者无论身处何地，都能随时随地学习检索知识。

在电子教室环境中，图书馆馆员可以通过网络平台实现远程授课，并与读者进行实时的互动与答疑。读者则可以通过电脑等设备，参与在线课程，从而学习多媒体检索知识。这种教学方式有效地节省了时间和空间，显著提高了教学效率和质量。

通过设立电子教室，读者可以更加灵活地安排学习时间和地点，同时也能够更好地满足个性化的学习需求。此外，电子教室还可以提供丰富的学习资源和工具，帮助读者更好地掌握知识和技能。

### （四）组织各种读者活动

通过举办各种读者活动，加强读者之间的交流、学习和互助，这种形式具有很强的针对性，往往能够产生意想不到的良好效果。该形式主要针对图书馆的新读者群体，例如第一次到馆或者第一次办证的读者，旨在帮助读者迅速掌握图书馆的各个层面，涵盖图书馆的环境布局、文献资源的分布情况、目录系统的构建、提供的服务项目以及规章制度等。此外，读者亦有机会结识图书馆工作人员，以便在需求帮助时能主动寻求支持。然而，这种介绍方式提供给读者的主要是直观认识，在读者教育内容的深度上存在显著的局限性，也无法即时解决读者可能面临的特定问题。

### （五）课堂教育

课堂教育主要内容为"文献检索与利用"课，培养读者的情报意识和获取文献信息能力。教学内容包括文献学基础知识、文献类型、检索语言、检索工具、专业文献检索等，计算机情报检索及数据库利用也是重点。实践活动应占一定时间比例，图书馆提供所需文献资料和设备设施，有条件者配备实习室。

读者教育分阶段、分层次、多途径进行，随读者知识水平、情报意识、情报需求提高而连续性、阶段性传授或辅导。教育工作者多由文献情报机构有经验的图书馆馆员或其他文献情报工作者担任。评价教育效果可采用调查法、测验法、咨询法等，着重衡量受教育者所获得的能力。

## （六）FAQ 方式（常见问题解答）

FAQ 是一种网络咨询服务方式，由参考咨询人员搜集并汇总读者常见问题，提供详细解答并汇集成数据库，提供网络查询服务。内容涵盖广泛，包括联系方式、馆内服务、馆际借阅、代查代检、查新、专利检索、标准检索等。FAQ 实际上是一部图书馆使用指南，可节省读者的时间和人力。制作过程包括创建常见问题解答数据库、读者提问网页及问题提交处理程序、读者提问查询网页、常见问题分类导航和查看问题解答。

## （七）专题讲座

图书馆开展读者教育活动讲座，内容围绕馆藏资源与服务指南、电子资源的检索与利用、常用软件使用指南等方面展开。专题讲座包括馆藏文献资源与服务方式、馆藏目录体系及检索方法、电子资源介绍、中外文电子图书、报刊数据库使用技巧、中外文常用工具书介绍、特种文献资源的检索与利用、电子资源的综合利用、办公软件使用方法与技巧、网页与网站开发方法与技巧、常用工具软件安装和使用简介、本馆未收藏的常用电子文献资源及其获得途径。

## （八）网络远程教育

网络远程教育是在线学习或网络化学习，具有开放、协作、交互性特点。网络带来丰富信息，但检索和利用变得困难。图书馆提供网络培训服务，包括电子资源检索与利用、馆藏资源与服务指南、常用软件使用等。此外，为配合教学发展，提高教学质量，图书馆开展围绕教学的网络远程教育服务，提供 Doing English Digital 等网络课程。用户教育应采用传统与网络方式结合，通过培训了解电子出版物、电子图书馆、数据库等资源的利用与检索方式。多媒体交互式计算机网络远程教育是图书馆参考咨询服务的特色趋势。

# 第十章　新媒体环境下我国阅读引导与读者服务的现状

## 第一节　我国当前国民阅读引导现状

### 一、政府部门的阅读引导

近年来，政府部门引导和推动各种阅读引导和推广活动，产生了广泛社会影响。当前，国民阅读的引导工作主要由中宣部、中央文明办、新闻出版总署等政府部门主导，同时文化和旅游部、国家广电总局、教育部等相关部门也积极参与其中。全民阅读作为衡量社会文明程度的重要标准，其深入开展对于推动学习型社会建设、提高国民整体素养、促进人的全面发展以及实现中华民族伟大复兴具有不可替代的重要作用。

"农家书屋"是一项由政府推动的文化工程，旨在在新农村建设中对农民进行文化引导和推广。自 2005 年启动以来，该工程已经在全国范围内展开，成为一项重要的国家文化工程。

该工程以设立"农家书屋"为核心举措，旨在促进农民群众的阅读活动，并依托农民自我管理、自我服务的模式，有效激发其阅读兴趣和动力。书屋内的图书种类繁多，不仅包含农业科技类书籍，还覆盖政治、经济、文化、教育以及生活等多个领域，有效丰富了农民的精神文化生活，提升了其文化素养。

通过政府部门的积极推动和引导，"农家书屋"工程已经形成了一套完整的工作机制，包括制定建设规划和管理办法、评定推荐书目、落实专项资金、加强监督检查和指导各地开展建设等。

该工程的实施有效解决了农民群众读书难、看报难的问题，并且为他们提供了更广泛的阅读选择。这不仅有助于提高农民的文化素质，还对新农村建设起到了积极的推动作用。

在中央各部委的推动下，各级政府部门在阅读推广活动中表现积极，采取了多种措施来推动国民阅读，形成了一些有影响力的阅读品牌活动。为了营造良好的阅读氛围，政府还制定了一些有特色的阅读推广方案，有的还从政策层面提供保障，推出了相应的扶持措施。比如，深圳读书月是深圳市委、市政府于2000年创办的一项大型综合性群众读书文化活动，已经成功举办了十几届。主办方积极推动"市民文化大讲堂""社科普及周""深圳晚八点"等读书活动的开展，同时大力推动深圳书城、公共图书馆、社区图书室以及青工书屋等硬件设施的建设，为市民提供良好的阅读条件。十几年来，深圳读书月共计举办了2000多项各类读书文化活动，邀请了众多知名专家学者前来演讲，打造出了"深圳读书论坛""藏书与阅读推荐书目"等知名阅读品牌活动，参与人数也不断创出新高。这些活动不仅改变了深圳的城市文化气质，提升了城市文化品位，而且成为影响城市未来发展的重要因素。

实体书店是全民阅读氛围的有力保障，也是文化风景线和省、市文化特质的体现。但数字化阅读的盛行、网络书店的冲击和运营成本节节攀升让实体书店面临生存危机，部分已近倒闭边缘。上海市新闻出版局已正式颁布扶持实体书店发展的地方政府规范性文件，旨在促进实体书店的健康发展。根据文件规定，每年将安排1500万元财政资金专项用于出版物发行网点建设，其中500万元将重点支持各类实体书店，特别是民营实体书店的发展。同时，政府对于单个实体书店的资助力度也有望突破50万元，为书店的稳健运营提供了有力保障。此外，还出台了相关文件鼓励实体书店创新求变，建立造血机制。

这是中国首次出台的地方政府规范性文件，旨在全面扶持实体书店的发展，特别是具有文化特色的民营实体书店。为了解决实体书店面临的困境，政府通过政策引导和资金支持为实体书店提供帮助，推动它们向品质化、特色化方向发展。这些政策举措旨在形成充满活力的出版发行业态和全民阅读活动机制，并打造体现上海国际文化大都市定位和特征的一流的出版物发行公共文化服务体系和阅读人文环境。这些政策举措不仅富有创新性和高价值，而且紧密贴合当前社会热点，展现出高度的针对性和实效性。同时，我们进一步强化了对整个行业的科学引导，对关键领域进行重点布局，旨在推动行业的健康发展。我们积极鼓励各类资本和社会力量参与书业领域，共同构建良好的文化生态和阅读环境，为书业的持续繁荣注入新的活力。

## 二、行业协会、学会等社会团体和群众组织对国民阅读的引导

社会团体和组织如中华全国总工会、共青团、全国妇联、文联、图书馆学会、科协和出版工作者协会等在引导国民阅读中发挥重要作用。中国图书馆学会作为学术性群众团体，也积极引导和推进国民阅读，组织实施了全民阅读活动，得到了全国图书馆界的积极响应，形成了全民阅读活动品牌。

2003 年，中国图书馆学会开始推动全民阅读，2005 年成立阅读推广委员会，由 200 余位专家、学者组成队伍，从事阅读活动策划、组织、实施和研究，形成行业联动、社会互动、立体推进的良好局面。学会策划了多项活动和品牌，如 "4·23" 广场活动、全国少年儿童阅读年、湿地中国行等，受到公众好评。

为了发挥图书馆在教育、文化传播、学习型组织建设等方面的作用，继续开展 "全民阅读" 工作，学会联合各界力量，开展多种形式的读书活动，包括节假日及热点事件的主题阅读、城市读书月等，提高公众对图书馆的认

知度，引导读者参与图书馆举办的各种活动，促进社会和谐发展。同时，开展国家图书馆文津图书奖和国家数字图书馆推广工程的宣传推广工作，依托广播电视大学系统开展"手牵手——农村青少年阅读行动"，利用科普教育基地的图书馆开展科普主题宣传活动，推荐儿童读物和科普图书，进行全方位的宣传推广工作。

中国图书馆学会以点、线、面结合的方式，全面动员，重点指导，发挥各种作用，成功实施了立体运作的阅读推广战略，形成了全国图书馆共同参与的行业态势，取得了整体效益。

## 三、各类、各层次学校的阅读引导

一个人的阅读史决定他的精神发育。热爱读书可慰藉心灵、寻找榜样、陶冶情操和净化心灵。学校在全民阅读引导中发挥积极作用，针对学生个性化和差异性，采取有针对性的阅读引导和推广措施。青岛莱西城关二小为学校大力引导学生阅读提供典范，培养师生良好的读书习惯，打造书香气息浓郁的校园文化，创造舒适、方便的读书环境，采取阅读引导和推广措施。

学校致力于建设充满书香的校园环境，推动全校阅读活动的开展。为此，学校制定了一系列实施方案，对教学楼进行文化改造，设立了多个主题长廊，如读书、民族文化、诗词、科技和美术长廊，为学生提供多样化的阅读资源。同时，学校在走廊内设置读书角，方便学生随时阅读。此外，学校还为教职员工设立了书屋，提供舒适的阅读空间。为了宣传这些措施并提高师生参与度，学校通过多种形式进行宣传，如召开主题班会、制作主题黑板报、格言和名人名言展板以及"红领巾手抄报"等。这些宣传活动不仅提高了广大师生的思想认识，也为全校阅读活动的深入落实奠定了坚实的基础。

学校每周四下午第三节课为读书时间，学生可自由阅读并做笔记。鼓励午休和课间在学校各角落品读书籍。各教研组轮流到书屋阅读书籍，并安排师生共读一本书。

青岛莱西城关二小的阅读活动独具特色，旨在激发学生的阅读兴趣，提高阅读效率，培养良好的读书习惯，同时树立阅读榜样。活动形式多样，包括校园网建设、优秀作文欣赏、读书活动推广、特色校报创办、主题班会召开、阅读指导、基本阅读方法教授、读书笔记展示以及组织评比活动等。这些活动旨在全方位地营造浓厚的阅读氛围，让学生感受到阅读的魅力，拓宽知识视野。通过这些活动，学生能够相互学习、交流思想，激发阅读兴趣，提高阅读能力和综合素质。

青岛莱西城关二小通过精心设计的引导活动，成功地提升了学生的阅读成果。这些活动不仅扩大了学生的视野，还培养了他们良好的阅读习惯，提升了他们的语文修养。同时，这些活动也促进了校园文化建设的积极转变。此外，通过开展课外阅读活动，学校营造了更为浓厚的文化氛围，进一步发挥了教书育人的作用。

朱永新教授明确指出，早期阅读经验对一个人一生的阅读习惯和生活方式具有基础性作用。因此，推广阅读的重点人群应为中小学读者。国际社会也高度重视培养青少年良好的阅读习惯，不断改革教育理念，营造阅读环境，开展阅读活动，引导学生阅读，增长他们的知识。

## 四、出版企业和图书馆等信息生产和服务机构的阅读引导

在阅读的世界中，中文在线和上海图书馆成为引领航向的灯塔。他们以丰富多元的阅读资源、别具一格的阅读活动以及别出心裁的阅读体验，激发了读者的阅读热情，引导他们探索经典的深邃。

中文在线，作为数字出版领域的佼佼者，深知阅读的价值在新时代被赋予了新的意义。他们不仅将经典作品以数字的形式呈现，更通过精心策划的线上活动、深入浅出的解读和推荐，使阅读变得更加生动有趣。同时，他们还构建了一座云端图书馆，无论何时何地，只要轻轻一点，就能沉浸在书海中，让阅读成为生活的一部分。

　　而上海图书馆，作为国内信息服务的重镇，一直以来都在倡导深度阅读。他们通过举办讲座、读书会等形式，为读者打开了一扇通往经典的大门。同时，他们还与多家出版社紧密合作，共同推出了一系列广受读者喜爱的阅读推广活动，让阅读不再是静态的接受，而是一种动态的参与和体验。

　　中文在线为近 6000 所学校提供数字图书馆服务，覆盖了数以千万计的读者。其推出的"书香中国"项目，已成为广大中小学读者上网阅读的首选平台。作为全民阅读的重要服务平台，"书香中国"成功解决了版权和技术方面的问题。各单位能够在短短几分钟内建立起自己的网络全民阅读体系，每个下属单位都拥有自己的读书网站，每个人都能拥有专属的网络书房。

　　中文在线作为行业的佼佼者，市场占有率高达 69.5%，展现出了卓越的领导力。在政府机构和出版局的全力支持下，中文在线成功打造了"全民阅读网"，这是一个温馨的数字阅读服务和图书推荐平台。这个平台的诞生，旨在解决读者在选书过程中面临的高成本问题，并满足不同读者的多元化阅读需求。

　　中文在线为出版界提供了一个全新的舞台，让优秀的图书和数字产品得以宣传和推广，进一步丰富了读者的阅读选择。此外，中文在线还协助开通了中邮阅读网，使得读者只需使用读书卡即可轻松登录并阅读数字图书，大幅提升了阅读的便捷性。

　　中文在线的全媒体模式阅读体系不仅为全民阅读提供了强有力的支持，同时也推动了出版业的持续发展。这一体系利用先进的数字化技术，实现了传统出版与数字阅读的完美融合，为读者带来了前所未有的个性化阅读体验。

　　中文在线深知阅读习惯和兴趣的培养对读者的重要性，因此，通过开展各种阅读推广活动，积极鼓励并引导更多人参与到全民阅读中来。在中文在线的努力下，更多人开始享受阅读的乐趣，提升了个人的文化素养。

　　在数字化时代，传统出版业面临着转型和升级的压力。而中文在线的全媒体模式阅读体系为其提供了一个可行的解决方案。通过与中文在线的合作，出版机构可以更好地满足读者的需求，提高市场竞争力，同时也可以探索新的商业模式和创新服务。这一变革不仅改变了读者的阅读方式，也改变了出版业的发展模式。

# 第二节　当前信息生产和服务机构的读者服务现状

## 一、出版企业（公司）

### （一）网络读者服务

现代出版企业普遍拥有自己的网站，以便向网络读者提供服务。这些服务包括出版范围介绍、新书通报及内容简介、新书目下载、销售排行、产品和订单查询、订购指南、活动沙龙介绍、售后服务以及读者问题回复等。然而，具体的服务项目可能因出版企业的不同而有所差异。

一些出版企业还可能开展有奖征订或有奖销售活动，以吸引更多的读者。此外，为了满足特定读者群体的需求，一些出版企业还提供个性化服务。例如，中国人民大学出版社凭借专业优势，推出了面向出版企业的咨询服务，帮助其更好地满足不同读者的需求，并提供更加专业的支持。

中国人民大学出版社已成功打造出一套数字化教研服务网络，集信息服务、学术服务和销售服务于一体。此网络的核心职能在于提供最新的出版资讯、教材反馈以及经验交流，其信息服务包括教材深度解析、学术讲座和研讨会等在内的学术服务，以及全国分部和会员店提供的八折优惠购买图书和网上直销等销售服务。

此外，人大社教研服务网络还采用会员制形式，吸纳了众多优质读者。会员可以享受8折优惠购买图书、获得最新书目和编辑精选的刊物、免费下载课件等福利，并有机会参与学术活动、提出教材意见或建议、反映使用情况，以及参与选题策划等。

为了更好地服务于会员，人大社教研服务网络还提供了一系列附加服务。会员可以免费参加出版社组织的教材培训、研讨和学术活动，优先获得出版社的学术著作和图书出版机会，并有机会与教材主编或知名专家、学者进行交流和互动。此外，会员还可以通过教研服务网络平台参与出版社的选题策划，为出版社提供有价值选题和书稿。

此外，部分出版企业还利用行业资源提供咨询服务，以在市场竞争中占据优势。这些出版企业正在进行转型，从内容提供商转变为内容服务商，例如中国建筑工业出版社提供在线答疑增值服务和法律出版社创建了法律门网站等，这些服务在行业中均处于领先地位。

自 2007 年始，中国建筑工业出版社无偿提供一级、二级建造师考试用书等增值网上服务，其中包括实用的复习资料与实时的在线答疑咨询。考生只需登录中国建筑工业出版社网站并验证防伪码，即可获取这些服务。中国建筑工业出版社为考生提供的复习资料包括考试复习方法、重点难点内容的详细解释等，并且每月都会进行更新。这些资料旨在帮助考生更好地了解考试的形式和要求，掌握复习的方向和重点，从而更加有效地进行备考。中国建筑工业出版社还为考生提供了两种在线答疑咨询方式，包括网络和电话。考生可以根据自己的需要选择相应的方式提出问题并等待解答。这种服务方式非常方便快捷，能够及时解决考生心中的疑虑和困惑，提高备考的效率和质量。

法律出版社与中华法律网有限责任公司携手合作，共同投入 2000 万元资金，各持 50% 股份，创立了北京法讯网络技术有限公司。此举旨在打造一个名为"法律门"的网站。该网站于 2009 年初正式上线，主要业务包括法律数据库、电子图书馆、网络出版、手机出版和手机律师四大领域，分为资讯、服务、培训和销售四大板块。法律门以提供专业法律咨询为主要职能，未来还将开展法律业务培训，举办会议论坛，实现法律数字出版的增值服务。此次合作展示了法律出版社和中华法律网有限责任公司对法律信息服务领域的深度投资和战略布局。

### （二）发行部和实体读者服务部的读者服务

出版企业通常设有发行部和实体读者服务部，提供图书展示、销售、信息咨询等。随着新媒体的发展，这些部门的工作与网络的关系日益紧密。例如，《汽车工程》杂志根据读者的特点来强化服务意识，采取了多种营销手段，其中包括赠送维修技术资料光盘和免费会员资格等。

为了建立更为紧密的读者联系，《汽车工程》杂志社建立了通联网络，这样可以加大杂志的宣传和发行力度。此外，为了更好地服务读者，该杂志社还特别开设了"汽车维修企业开业设备条件查询系统"，方便维修企业和设备厂家查询所需信息。《汽车工程》杂志社未来将继续致力于为读者提供更多增值服务，其中包括赠送维修技术光盘、电子期刊和会员权限等。这些举措旨在进一步增强服务意识，提高读者忠诚度。

尽管出版企业发行部和实体读者服务部的业务发展具有悠久的历史，但仍然存在一些问题。首先，图书展示的更新速度较慢，无法及时反映出版企业的最新出版动态和产品信息。其次，非本社产品的陈列比较混乱，分类不够专业。此外，读者服务部未能根据目标读者的阅读需求进行科学定位，导致无效展示过剩和有效展示不足。最后，实体读者服务部的服务对象具有区域群体的特点，需要考虑开展相应的服务。

以上实体所描述的读者服务部存在的问题，充分证明了该部门在产品陈列和展示方面缺乏足够的重视。这些问题不仅影响了读者的购买体验，还可能对出版企业的销售业绩造成负面影响。在当前的卖方市场状态下，出版企业需要更加注重读者服务，从满足读者信息需求的角度出发，不断拓展服务内容，提高服务质量。

具体而言，读者服务部可以依托新媒体技术和现代管理理念，进一步延伸读者服务的内容。例如，利用大数据分析读者的阅读偏好和购买习惯，为读者推荐更符合其需求的产品；通过建立读者社群、开展线上线下活动等方式，增强与读者的互动交流，及时了解读者的反馈和需求；利用人工智能技术，为读者提供个性化的阅读推荐服务等。

除此之外，出版企业还需要加强对读者阅读的引导意识。在满足读者信息需求的基础上，通过提供优质的阅读体验、阅读指导和阅读建议等方式，引导读者养成健康的阅读习惯和提升阅读水平。这不仅能够提高读者的满意度和忠诚度，还能够为出版企业创造更多的商业机会和价值。

## 二、发行企业

### （一）实体书店

读者服务是发行企业生存和发展的根基。在科技和网络的冲击下，读者的购物意识逐渐转向网络化，这给实体书店带来了巨大的生存压力。尽管如此，各发行企业仍在竭尽所能地提供各种特色服务，以应对新媒体环境下的生存挑战。

实体书店积极探索新的服务形式，以保持自身的竞争力。例如，一些超级书城开始尝试多元化体验，将咖啡厅、书吧、儿童乐园等设施融入书店，为读者提供更加舒适的阅读环境。同时，他们还定期或不定期举办各类活动，如新书发布会、作者签售会、读书分享会等，吸引读者的参与和互动。

在信息化手段方面，一些实体书店开始利用大数据和人工智能技术，建立读者检索平台，简化寻找图书的流程。读者可以通过平台快速查找自己需要的书籍，并了解书籍的库存情况、作者信息等。这不仅提高了读者的阅读体验，也提高了书店的销售效率。

此外，一些实体书店还建立了读者虚拟空间，便于与读者进行即时交流。例如，秦皇岛市新华书店图书大厦的"读者俱乐部 QQ 群"就是一个典型的例子。在这里，读者可以分享阅读心得、讨论书籍内容、提出购书建议等，形成了一个充满活力的阅读社区。

为了提升服务质量，一些实体书店还制定了标准服务体系。北方图书城总店有多项服务承诺并积极落实，确保为读者提供优质的服务。这些服务包括为读者提供专业的购书建议、为残障人士提供便利设施、为读者提供免费的饮品等。

在人性化服务方面，一些书店更是作出了创新。他们延长营业时间至晚十点或通宵营业，满足读者的不同需求。此外，一些书店还提供了免费 Wi-Fi、充电设施、舒适的阅读座椅等便利设施，为读者提供更加贴心的服务。

## （二）网络书店

本研究涉及的网络书店主要分为三类：综合网络书店如当当网、卓越网，专业网络书店如 ChinaPub、工成网，以及实体书店的网络店。当前的研究重点是综合性网络书店的读者服务。凭借巨大的虚拟库存、较低的折扣和出色的服务，网络书店顺应了当前的消费潮流，发展势头稳健。然而，随着竞争加剧，为了取得更好的发展，网络书店需要提供"快速、简洁、全面、实际、独特"的服务来提高读者的忠诚度。在新媒体环境下，除了基本的售书服务外，个性化跟踪服务已成为网络书店开展读者服务、进一步扩大市场份额的基本策略。

网络书店的一大特色在于其个性化服务跟踪，一旦消费者有一次购买行为，网站将根据其基本信息和购买记录，利用技术自动提供后续服务，例如购书导向、支付方式、配送方式选择等。这是实体书店无法提供的特色服务。

为了提供跟踪服务，网络书店采取了两种方式：一种是即时网站跟踪，另一种是通过电子邮件或手机短信发送个性化信息。读者可以选择登录网站或无须登录，网络书店都会为其提供有针对性的有效信息。但需要注意的是，这种服务需要持续进行，以提高读者的满意度和忠诚度。

在新媒体环境下，需要避免垃圾信息泛滥。网络书店需要保护读者的隐私，并避免过多信息给读者带来困扰。在实施个性化服务时，应确保信息的准确性、有效性和实时性，以提升服务质量。

## 三、图书馆

随着媒介技术的不断融合，新媒体技术已经全面渗透到图书馆读者服务的各个方面。因此，要了解图书馆读者服务的现状，可以从网络读者服务和实体读者服务两个角度来考察。

### （一）网络读者服务

图书馆网站是图书馆的窗口和读者服务平台，可进行交流、互动，提供个性化服务，包括协助入网、提供网络接口、支持电子文献传输、公共信息通道和数据库检索服务、培训和技术支持等。随着新媒体技术的应用，网络读者服务的内容得到了延伸，主要包括以下几种形式：

1.图书馆网站

图书馆网站是数字图书馆服务的核心平台，它不仅提供了对馆藏文献资源、网络资源的检索和利用，更是读者与图书馆进行交流的重要渠道。

在数字化时代，图书馆网站不仅仅是信息的集散地，更是知识创新的源泉。它承载着传承文化、启迪思想、服务社会的使命，为读者提供了一个便捷、高效、丰富的知识获取平台。

图书馆网站通过整合馆内外的资源，为读者提供一站式的信息服务。无论是古籍善本、现代图书、期刊论文，还是网络资源、多媒体资料，都可以在网站上轻松检索和获取。同时，网站还提供了个性化的推荐服务，根据读者的阅读历史和兴趣偏好，推送相关的书籍和资讯，帮助读者发现更多有价值的内容。

除了基本的资源检索和利用功能外，图书馆网站还是读者与图书馆互动的重要平台。读者可以在网站上留言、提问、参与讨论，与图书馆工作人员和其他读者进行交流和分享。图书馆也会定期发布活动信息、服务更新等内容，让读者了解图书馆的最新动态和服务进展。

此外，图书馆网站还注重用户体验和界面设计。它采用简洁明了的导航结构，方便读者快速找到所需的信息。同时，网站还提供了多种交互方式，如在线咨询、表单提交等，让读者能够方便快捷地与图书馆进行沟通和交流。

在未来的发展中，图书馆网站将继续创新服务模式，提升服务水平。它将更加注重数据的挖掘和分析，根据读者的需求和行为习惯，提供更加精准的信息推荐和个性化服务。同时，图书馆网站还将加强与社交媒体、移动应用等其他平台的融合，打造全方位、立体化的知识服务体系，为读者提供更加便捷、高效、丰富的知识获取体验。

2.学科导航服务

学科导航服务是大学图书馆常见的网络读者服务，基于有限馆藏资源和无限网络资源的现代图书馆信息基础。因特网信息资源因其无序性、分散性、多样性以及动态性等特点，需要图书馆进行高效有序的管理。在此过程中，我们需积极推动网络导航从综合性向学科专业性转变，建立科学规范的分类目录式资源组合体系，从而为广大读者提供更加精准、专业的网络学科信息资源导航服务。同时，图书馆的文献资源配置具有鲜明的动态性特征。在经费有限的情况下，各图书馆应充分发挥自身信息资源的独特优势，紧密围绕特色学科，精心组织馆藏资源，着力建设各类型专题文献数据库，以满足读者多元化的学术需求，推动图书馆事业的持续健康发展。清华大学图书馆以读者需求为导向，利用丰富的资源和网络化平台，为教学与科研全过程提供配套信息服务，构建成一套比较完整的学科服务体系。

3.新媒体服务

图书馆利用新媒体进行读者服务，可以有效地吸引读者并提高服务质量。微博可以建立读者虚拟空间，方便读者了解图书馆信息、加强互动交流、拓展读者群体、丰富读者活动等。众多图书馆都已开通微博，利用其即时、简单明了、主题突出和互动性强等特点，针对读者开展互动服务，提高了读者服务的质量和拓展了读者群体。例如，青岛市图书馆利用微博发布各种讲座信息和有奖知识竞赛信息等，并及时解答读者疑问，提高了读者参与的积极性，也提高了图书馆的信息资源利用效率。图书馆可以通过新媒体全方位的搭建读者交流平台，根据读者调查和意见反馈及时地修正和完善读者服务。例如，清华大学图书馆馆长信箱、大厅留言簿、馆长接待日、读者意见反馈平台等多种交流平台，征集和反馈读者意见，及时反馈给相关部门和人员，督促整改。许多创新服务项目都来自交流平台提交的读者需求。

4.参考咨询服务

随着时间的推移，图书馆的参考咨询服务也在不断发展和完善。为了满足不同读者的需求，图书馆提供了更加全面的服务，包括科技查新、文献传递、定题服务、学科服务等。这些服务都是由具有专业背景、高学历和丰富实践经验的参考馆员团队提供的。

在新媒体环境下，图书馆的参考咨询方式变得更加多样化和便捷。读者可以通过图书馆的网站、微信、微博等渠道进行咨询和获取信息。图书馆还建立了网上咨询解答系统，通过自动问答系统和人工智能技术，快速响应用户的问题和需求。此外，图书馆还开辟了网上读者园地，方便读者了解和利用馆藏资源，包括电子资源、纸质图书、期刊等。

除了传统的参考咨询服务，图书馆还积极探索新的服务模式。例如，图书馆开展了学科服务，为学科带头人配备学科馆员，提供专业的信息服务和知识管理服务。此外，图书馆还建立了学科知识库和机构知识库，方便读者获取学科领域内的专业知识和研究成果。

### （二）实体读者服务

图书馆最基本的职能无疑是读者服务。在新媒体环境下，图书馆实体服务依然主要为流通服务和阅览服务这两种。统计数据显示，这两项服务的读者群体数量在大型公共图书馆中占据了七成以上的比例，而在基层图书馆，这一比例甚至更高。

图书馆的核心服务包括流通服务和阅览服务。为了提高流通服务的质量和效率，图书馆不断简化借还书的流程，采用自动化管理方式，提高流通效率。例如，青岛市图书馆为所有中文外借图书增加了 RFID 芯片，实现了通借通还、自助式借还图书，大大节省了读者的借还书时间。此外，图书馆还采取了一系列便利措施，如设立还书点、推出电话提醒服务等，提高文献流通速度和读者满意度。

阅览服务也是图书馆的基本服务项目之一。为了满足各类读者的阅读需求，图书馆建立了专门阅览室，如电子阅览室、视听阅览室、多媒体光盘阅览室以及书报刊阅览室等。这些专门阅览室不仅提供了传统的纸质文献查阅服务，还提供了多媒体信息的检索和获取服务，为读者带来全新的阅读体验。

除了这两项基本服务外，实体图书馆还提供参考咨询、知识服务等延伸服务项目，以满足不同读者的个性化信息需求。一些地方图书馆还根据本地区独特的人文环境建立了特色资源库，为特定读者提供服务。此外，还有的图书馆利用自身优势积极开辟了一些有特色的服务项目，如上海图书馆提供的书店服务、数字化制作、会展服务等，满足了辖区内读者的多元化信息需求。

# 第十一章 协同的思想及其在阅读引导和读者服务中的应用

## 第一节 协同的思想及其内涵

协同这一概念最初是在管理学领域对企业多元化投资进行研究时提出的。1965年，H·伊戈尔·安索夫在其《公司战略》一书中首次提出了协同概念，即通过各业务单元之间的相互协作，企业整体价值能够大于各独立部分的总和。这一理念体现了"1+1>2"的管理思想，强调了整体效益大于各独立部分的增值效应。

当一个企业的各个组成部分在共同的目标指引下，通过自我调节、适应和协作，从低级平衡逐步转化为高级平衡的过程，就是协同过程。协同理论已成为企业战略管理的核心理论基础和坚实依据，通过自上而下的全面贯彻与深入渗透，有效指导企业各项具体业务的开展。这一理论不仅强化了企业的竞争优势，还推动企业更高效地利用现有资源和优势，不断开拓新的发展空间，为企业的持续稳健发展提供了有力支撑。

近年来，协同性在供应链管理中已被视作跨企业协作的基石。它不仅包括上下游企业间的信息共享与业务协同，更致力于优化作业流程，实现价值最大化。因此，在供应链管理的背景下，协同理念已不再局限于企业内部，而是扩展至整个价值链，涉及供应商、分销商、业务伙伴及客户等多个环节。

通过与上下游合作伙伴的协同合作，企业能够凭借前瞻性的洞察力和高效的应变能力，灵活应对市场中的复杂多变，进而实现供应链管理的卓越性和业务模式的创新突破。这种协同化的管理方式不仅有助于提升企业整体竞争力，更能推动整个价值链的优化升级，实现共赢发展的良好局面。基于协同思想的供应链管理已经成为面向需求的前沿管理思想和业务模式，引领着企业不断追求卓越和进步。

协同，是指将两个或两个以上的不同资源或个体进行有效整合与协调，使它们能够步调一致地共同行动，确保以高效且精准的方式完成既定的任务或目标的过程或能力。协同是一种最高级别的协作，它不仅要求协作体之间拥有共同的目标，还要求他们共同决策、共同理解、共享知识。通过多主体的并行性协作行为，可以提高任务完成率，达到预期的效果。

协同的形式可以分为规范化协同和非正式协同两种类型。规范化协同主要通过协同参与者之间有序的交换和妥善处理结构化文档，并严格同步控制对这些文档的访问权限来实现。

这种协同方式比较刻板，缺乏灵活性，适用于一些需要严谨、规范的任务。而非正式的协同则更加灵活，团队成员间可以自由交换有结构的或无结构的信息，他们的行为也会互相影响。这种协同方式更加适合需要创新和灵活性的任务。

协同涵盖了互动、合作、整合之义，是互动、合作、整合的一个最终结果。在研究中，人们通常将协同的特征概括为"7C"：合作（Collaboration）、协调（Coordination）、沟通（Communication）、妥协（Compromise）、共识（Consensus）、持续性（Continuity）以及承诺（Commitment）。这些特征构成了协同的核心要素，每一个都不可或缺。

协同思想的核心内容可以归纳为以下几个方面：

首先，协同思想强调系统中的相互关联和相互作用。在一个复杂的系统中，各个要素之间存在着多种多样的关系和相互作用，这些关系和相互作用在很大程度上影响着整个系统的运行和发展。协同思想要求我们在处理复杂问题时，要充分考虑这些相互关联和相互作用，通过优化这些关系和作用来提高系统的整体效能。

其次，协同思想注重整体效应。在协同思想看来，系统的整体效应不仅仅是由各个要素的性能和作用简单相加而得，而是由各个要素之间的相互关联和相互作用所决定的。只有当各个要素之间建立起协调、稳定的关系时，才能充分发挥出系统的整体效应，取得"1 + 1 > 2"的效果。

再次，协同思想强调自组织性。自组织性是指系统在一定的环境条件下，通过自身的作用和反馈机制，自动调整和形成一定的结构和功能。协同思想认为，自组织性是复杂系统的一个重要特征，它使得系统能够自我适应和自我发展，从而保持稳定和持续的发展。

最后，协同思想强调人的参与和合作。在协同过程中，人的参与和合作是至关重要的。只有当各个利益相关者充分参与到系统中来，建立起密切的合作关系，才能实现真正的协同效应。因此，协同思想要求我们在处理复杂问题时，充分考虑人的因素，发挥人的积极性和创造性，促进各方的共同参与和合作。

因此，协同的思想就是将系统的各种资源（包括人、财、物、信息）紧密联系在一起，形成一张无形的网络，使得这些资源能够为了共同的目标或任务而协调运作。在这个过程中，各种资源相互配合，相互补充，形成一种协同的力量，从而能够高效地完成任务或达成目标。

为了实现协同效应，协同主体需要经由一系列的协同过程，对协同对象进行精细化的管理。这个过程需要协同主体与协同对象之间的密切配合，以及各种资源的合理配置和有效利用。只有通过这样的协同过程，才有可能高效地为目标对象提供产品和服务，实现资源的利益最大化。

在跨部门、跨组织的协作中，"随需而应"是一种理想的状态。要实现这种状态，每个子系统必须打破固有的责权体系，不再局限于自身的利益和权力范围，而是要为实现共同的目标而充分发挥自己的价值。只有这样，才能在不同部门、不同组织之间建立起真正的信任和合作，形成一种"你中有我、我中有你"的紧密关系。

协同作用不仅体现在系统内众多要素或不同子系统之间的相互协调、合作与同步，更是系统整体性与相关性的本质体现。在协同过程中，各个要素或子系统之间相互作用、相互影响，形成一种整体性的力量。这种力量不是简单的加总，而是一种质的提升和飞跃。通过协同，能够实现资源的优化配置，提高效率，降低成本，最终实现企业的可持续发展。

# 第二节　协同的思想在推进阅读引导和读者服务中的应用

协同论指出，通过协同作用，组织集成能产生"涌现"现象，使组织要素彼此耦合，整体功能增强。将协同思想应用于新媒体环境下的阅读引导和读者服务，可实现"1＋1＞2"的效果。

## 一、应用协同的思想推进阅读引导和读者服务的必要性

在新媒体环境下，信息传播特性对国民阅读产生了深远影响。当前，阅读引导和读者服务面临着诸多挑战。为应对这些挑战，我们需要运用协同思想来推进工作，以提升效果和质量，促进学习型、书香型社会的建设，实现和谐社会的目标。主要体现在以下几个方面：

第一方面，推进国民阅读和读者服务是一个重要的系统工程，需要全面协同和整合各方资源。只有通过协同管理和取得协同效应，才能实现资源的有效利用和最大化的效果。我国地域广阔，发展不平衡，国民阅读水平的提高需要长期的努力和全面推进。这需要各地区、各民族群众的广泛参与，同时也需要配套的阅读服务措施。只有通过全社会的共同努力，才能有效地提

高国民阅读水平，实现既定的目标。在推进全民阅读的过程中，需要注重整体规划和布局，避免资源的浪费和重复建设。同时，也需要建立完善的保障机制和体系，包括人力、物力和财力的投入，以及各类资源的互通和共享。只有通过全面保障和支持，才能实现阅读活动的广泛参与和深入开展。因此，我们需要运用协同的思想，构建一个全国性的阅读联盟，以学习型社会的建设、国民阅读的保障、阅读平台的打造以及全国性阅读氛围的营造等为目标，全面推进国民阅读工作。这个联盟应以读者为中心，提供全方位的阅读服务，包括阅读资源的获取、应用和创造新知识等，让读者通过阅读改变和提高自己的生活质量。同时，还需要制定科学、合理的评价机制和激励机制，以鼓励和引导全社会积极参与阅读活动。只有这样，才能真正实现阅读的价值和意义，推动我国文化事业的发展和进步。

第二方面，通过引导和服务读者来提升国民阅读水平，推动学习型和书香型社会的建设，以及增强国家的软实力和创新力，这是一个需要长期耐心投入的系统性工程，无法一蹴而就。因此，必须充分地协同一切可能的力量，包括政府、教育机构、图书馆、媒体等，进行统筹规划，有重点地分步实施，循序渐进。只有如此，才能逐步实现既定的目标，为国家的长远发展打下坚实的基础。我国各相关部门的阅读引导和服务工作已取得一定成效，并正在持续推进。然而，任何长期系统性工程都不可能一蹴而就，需要制定明确的规划纲要、具体实施办法和强有力的保障措施，以避免资源浪费并实现科学发展。阅读是一种文化消费，旨在满足人们的精神文化需求，与物质产品生产和服务不同，对人的影响是潜移默化和深远持久的，同时又具有反复性和多变性。因此，提高国民阅读水平需要各部门的协同努力和科学规划，以确保这项长期性工程的成功。

提升国民阅读水平面临着诸多挑战，以下因素对此构成制约：首先，经济发展不平衡导致各地区的阅读引导力量和资源投入存在差异，进而影响阅读服务的质量和效率；其次，不同群体的信息素养存在显著差异，使得信息需求呈现出个性化特点，因此完善信息资源建设和信息服务是一项长期性的任务；再次，在新媒体环境下，国民的阅读偏好和媒介选择发生了变化，对新媒体环境下的阅读引导和服务质量提升提出了长期性的挑战；最后，提升阅读引导和读者服务的协同水平是一个渐进的过程，需要协同主体不断提升协同能力、资源统筹和规划能力以及自身的执行能力。这些方面的改进不可能一蹴而就，需要持之以恒、坚定不移地推进。

第三方面，我国在阅读领域的参与部门和机构众多，普遍认识到阅读的重要性，然而在实际的引导和读者服务措施中，各单位各自为政，导致资源无法充分发挥协同效应，因此成效有限。尽管部分部门和机构已初步具备资源共享的意识，但在实际工作中，仍存在较大的差距。由于各部门和机构均聚焦于各自的主要业务范围和服务方向，导致在阅读引导和读者服务方面投入的资源非常有限。

目前，由于缺乏具有全局视野的信息系统建设，大量信息资源处于无序状态，无法实现资源共享。这种各自为政的状态造成了资源的浪费，并影响了阅读引导和读者服务的效果。因此，需要采取措施，打破这种各自为政的局面，实现资源的有效整合和共享，提升阅读引导和读者服务的质量。

这种问题的源头可以追溯到体制和社会原因。例如，国民阅读涉及多个主管部门，如中宣部、中央文明办、新闻出版总署、文化和旅游部、国家广电总局和教育部等。这些部门因立场和使命的不同，往往会根据各自的职责来制定和推广相关政策，而没有一个统一的、综合性的框架。这导致政策法规频繁出台，零散且缺乏协调，有时候规范和管制的力度超过了促进的作用，从而不利于形成全国性的阅读氛围。

此外，以信息服务机构图书馆为例，我国图书馆拥有丰富的文献信息资源，但是其读者利用率相对较低。鉴于国民阅读发展受到体制和历史等多方面因素的制约，相关部门应从源头上进行有针对性的调整和改进，以实现根本性的改善。实际上，这种各自为政、封闭式的发展方式不仅浪费了社会资源，而且未能充分满足国民的阅读需求。因此，现在亟须在多个部门和机构之间建立协同机制，以共享资源、科学发展的方式来满足阅读需求，并确定明确的引导方向，以实现多方共赢。

第四方面，在科技驱动的新媒体环境下，国内的阅读文化不断成熟，阅读媒介和模式也呈现出变化趋势。这给指导和读者服务工作带来了新的难题和挑战。唯有通过合作推动的理念，才能更好地应对我国在引导全民阅读和服务读者方面所面临的问题，克服其发展中的障碍。这将提高导航效率和服务质量，推动和谐社会的建设。

引导阅读和服务读者的协同联盟构成了一个覆盖全国的开放非均衡系统，需要与外部环境进行物质、能量和信息的互动，以获取推动全民阅读的信息和物质资源。同时，这一系统也会受到其环境情境的影响，从而对环境产生一定程度的积极影响。

由各种媒介融合而成的生态环境是国民阅读所处的广泛背景。这个大环境受到了历史、社会、科技、文化等多种因素的影响，并随着时间的推移不断演变。在这个大背景下，新媒体环境的出现和发展对社会的各个领域，包括政治、经济、文化以及人们的生活方式产生了深远的影响。

信息与传播技术的不断进步和新媒体环境的崛起，不仅为人们带来了前所未有的感官盛宴，更赋予了人们与传统纸媒时代截然不同的新型"读写能力"。这一变革不仅彰显了时代进步的步伐，也体现了人们对于信息获取和表达方式的深刻转变。这种新的"读写能力"涵盖了对于图像、音频、视频等多种媒介的感知和理解能力，以及通过网络进行信息获取、传播和互动的能力。

新媒体的应用改变了传统的媒体环境，使得传统的单向传播渠道和单向传播过程发生了质的变化。在新媒体环境下，信息的传播者与接收者的角色和地位发生了显著的变化。传播者的中心地位逐渐淡化，而信息接收者的角色变得更加主动和积极，他们可以通过各种新媒体平台进行反馈和互动，参与到信息的传播过程中。

这种媒介环境的演变也深刻地塑造了国民阅读习惯：新媒体与传统媒体的融合使得阅读体验变得更多元化；新媒体的开放信息获取方式推动了浅阅

读成为大众的首选；虚拟世界的构建通过新媒体极大地满足了休闲阅读的需求；经济和技术的不断发展以及媒体的移动化推动了阅读的移动化；新媒体技术的支持促使了互动式的阅读过程；在新媒体环境下，人们对信息的需求、阅读方式以及对阅读工具的偏好都变得更加个性化。这一系列变化明显表明，新媒体环境下，人们的信息需求和阅读习惯正在发生革命性的改变。因此，随着传播环境的变化，阅读引导和读者服务工作面临着前所未有的挑战。只有充分运用协同的思想，加强引导，才有可能真正解决现实中的国民阅读难题。这些难题包括但不限于物质和商业的发达所带来的国民浮躁心理、信息资源的质量问题、国民的信息素养和信息能力不足，以及如何提高国民的综合素养和创新能力。

在面对这些挑战时，需要认识到协同思想的重要性。通过与各领域的合作伙伴紧密合作，可以共同推动阅读引导和读者服务工作的创新与发展。同时，还需要加强对国民阅读需求的深入了解，以便更好地引导他们选择适合自己的阅读材料和提高阅读质量。

## 二、应用协同的思想推进阅读引导和读者服务的可行性

应用协同思想整合资源，建立全国性协同联盟，引导和推进国民阅读，加强阅读服务，其可行性体现在以下几个方面：

第一，这个协作联盟代表着一个自组织的开放式体系，其主要目标是提升国家的阅读水平，推动学习型社会和文化氛围的发展，培养社会主义核心价值观，促进和谐社会的形成。

开放式协作联盟由协作主体、客体、机制和环境四个部分组成。协作主体包括协作主体包括政府机构（如中宣部、中央文明办、国家新闻出版署、文化和旅游部、国家广播电视总局、教育部）以及非政府组织（如中国图书馆学会）。通过自组织方式构建协作联盟，协作对象包括人员、财务和物资等。协作联盟通过机制确保正常运转和协同效应。协作联盟是一种制度，由

多因素共同作用形成。

每个机构都有其独特的使命和价值。协作联盟以引导和服务全民阅读为基础，其核心目标在于提升国民的阅读水平，推动学习型社会和文化氛围的建设，培育社会主义核心价值观，最终促进和谐社会的形成。政府的支持是协作联盟存在和发展的前提和基础。

在政府和相关政策的支持下，协作联盟能够源源不断地获取所需的人力资源、物资资源、经济资源和信息资源，并将这些资源进行有效整合，以提供符合国民阅读需求和喜好的信息资源和信息服务，从而实现其存在的价值。因此，协作联盟作为一个开放的生态系统，需要不断获取外部的资源，否则将失去存在的意义和价值。无论协作联盟的规模和结构如何，能源的交流都是其存在和发展的基础和保障。

第二，我国当前阅读引导和读者服务的协同发展还不够成熟，国民的阅读需求还没有得到充分满足，还有很大的提升空间，这是阅读协同联盟存在的必要条件。为了改善这一现状，阅读协同联盟应运而生，旨在发挥其在引导、推进和提升国民阅读水平方面的作用。

阅读协同联盟可以作为一个有效的平台，通过整合各种资源，提供专业的阅读指导和服务，以促进国民阅读水平的提高。通过实证研究发现，传统的推荐书目阅读引导效果并不理想，图书缺失率高且销量未见显著增长。同时，教育部高等教育司发布的推荐书目也存在类似问题，覆盖不足且外借率普遍不高。这些问题的存在说明了我国阅读引导和读者服务的协同发展程度较低，而阅读协同联盟则可以发挥巨大的作用。阅读协同联盟可以借助现代科技手段，精准地了解读者的阅读需求和兴趣，提供个性化的阅读推荐服务。同时，联盟还可以与出版机构、图书馆等合作，提高图书的覆盖率和可借阅率，促进图书的流通和利用。

通过阅读协同联盟的努力，我们可以提高国民的阅读水平，满足他们的阅读需求，填补阅读引导和读者服务之间的鸿沟。

第三，在推动国民阅读和为读者提供服务的过程中，不同组织之间的非线性相互作用很多。这种相互作用构成了一个复杂的系统，具有非独立相干性、非对称性和不均匀性，会产生协同效应。这种协同效应有助于降低措施的无序度，消除障碍，推动科学的发展。

非线性相互作用展现出多重复杂特征，其中包括显著的滞后效应、显著的指数放大效应、明显的共振效应、明显的临界慢化效应、显著的跳跃（间断）效应以及多值响应现象等。这些特征使得系统在受到外部刺激时，会产生出乎意料的反应，从而影响整个系统的运行和演化。

在现实世界里，非线性相互作用普遍存在于系统内部和之间，具有绝对性和无条件性。无论是自然系统还是人工系统，都不可避免地会受到非线性相互作用的影响。因此，对于推动国民阅读和为读者提供服务的组织来说，理解和利用非线性相互作用的特点，对于提高服务质量和推动科学的发展具有重要的意义。

在政府对国民阅读进行引导和支持的过程中，由于各种主观和客观的原因，存在着复杂的非线性相互作用。这些相互作用具有普遍的特征，例如滞后现象，即引导者推广举措的回应迟缓，以及信息生产和服务部门对读者阅读需求的反应迟滞。此外，多值响应特征也存在于政府相关部门和信息生产和服务机构对国民阅读需求变化的反应中。

为了提高阅读引导的效果和读者的满意度，各种机构和组织从不同的角度推出政策和措施。然而，由于协同性较低，这些政策和措施的效果有限。为了解决这个问题，建立全国性的阅读协同联盟，通过科学的协同机制，整合和共享资源，科学引导新媒体环境下的国民阅读，为国民提供更优质和高效的阅读服务，将极大地推动提高国民阅读水平和综合素养的提升。

通过建立全国性的阅读协同联盟，可以有效地整合和共享资源，避免重复投入和浪费。同时，通过科学的协同机制，可以促进各机构和组织之间的合作，提高阅读引导的效果和读者的满意度。这种联盟可以为国民提供更优质和高效的阅读服务，满足不同人群的阅读需求，推动提高国民阅读水平和综合素养的提升。

# 第十二章　新媒体环境下阅读引导与读者服务的协同推进举措

要切实提升国民的阅读水平，必须在新媒体环境下找到有效的阅读引导和读者服务的抓手，并通过一系列措施来推进。在不同的时间、地点，针对不同的群体，阅读引导和相应的服务应采取不同的策略和措施，以确保取得预期的效果。在媒介不断变革和融合的环境下，面对日益多元化和个性化的信息需求，阅读引导和读者服务工作的开展需要充分考虑各种积极因素和消极因素的影响，并形成全社会的协同合力来推进阅读引导和读者服务工作。

一般而言，在新媒体环境下，推进阅读引导和读者服务的具体措施可以围绕三条主线进行，即横向协同、纵向协同和混合型协同。横向协同可以促进不同媒体平台之间的资源共享和信息交流，为读者提供更加便捷和全面的阅读服务；纵向协同则注重在不同年龄段和不同职业群体中开展阅读推广活动，增强全民阅读意识和阅读素养；混合型协同则是将线上与线下、传统媒体与新媒体进行有机结合，形成多元化的阅读服务模式，满足读者的多方面需求。

# 第一节　协同推进的三条主线

在阅读协同联盟中，各主体要素之间的整合作用对于改善或突破限制因素、充分发挥阅读引导和读者服务的协同效应至关重要。在新媒体环境下，阅读推广活动仅依靠单个组织的努力难以取得理想效果，因此需要各相关组织协同努力，明确阅读引导和服务目标，并对阅读推广任务进行分解，分工合作，各负其责，以发挥最佳的协同效应。为了协同推进阅读引导与服务，可以从阅读协同联盟内各主体成员之间的关系出发，围绕以下三条主线设计和组织实施具体举措。

## 一、横向协同

在横向协同的基础上，不同类别的组织机构，如政府部门、教育机构以及各类信息生产和服务机构等，都以平等地位进行互动。它们共同承担并完成推进国民阅读和服务的重要任务。横向协同模式下的主体规模和主体间的集聚效应对协同效果产生直接的影响。为了实现阅读协同联盟内各成员之间的自主协同，各组织需要从共同的阅读引导和服务任务中确定各自应承担的子任务，并与其他成员建立合作关系。同时，各组织需要根据整体阅读推广活动的进展情况，动态地更新和调整自己的任务。

协同的过程确实存在挑战，不可能一蹴而就。由于各种主客观原因，短期内可能无法实现对阅读协同联盟内各成员间任务的调整与组合。然而，只要目标一致，通过确立横向协同关系，经过一段时间的磨合和调整，各成员之间就能逐渐实现资源共享，并协同地提供阅读引导和服务。

在新媒体环境下，阅读服务组织间的横向协同可以解决单个组织无法解决的一些难题。即使存在体制障碍，阅读协同联盟也可以通过活动设计来增强相关部门之间的协作，从而实现联盟成员之间的横向协同。这重新调整了成员之间各部门的合作边界，使得各组织能够更好地协同工作，提供更优质的阅读引导和服务。

在横向协同模式中，各参与主体之间形成了一种平等的业务合作关系，其协同的目标是构建一种最佳的阅读引导和服务模式。在这一过程中，各相关部门实现了紧密的联系与协作，以统一的方式提供阅读引导和服务。由于业务分工没有主次之分，阅读协同联盟内的各成员之间不存在纵向的隶属关系，而是呈现出一种平等的协同关系。

这一模式在实际应用中展现了高度的灵活性，能够迅速响应市场变化和用户需求，为阅读者提供更为精准和个性化的服务。在横向协同模式下，阅读协同联盟的成员不仅包括图书馆、出版社、电商平台等传统的阅读服务机构，还可以包括作家、读者、评论家等多元化的角色。各成员充分利用自身的优势，推动阅读产业的创新发展。例如，图书馆可以提供丰富的中外文书资源，出版社负责出版优质的图书，电商平台则负责将优质的图书推荐给广大的读者。

通过各成员之间的紧密合作,横向协同模式提升了阅读服务的整体水平。例如，出版社可以与图书馆合作，共同开展新书推荐、作者讲座等活动，吸引更多的读者参与。同时，电商平台可以根据读者的阅读喜好和需求，向其推荐相关的图书，从而提高图书的销售量和市场占有率。

阅读协同联盟的建立，推动了整个阅读产业的转型升级。在联盟内部，各成员可以共享市场信息、技术资源和人才资源，降低运营成本，提高整体竞争力。此外，通过构建横向协同机制，各成员可以共同应对市场竞争，实现利益的最大化。

然而，横向协同模式也面临一些挑战。例如，如何在保证各成员利益的前提下，实现资源的有效整合和共享；如何确保信息的安全和隐私保护；如何建立合理的协同机制，确保各成员之间的顺畅合作等。这些问题需要在实践中不断探索解决之道。

总之，横向协同模式为我国阅读产业提供了一种新的发展路径。通过构建平等、合作、共赢的业务合作关系，各主体可以共同推动阅读产业的繁荣发展，为广大读者提供更为优质、精准的服务。在应对挑战的过程中，我们需要积极探索和实践，不断完善横向协同机制，为我国阅读产业的未来发展注入新的活力。

## 二、纵向协同

纵向协同是指存在纵向隶属关系的阅读引导与服务主体在实施阅读推广方案时，以某一主体为主导，其他主体则辅助主导组织共同完成特定的阅读引导和服务任务。例如，中宣部主导下的各级政府宣传部门负责相关阅读活动的宣传和推广；教育部主导下的各级教育机构开展各种主题阅读活动；国家图书馆主导下的各级图书馆推广阅读活动等。在这种协同模式下，协同效应的发挥取决于主导性的阅读引导和服务组织对其他辅助性成员的影响力和整合能力。其最突出的特点是，阅读推广方案的制定和实施一般采用自上而下的方向推行，成员之间形成一种直线式的协同关系。

在实施纵向协同的过程中，主导性的阅读引导和服务组织会设立一个专门的机构，该机构将负责所有与阅读推广相关的事宜。这个部门是该组织的核心部分，负责规划并协同实施所有的阅读推广活动。主导性阅读服务组织通过对其他辅助性组织的指导和督促，在协同的过程中体现了其核心的阅读观以及由此而传递的主流价值观。通过引导各类阅读群体，纵向协同促进了主流价值观念的传播，从而使得整个社会逐渐形成良好的阅读氛围，并最终建成学习型社会。

在纵向协同引导国民阅读的模式中，主导型的阅读服务组织扮演着核心角色，负责制定阅读推广方案、组织活动、安排人员以及筹措资金等工作。为了实现有效的阅读引导和服务，主导组织需要将任务划分为多个子任务，并层层转移给各辅助组织，从而明确它们之间的协同关系。这种纵向协同的任务分配和进程控制机制有助于主导组织进行策略调整，并避免环境变化对全局活动的干扰。

在阅读协同联盟中，纵向的协同关系对公共阅读服务责任和义务进行了重新分配，通过资源共享来确立各成员在公共阅读引导与服务中的合作关系。这不仅避免了公共服务中常见的责任不明和不对等的问题，而且由于纵向隶属关系的存在，有利于提高协同联盟内各成员之间的整合效果。

协同引导和推进阅读的本质在于集中各方面的智慧和力量，整合各方资源，形成引导和服务的合力。因此，即使在协同联盟内各成员之间存在纵向的隶属关系，为了更好地发挥集体智慧的作用，下属组织也应享有一定的决策权，在确保方向正确的前提下，充分发挥其自主性。这不仅能够增强组织内部的活力和创造力，也能够更好地满足读者的需求，推动阅读事业的发展。同时，这也是对下属组织的一种信任和尊重，能够激发其积极性和创新精神，为组织的未来发展贡献更多的智慧和力量。

## 三、混合型协同

混合型协同模式是指在阅读引导和读者服务过程中，同时采用横向协同和纵向协同两种模式，以实现各成员组织之间的紧密合作和协同推进。这种协同模式的特点是，各成员组织之间的横向协同关系和纵向协同关系相互交织、相互影响，形成一种混合推进、螺旋式渐进的协同模式。

在新媒体环境下，阅读引导和服务的需求日益复杂化，阅读协同联盟逐渐成为一种重要的组织形式。通过混合型协同的运作方式，阅读协同联盟可以实现多层级、多领域的协同合作，将政府主管部门、图书馆、出版社、书店等不同领域的组织和机构聚集在一起，共同推进阅读推广工作。这种协同模式能够有效地整合不同领域、不同层级的资源和力量，形成协同创新的合力，推动阅读推广工作的深入开展。

在混合型协同模式下，政府主管部门或其他主导性阅读服务组织主要扮演规划、指导和支持的角色，为阅读推广任务提供宏观层面的指导和支持。同时，这些组织还会从资金上给予一定的支持，以促进阅读推广工作的顺利开展。此外，各成员组织之间的横向协同和纵向协同也相互交织、相互影响，形成一种混合推进、螺旋式渐进的协同模式。这种协同模式能够有效地提高阅读推广工作的效率和质量，满足国民日益增长的阅读需求。

不同阅读引导和服务组织之间，无论采用何种协同模式，其共同运作机制均涉及对不同资源要素的优化组合。具体协同模式的确定需依据协同任务及各主体间的相互依赖程度。因此，具体的协同模式应根据具体的协同任务以及阅读协同联盟中各资源要素相互作用、相互依赖的程度来决定。若联盟内各要素之间的相互作用程度低，相互影响小，则表明联盟内各要素在完成相应的协同子任务时，没有相互利用资源，协同作用的成分较小，此时各成员独立完成子任务即可。反之，在完成协同总任务和总目标的过程中，若联盟内的各要素之间相互牵制和依赖，耦合度较高，就必须建立起协同关系才能较好地完成任务。若阅读引导和服务主体间的相互牵制和依赖程度并无主次之分，宜采用横向协同的模式；若角色和地位有主次之分，则以主导方为主进行纵向的协同。

在应对繁复的任务时，随着主体、客体及外部环境的持续变动，各个主体间的相互约束和依赖关系同样会发生改变。因此，为确保协同模式的合理应用，我们应根据实际情况进行灵活调整。

协同模式在应对繁复任务时具有关键作用。在任务执行过程中，主体与客体以及外部环境之间的相互关系不断变化，这就要求我们根据任务的变化和环境的需求，灵活调整协同模式。

为确保协同模式的合理应用，我们需要采取一系列措施：首先，应明确各主体的职责和权益，确保任务分配合理；其次，建立有效的沟通机制，保证信息畅通无阻。此外，根据实际情况调整资源配置，实现优势互补。同时，关注团队成员的心理健康和人际关系，创造和谐的工作氛围，有利于协同合作的顺利进行。

灵活调整协同模式是一个持续的过程。随着任务的发展和外部环境的变化，我们需要不断地评估现有协同模式的效果，并根据需要进行调整。这需要我们具备敏锐的洞察力、判断力和应变能力，以确保协同模式始终适应任务需求。

此外，我们还应积极培养协同合作的意识。在面对复杂任务时，各主体应树立共同目标，以大局为重，摒弃个人主义和小团体主义。只有这样，才能真正实现协同效应，完成艰巨的任务。

总之，在面对复杂任务时，我们应根据实际情况灵活调整协同模式，以保证其合理应用。这需要我们关注主客体及外部环境的变化，明确协同模式的重要性，掌握调整方法，树立协作意识，并持续优化协同模式。

# 第二节　协同推进的具体举措分析

当前，鉴于总体阅读水平偏低，推进阅读引导和服务是一项循序渐进的系统性工程，需要各方坚持不懈地开展各类阅读引导和推广活动。在实际操作中，每一项阅读推广活动的策划和实施都可能面临多重选择，并且随着各种主客观因素的变化，方案的执行也需要不断修正和完善。为了取得更好的阅读引导效果，进一步提升阅读服务的效率，以下举措可供各阅读引导和服务主体参考。

## 一、宏观与微观相协同

宏观角度强调对大环境的整体性关注，以使对问题有全局性的理解。与此相对，微观角度则注重从个体和特定角度去深入剖析问题。在提升国民阅读水平方面，从宏观层面来看，中央相关部门需要重视并从战略高度协调各方，整合相关资源，以便在全国范围内营造良好的阅读氛围；而从微观层面来看，各类阅读推广组织需要积极响应中央的倡议和要求，通过实际行动提升阅读资源的质量和阅读服务的水平，并以具有特色的阅读推广活动为抓手，有效推动阅读引导和服务工作。

目前，从宏观角度来看，中央相关政府部门如中宣部、中央文明办、国家新闻出版署、文化和旅游部、国家广电总局和教育部等对国民阅读给予了高度关注，并通过一定途径进行引导；同时，从微观角度来看，各类阅读引导和服务组织如中图学会等社会团体、教育机构、信息生产和服务机构也做出了自己的努力，在推进全民阅读活动中发挥了一定的积极作用。

从整体阅读引导和服务的成效来看，相关工作仍有待进一步改进与提升。无论从宏观角度还是微观角度，各方都仍需做出更大的努力。阅读作为人类获取知识的基本途径，对于个人的成长和知识的传承具有重大的价值和明显的代际效应。因此，全面提升国民阅读水平对于民族振兴和强大具有极其重要的意义，相关部门应投入更多的精力和资源来推动国民阅读。

此外，实证研究显示，由于宏观和微观层面缺乏有效的信息传递机制，各方之间存在信息不对称现象。此外，全国范围内尚未形成推进国民阅读的协同机制，这直接导致了目前各类组织的阅读引导效果不佳。以新闻出版总署每年六一儿童节前后面向全国发布的少儿阅读推荐书目为例，相当一部分少儿类图书馆缺乏相关资讯，使得这些凝聚了较高人力成本和时间成本的推荐书目在图书馆文献采购和相关主题阅读活动中并未发挥应有的作用，或者说，这些推荐书目的阅读引导效果有限。

因此，在推进阅读引导和服务协同的过程中，建立高效的信息传递通道是至关重要的。通过协同机制，可以确保宏观引导与推进工作与微观层次的阅读资源、阅读服务以及各项阅读推广活动相互配合，形成协同效应。只有这样才能更好地利用各类阅读资源和阅读服务，推动公共阅读服务的均等化发展，提高国民的阅读水平和综合素养。

## 二、组织内部与外部相协同

协同关系是阅读服务组织提高资源利用效率和阅读引导与服务水平的重要途径。根据协同的涉及范围和形式，可以分为内部协同和外部协同两种。虽然两者都是协同关系的一种形式，但是存在本质上的区别。内部协同主要涉及组织内部的业务单元或不同部门之间的协同，通过共享组织内部资源来完成共同的任务或目标；而外部协同则是不同阅读服务组织之间为了实现优势互补，通过一定的方式共享资源以提高阅读引导和服务能力。

在新媒体环境下，人们的信息需求日益个性化和复杂化，对专业信息的质量和获取效率的要求也越来越高。单个的阅读服务组织仅仅依靠自身的资源和力量已经很难满足各个不同群体的阅读需求。因此，阅读服务组织需要由内部协同转向追求与其他阅读服务组织的外部协同，整合资源以提高阅读服务的水平和效率，弥补自身资源不足的缺陷，降低阅读服务的学习成本和交易成本。

外部协同已经成为新媒体环境下阅读引导与服务工作发展的必然趋势，也是阅读服务组织应对环境和需求变化应该做出的正确反应。通过外部协同，不同的阅读服务组织可以共享资源、互通有无、取长补短，提高整体阅读引导与服务能力。同时，外部协同还可以促进不同组织之间的合作与交流，增强彼此之间的信任和合作意识，为未来的合作打下良好的基础。

目前看来，提供单一的阅读服务组织本身就是一个错综复杂的独立系统。若想实现在这个系统内资源的相互关联与互通，以及多个部门协同为读者提供服务，便涉及许多部门的参与。因此，真正实现阅读的"一站式服务"是一项颇为复杂的任务。这不仅要求每个部门根据阅读需求对阅读服务的流程和结构进行一些必要的调整和再设计，还需要各部门按照相互关联、资源共享的要求与其他业务部门充分合作，才能针对阅读需求提供高质量的"一站式服务"。

尽管许多阅读服务组织已经认识到了组织内部协同与外部协同的重要性，

但由于长期以来系统较为僵化的阅读服务理念和服务模式，以及部门之间的利益和自身优势资源的有限性等主客观因素的影响，许多阅读服务组织在内部各部门的协同程度尚且较低，与其他组织的协同程度就更低了。因此，为了扭转当前的困境，阅读服务组织应当积极推进内部协同，并努力实现由内部协同向外部协同的转变，从而推动新媒体环境下组织的跨越式发展。在此过程中，阅读服务组织的内部协同是基础和根本，而外部协同则是未来的发展方向和趋势。

阅读服务组织在转变非协同状态为协同状态的过程中，应首先深入了解读者的阅读需求，以需求为导向，对各部门及不同组织的服务职能进行优化和重构。这样可以推动组织职能向服务性转变，通过正式或非正式的沟通渠道，建立良好的相互协同、相互配合的合作关系。这样做有助于使阅读引导者、各层次阅读服务组织、阅读服务组织的内外部之间通过协同实现信息的整合，从而使得管理者的决策能够适时反映业务部门与读者的需求，提高组织阅读引导的能力和读者对阅读服务的满意度。

在新媒体环境下，阅读服务组织应当采取积极措施，利用新技术提高组织内部和组织之间的协同性，并促进阅读引导和服务水平的提升。研究显示，基于技术的互动可以进一步提升信息技术的应用价值，技术能够替代其他机制向人们提供服务，这种替代性会提高各方对于技术的依赖性，有助于资源的整合和加速阅读服务的运作。可以肯定的是，未来协同引导阅读和服务问题的解决必然要以技术的充分发展和应用为前提。因此，阅读服务组织应当注重科技创新，推动阅读服务模式的变革，加强组织之间的合作与交流，共同探讨新技术在阅读服务领域的应用，以实现优势互补、资源共享，为用户提供更加优质、高效的服务。

## 三、横向与纵向相协同

在新媒体环境下，横向协同和纵向协同是阅读服务组织协同推进阅读引导和服务工作的两条主线,也是策划、实施阅读引导和推广方案的基本思路。为了有效整合资源并取得最佳的阅读引导和服务效果,无论是对于自组织的阅读协同联盟,还是对于单个的阅读服务组织,横向与纵向相协同都是必要的措施。

以省、市级及以上的公共图书馆为例,在新媒体环境下,面对社会转型期人口的迁移和分布特点的巨大变化,其服务对象日益呈现多元化和复杂化的趋势。这给阅读引导和服务工作带来了新的挑战。为更好地引导和促进阅读活动的开展,从横向的角度来看,省、市级公共图书馆可以协同其他阅读引导和服务组织,如少儿图书馆、大学图书馆、专业图书馆、各层次的教育机构、各种出版社以及报刊社等,根据引导和服务对象的不同特点,共同策划和实施有针对性的特色阅读推广活动。同时,为进一步提高阅读推广活动的渗透性和到达率,省、市级公共图书馆还可以纵向协同区、县级别的图书馆以及街道、社区的图书室等,将活动向基层推进,争取将阅读引导和推广活动的影响进一步覆盖到街道社区的读者,以实现最佳的协同效果。当然,对于省、市级公共图书馆而言,这种横向协同与纵向协同的有机组合已经构成了混合型协同的状态,同时也是一种比较理想的协同状态。

许多阅读服务组织在协同推进阅读活动时面临各种挑战,包括主观和客观因素,以及组织间和部门间利益的影响。为了解决这些问题,需要采取一系列措施。

首先,阅读服务组织应具备全局意识,从整体角度出发,制定协同推进阅读活动的策略。这包括明确各部门的职责和任务,确保活动流程的顺畅进行,以及关注阅读服务的长远发展。

其次,加强沟通和协调是提高阅读服务组织协同效率的关键。各部门之间应保持密切沟通,及时解决可能出现的问题和矛盾。同时,与外部合作伙伴也应加强沟通和协调,共同推动阅读活动的开展。

再次,充分利用现有资源是推动阅读活动的重要保障。阅读服务组织应挖掘自身优势和潜在资源,通过共享和合作,实现资源的最大化利用。这包括物质资源和人力资源的充分利用，以提升阅读服务的质量和覆盖范围。

最后，阅读服务组织应关注技术应用，紧跟时代发展。利用现代信息技术提升阅读服务的智能化水平，为读者提供更加个性化、便捷化的服务。同时，关注新技术在阅读领域的应用前景，积极探索创新模式，推动阅读产业的转型升级。

总之，为了推动我国阅读事业的发展，阅读服务组织需要采取一系列措施，包括树立全局意识、加强沟通和协调、充分利用现有资源以及关注技术应用。

## 四、阅读引导与阅读服务相协同

在推动阅读引导与阅读服务的过程中，我们应该注重各个环节的协同与同步，避免出现脱节现象，以确保整体效果。例如，根据权威机构的推荐书目，我们应确保在图书馆和书店等场所能够找到相应的文献，并提供专家导读等资源。同时，阅读服务人员应加强与读者的互动与交流，以更好地引导阅读。此外，出版业也应注重提高出版物的质量和层次，避免低俗化倾向，发挥价值观的导向作用。

在进行阅读引导时，应充分考虑推荐书目与实际库存的匹配情况，以避免读者因无法获取所需文献而感到困扰。在实际工作中，存在推荐书目与图书馆、书店库存不匹配的情况，这使得读者无法顺利获取他们需要的资料。除此之外，一些阅读服务人员可能缺乏有效的与读者交流和引导读者的技能，导致无法满足读者的需求。我国出版业普遍存在库存积压和读者抱怨好书太少的问题。一些出版物层次较低，缺乏对读者产生积极导向的价值观。为提升整体阅读引导与服务效果，需要各个环节之间更紧密地协同合作。这包括确保推荐书目与库存文献的匹配性，提高阅读服务人员的专业素养和主动性，以引导读者选择更高质量的出版物。

上述情况显示出我国当前阅读引导与阅读服务之间的协同性亟须改进。

问题主要体现在以引导为主的模式下，缺乏相匹配的阅读服务，导致目标受众对引导效果的接受度较低。相反，在以服务为主的模式下，缺乏足够的主动性和互动性，无法提供有效的阅读引导，容易满足简单的需求而忽视对高层次阅读需求的关注。这对于提升国民的整体阅读水平和综合素养构成了严重不利因素。为了解决阅读引导与阅读服务之间的脱节问题，提高二者的协同效应，至少可以从以下两个方面入手。

首先，在生产环节，信息生产机构如出版社、报刊社和数字出版商需将阅读产品与服务改进相结合，提升产品设计科学性和阅读服务质量。需要加强内容引导，特别是推动社会主义核心价值观的优秀作品的生产和传播。再版率作为评估出版物质量和市场接受度的指标，对高质量、市场反应良好的作品应积极组织修订再版，并提供优质服务以满足目标读者需求，推动先进文化传播。

其次，在阅读服务环节，公共阅读场所如图书馆、资料室提供基本阅读服务，数字化阅读通过网络免费满足人们的信息需求。个性化需求可通过购买满足，同时可以利用各种方式宣传高品质出版物，避免信息传播不对称现象，推动优秀文化传播。

总体而言，阅读引导和服务应相互配合，提供优质服务的同时融入引导意识，以促进国民阅读，提升阅读水平。

## 五、传统媒体与新媒体相协同

随着技术的不断发展和应用，在新媒体环境下，人们阅读活动的开展可以有更多的选择：既可以通过数字化阅读满足生活服务类信息的需求，也可以通过纸质阅读来满足对专业信息的阅读需求。当然，媒介本身只是信息的载体，任何内容的信息都可以任何形式传播，尽管在不同的环境下会存在传播的偏向。

我们认为对于阅读的引导与服务要将传统媒体和新媒体两个方面协同起

来，互相影响，互相促进，从而形成良好的国民阅读氛围。

首先，各类出版企业要花大力气研究出版物市场的需求特点和目标读者的媒介偏好，根据出版物的内容特点和目标读者的需求偏好科学组织数字出版物的开发，纵向挖掘出版产业价值链，努力形成传统出版和数字出版齐头并进的格局，通过各种不同类型的出版物来提高市场占有率，以应对新媒体环境带给传统出版业的冲击。

其次，随着数字出版技术的不断发展和应用推广，数字出版物的品种会越来越丰富，而且移动阅读终端也在逐渐普及，因此，各类阅读服务组织要积极建设多元化的阅读资源，科学把握纸质文献和数字化文献的资源采购比例，以更好地满足不同类型读者的个性化阅读需求。

最后，在进行优秀出版物的宣传和推广、努力营造良好的阅读氛围时，各相关组织要充分利用不同媒体的传播特点，将新媒体的即时性、互动性与传统媒体的深度协同起来，跨时空形成全媒体的传播网络，以取得最佳的宣传和引导效果。在这个过程中，还要努力将现实世界与虚拟世界协同起来，充分利用微博、网络虚拟社区等渠道，通过各个领域的意见领袖积极引导各类主题阅读活动的开展。

随着科技的不断发展和新媒体的广泛应用，人们的阅读选择变得更加多样化。数字化阅读为获取生活服务信息提供了方便，而纸质阅读则成为专业信息的理想途径。值得强调的是，媒介本身只是信息传播的工具，不同形式的信息可以通过各种媒介传播，只是在不同环境下传播效果可能有所偏向。

为了更好地引导和服务阅读，我们应该将传统媒体与新媒体有机结合，相互影响、相互促进，创造一个良好的国民阅读氛围。为实现这一目标，可以采取一系列措施。

首先，各类出版企业应深入了解市场动态和读者需求，科学组织数字出版物的开发，以适应传统和数字出版的双轨发展，提高在多样化的出版物市场中的占有率，迎接新媒体环境带来的挑战。

其次，随着数字出版技术和移动阅读终端的普及，数字出版物的种类将更加丰富。因此，阅读服务组织应积极构建多元化的阅读资源，合理把握纸质文献和数字化文献的采购比例，以满足不同类型读者的个性化阅读需求。

最后，在推广优秀出版物和引导阅读时，相关组织应充分利用不同媒体的传播特点，将新媒体的即时性、互动性与传统媒体的深度相结合，形成跨时空的全媒体传播网络，以达到最佳的宣传和引导效果。同时，要注重将现实世界与虚拟世界相结合，利用微博、网络虚拟社区等渠道，借助各领域的意见领袖积极引导各类主题阅读活动的展开。

## 六、公共阅读服务均等化与分层引导相协同

在当前社会转型期，为了促进和谐社会的建设，公共产品和公共服务的均等化已经是决策者重点考虑的问题之一。公共阅读服务也属于公共服务的范畴，因此，如何确保公共阅读服务的均等化也是相关部门必须解决的难题之一，尤其是在我国人口特点非常复杂的情况下，这一问题考验着决策者的智慧。

在当前社会转型阶段，实现和谐社会构建的目标要求公共产品和服务的均等化。在这一背景下，公共阅读服务成为政策制定者需要着重解决的关键问题之一。特别是在我国人口结构复杂的情况下，解决这个问题对政策制定者提出了更高的要求。

新媒体环境下的阅读引导与服务对实现公共阅读服务的均等化至关重要。在当前情境下，我们认为应采取分层次引导、逐步推进的策略来解决这个问题，至少可以从以下几个方面入手：

首先，在实施阅读引导和服务时，需全面考虑不同群体的特性，并采取有针对性的举措。特别需要关注弱势群体及其阅读需求，通过产品设计和个性化服务来满足其独特的精神文化需求。随着社会老龄化的逐渐增加，应关注如何根据老年人的心理和生理特点开发适合的阅读产品，并提供相应服务，以丰富他们的晚年生活。对于青少年群体，由于其在不同时期的生长发育特

点，不同年龄阶段存在不同的阅读需求，可在出版物设计中运用不同符号、色彩等元素以提升对作品的理解能力。总体而言，需要将不同群体综合考虑，根据其需求特点构建全面的阅读引导和服务网络。

其次，在阅读服务中，需充分考虑不同地域的文化特点，发挥地方阅读服务组织的积极作用。地域是一个空间范畴，既有确切方位和明确边界，又包含某些观念性要素。由于地理、民俗、经济、文化等方面的差异，不同地域的人们可能具有不同的思想、观念和行为模式。地方阅读服务组织在当地的阅读引导和服务工作中扮演主要角色，有利于更好地了解当地读者的阅读需求，采取有针对性的措施引导其阅读活动。这有助于避免因信息不对称而导致的交流障碍，从而获得更好的阅读引导和服务效果。

最后，考虑到我国是一个多民族国家，为了保护民族文化的多样性并促进各民族的和谐发展，阅读引导和服务组织应充分考虑各少数民族读者的阅读需求。在阅读产品的设计和阅读服务上采取有针对性的措施，传播优秀的民族文化。例如，对于少数民族语言的应用可以减少信息传播过程中的障碍，有利于各方的沟通和交流，更有助于提高他们的阅读水平。

## 七、主流的信息产品和服务与读者的信息需求、信息偏好、媒介偏好相协同

出版物作为文化传播的重要载体，其在体现和反映主流价值观念的过程中，肩负着推动社会主义核心价值体系形成的重要使命。在我国，出版物不仅传递了社会主义核心价值观，还传播了中华优秀传统文化，进一步促进了社会的和谐与稳定。

为了更好地发挥出版物的积极作用，各类阅读引导与服务组织在制定阅读推广方案时，应当紧紧把握这一大方向。具体来说，这些组织需要结合主流阅读产品，深入了解读者的信息需求、信息偏好以及媒介喜好。这样，才能使阅读推广活动更具有针对性和实效性，从而更好地服务于社会主义核心

价值体系的构建。

首先，阅读引导与服务组织应关注读者的信息需求。这要求组织者对读者进行充分的调研，了解不同年龄、职业、地域等群体的阅读需求。在此基础上，有针对性地推荐反映主流价值观念的出版物，使读者在满足个人兴趣的同时，也能接触到有益于社会主义核心价值体系形成的内容。

其次，阅读引导与服务组织需关注读者的信息偏好。每个人对信息的接收和理解都有自己独特的偏好，这使得阅读推广工作更具挑战性。组织者应善于运用大数据等技术手段，分析读者的阅读历史和喜好，为读者提供个性化的阅读推荐。这样既能满足读者的阅读兴趣，又能有效传播主流价值观念。

最后，阅读引导与服务组织要关注读者的媒介喜好。在网络传播日益发达的今天，读者接触信息的渠道和方式日趋多样化。阅读引导与服务组织应充分利用各种媒介，如纸质图书、电子图书、网络平台等，传播主流价值观念。同时，还要不断创新传播方式，如举办线上线下活动、运用短视频、音频等多种形式，提高读者的阅读体验，使主流价值观念更加深入人心。

总之，各类阅读引导与服务组织在制定阅读推广方案时，要紧密结合主流阅读产品，全面了解和满足读者的需求和喜好。通过精准传播、有效推广，使出版物在促进社会主义核心价值体系形成、维护社会和谐稳定方面发挥更大的作用。在这个过程中，阅读引导与服务组织也要不断调整和完善自身工作，以适应时代发展的要求，为构建社会主义核心价值体系贡献力量。

不同类型的信息适合不同的传播形式，例如，专业型信息更适合以纸质文献传播，而生活服务类浅信息更适合以数字化形式传播。同时，不同群体对媒介的偏好也存在差异，一些群体更喜欢使用新媒体如手机和网络进行数字化阅读，而另一些群体则更倾向于纸质阅读。因此，阅读产品的生产和服务组织需要加强市场研究，科学洞察不同媒介的传播特点以及不同群体的信息和媒介偏好。通过运用这些传播学规律，可指导实践，促进优秀文化传播，更好地满足读者需求和偏好，提高阅读推广的效果和质量。

# 第三节　新媒体在阅读引导与读者服务中的应用

随着信息技术和传播技术的飞速进步，新媒体的普及已经深刻地改变了人们的视觉和听觉体验，并赋予了他们一种全新的"读写能力"，这与传统的纸质媒体时代形成了鲜明对比。这种变革，伴随着新媒体的兴起，不仅极大地促进了阅读引导和服务工作的便捷性，还在推动人类智慧和思想的传承方面扮演了至关重要的角色。

## 一、新媒体环境下阅读需求的新变化

### （一）信息内容方面的变化

在现代社会，随着信息量的激增，人们对信息的需求变得越来越多样化，特别是"轻信息"现象愈发明显。依据马斯洛的需求层次理论，人类的需求可以被细分为五个基本层次：首先，生理需求是满足个体基本生存条件的基础，如食物和健康的保障；其次，安全需求关注个体对稳定生活环境的向往；再者，社交需求强调人与人之间的联系与交流；进一步地，尊重需求涉及个体的自尊、自我评价以及对他人的尊重；最后，自我实现的需求是追求个人理想与发挥自身潜能的最高层次。此外，他在1954年的《激励与个性》中还提到了求知和审美的需求，认为这两者位于尊重需求和自我实现需求之间。

在新媒体时代背景下，满足各类需求均离不开信息的支撑。然而，信息过载现象亦不容忽视，其可能在一定程度上制约人们的理解力与创造力。新媒体技术的迅猛发展，使得信息资源呈现出前所未有的丰富态势。然而，与此同时，人们的阅读时间并未随之增加，反而因生活节奏的加快而有所缩减。

在此背景下，以新闻、生活服务和休闲娱乐为主要内容的"轻信息"逐渐崭露头角，成为大众阅读的主要选择之一。这类信息以其低经济成本和高实用性，满足了人们在快节奏生活中对信息的快速获取与高效利用的需求。因此，在当前的新媒体环境下，"轻信息"正逐渐主导着大众的阅读趋势。

相较于传统的纸质媒体时代，现代人在信息获取上更加倾向于选择轻松便捷的方式。他们更倾向于在轻松愉悦的氛围中，接收那些以轻松形式传达的严肃内容。这种选择性偏好在新媒体环境中尤为显著，且其背后蕴含着深刻的社会原因。

首先，随着信息技术的持续进步和广泛应用，人民群众获取信息的途径与方式已然发生了深刻变革。传统的纸质媒体逐渐被数字化媒体所替代，人们不再局限于通过书籍、报纸或杂志等实体媒介来获取资讯，而是通过互联网、移动应用等多元化渠道，随时随地获取各种信息。这种变革不仅改变了人们获取信息的速度和广度，也深刻地影响了人们的信息消费习惯。

其次，在当今信息爆炸的时代，人们对于"轻信息"的偏好日益显著，这背后不仅源于技术支持的推动，更与社会、经济、历史和文化等多重因素紧密相连。从社会层面来看，现代生活的快节奏使得人们越来越追求高效、便捷的信息获取方式。轻信息以其简短、精练的特点，迎合了人们快速浏览、快速理解的需求。同时，社交媒体和移动互联网的普及，也为轻信息的传播提供了广阔的渠道，使得人们能够随时随地获取所需信息。经济因素同样对轻信息的流行起到了推动作用。在市场竞争激烈的今天，企业和品牌需要通过简洁、有吸引力的轻信息来吸引消费者的注意力。而消费者在面对繁多的商品和服务时，也更倾向于选择那些能够快速传达核心价值的产品。历史背景也在一定程度上影响了人们对于轻信息的偏好。随着科技的进步和媒体形式的演变，人们获取信息的方式也在不断变革。从早期的报纸、广播，到后来的电视、互联网，再到如今的社交媒体和短视频平台，信息的呈现方式越来越多元化、轻量化。这种历史性的变革使得人们逐渐习惯了以简短、直观的方式接收信息。此外，文化背景也对轻信息的流行产生了影响。不同的文化背景下，人们对于信息的接收方式和偏好也会有所不同。在一些注重快节奏、高效生活的文化中，轻信息更容易受到青睐。而在一些注重深度思考、文化积淀的文化中，虽然对于轻信息的需求相对较低，但并不意味着轻信息没有市场。相反，这些文化中的轻信息可能更加注重文化内涵和审美价值。

从某一方面而言，人们对轻信息的青睐正体现了时代的演进与发展，因为自由选择信息始终是人类不懈追求的理想之一。

## （二）信息传播方式上的变化

信息传播方式上的变化，不仅体现在媒介的多样化，更在于人们获取信息的方式和习惯发生了深刻变革。网络新生代，作为数字时代的原住民，他们早已习惯于在信息的海洋中畅游，追求着更为个性化、互动化的阅读体验。

随着社交媒体的普及，人们开始更倾向于通过社交平台获取和分享信息。这种传播方式不仅加快了信息的流通速度，也增强了信息的互动性和参与度。网络新生代可以通过点赞、评论、转发等方式，参与到信息的传播过程中，表达自己的观点和态度，与他人进行交流和讨论。

同时，虚拟现实、增强现实等技术的兴起，也为信息传播带来了全新的可能性。这些技术能够将文字、图片、视频等多种媒介融合在一起，为读者打造出一个沉浸式的阅读环境。在这种环境下，读者可以更加深入地理解和感受信息内容，获得更为丰富的阅读体验。

此外，个性化推荐算法的应用也使得信息传播更加精准和高效。通过分析用户的阅读习惯和兴趣爱好，算法能够为用户推荐更符合其需求的内容，提高了信息传播的针对性和有效性。

## （三）信息传播媒介上的变化

从媒介传播的角度来看，人们显然更喜欢新媒体。

随着时代的进步和科技的发展，信息传播媒介也在不断地变化着。从早期的报纸、广播，到后来的电视、互联网，再到如今的智能手机、社交媒体，每一次媒介的革新都极大地改变了人们获取和分享信息的方式。

在新媒体的浪潮中，人们显然更加偏爱这种新型的信息传播方式。新媒体以其即时性、互动性和个性化等特点，吸引了越来越多的用户。通过智能手机，人们可以随时随地浏览新闻、观看视频、分享生活点滴；通过社交媒体，人们可以与朋友保持联系，了解他们的动态，甚至参与到各种热门话题的讨论中。

新媒体的出现不仅改变了人们的社交习惯，也对企业和机构的信息传播带来了革命性的变革。传统的广告宣传方式在新媒体的冲击下逐渐式微，而内容营销、社交媒体营销等新型营销方式则越来越受到重视。通过精心策划和运营，企业和机构可以在新媒体平台上建立品牌形象，吸引潜在用户，提升用户黏性。

当然，新媒体也带来了一些挑战和问题。信息的泛滥和碎片化让人们难以筛选和辨别真伪；网络舆论的复杂性和不确定性也给企业和机构的信息管理带来了难度。但无论如何，新媒体已经成为当今信息传播的主流方式，它将继续推动着社会的进步和发展。

## 二、新媒体在阅读引导和读者服务中的优势

在当前快速发展的商业环境下，随着时代节奏的日益加速，高效、优质的工作与生活模式已成为广大民众的普遍追求。新媒体的广泛应用，则有效助力了满足人民群众日益多元化、个性化的信息需求。总体来看，新媒体在阅读引导和读者服务中所展现出的优势，主要体现在以下几个方面：

### （一）信息传播的即时性

新媒体技术已实现即时信息的快速传播，有效满足了人民群众对信息获取的迫切需求。在当前社会背景下，随着信息需求的日益增长，对于各类组织和个人而言，迅速获取有效信息、掌握发展主动权已成为在激烈竞争中保

持优势的关键所在。新媒体充分利用即时通信软件、搜索引擎等现代化工具，集成了信息搜索、在线交流、即时收发、文献传递与共享等多项功能，有效打破了时空限制，为各类用户提供了便捷的信息获取途径，充分满足了不同领域、不同层面的信息需求。

不仅如此，新媒体还进一步拓宽了信息传播渠道，增强了互动性。以往的传统媒体如电视、报纸，信息的传递是单向的，受众只能被动地接受信息。而新媒体则打破了这一局限，使得每个人都可以成为信息的发布者、传播者和接收者。通过社交媒体平台，人们可以随时随地分享自己的观点、经验和知识，与他人进行互动交流，形成一种全新的信息传播模式。

此外，新媒体还注重个性化信息推送。通过大数据分析和人工智能技术，新媒体能够精准地了解用户的兴趣和需求，根据用户的偏好推送个性化的信息内容。这不仅提高了信息传播的针对性和有效性，还增强了用户体验，使用户能够更加便捷地获取自己感兴趣的信息。

同时，新媒体还具备多媒体融合的特点。通过整合文字、图片、音频、视频等多种媒介形式，新媒体能够将复杂的信息以更加直观、生动的方式展现给受众。这种多媒体融合的传播方式不仅丰富了信息传播的形式和内容，还提高了受众对信息的理解和接受程度。

综上所述，新媒体的即时性、互动性、个性化和多媒体融合等特点，使得信息传播更加高效、便捷和多样化。随着新媒体技术的不断发展和完善，其在信息传播领域的作用将越来越重要，为人们的生活和工作带来更多便利和可能性。

### （二）能够实现广泛性与个性化的有效统一

阅读权是公民的基本权利，每个人都应享有这一权利，不受年龄、种族、性别、宗教信仰、国籍、语言和社会地位等任何因素的限制。人类对信息的持续渴望，阅读活动广泛普及，充分体现了人类对信息获取的普遍性和一致性需求。例如，公共阅读服务等公共议题，已经引起了社会各界的广泛关注和讨论。

另一方面，作为特定社会经济文化环境产物的个体，其信息需求深受性别、年龄、职业、教育水平以及家庭背景等多种因素的影响。在不同的年龄阶段和不同场合下，同一个体的信息需求特征也会有所不同。这充分展示了人类信息需求的高度个性化特点，反映了信息需求的多样性和复杂性。

新媒体在阅读引导和服务中的广泛应用，有效满足了人民群众日益增长的广泛和个性化信息需求，彰显了其强大的服务效能。随着网络和手机等新媒体应用的持续普及，基于新媒体的阅读引导和服务得到了深入推广，为人民群众提供了更为丰富多元的选择。一方面，这种服务的普及得益于互联网和移动设备用户群体的持续增长，以及数字资源的日益丰富和多样化；另一方面，借助新媒体技术的力量，人们能够自主挑选所需信息，根据个人兴趣和需求定制个性化的信息服务，从而更有效地实现个人发展目标。在信息选择的自由度方面，基于新媒体的信息服务充分体现了人类社会的进步成果，使得每个人都能享受到信息时代的便捷和福祉。

### （三）有利于提高阅读引导和读者服务的质量和效率

新媒体的互动性特点为阅读引导与读者服务带来了革命性的改变，极大地提高了其质量和效率。通过新媒体平台，读者可以积极参与到阅读过程中，与作者、其他读者进行实时互动，分享心得、提问交流，这种互动形式不仅丰富了阅读体验，也加深了读者对内容的理解和感知。

此外，新媒体平台还具备强大的个性化推荐能力。它们能够根据读者的阅读习惯、喜好和兴趣，智能地推送符合其需求的内容，使得每一位读者都能获得量身定制的阅读建议。这种精准推送不仅提高了阅读的相关性，也节省了读者筛选内容的时间，提升了阅读效率。

在读者服务方面，新媒体也展现出了极大的优势。它们提供了便捷的在线客服和智能问答系统，让读者能够随时获取帮助和解答疑惑。同时，新媒体还通过举办线上活动、开设读书社区等方式，为读者创造了一个互动交流、共同成长的平台，让阅读变得更加有趣和富有意义。

总的来说，新媒体的互动性在阅读引导和读者服务中发挥着越来越重要的作用。它不仅能够提升阅读的质量和效率，还能够为读者带来更加丰富多彩、个性化的阅读体验。随着新媒体技术的不断进步和创新，我们有理由相信，未来的阅读将会变得更加便捷、高效和有趣。

新媒体的迅猛发展赋予了传统媒体在互动性方面的崭新突破，使其互动性得到了全方位的提升。新媒体的互动性不仅对传统媒体的互动性进行了继承和补充，更实现了对其的超越和升华。

首先，新媒体的互动过程表现得更加多元和复杂。用户不再是被动的信息接收者，而是可以自由地表达自己的观点和想法，参与到信息的生产和传播中。这种自由议程的设置，使得信息的传播更加具有针对性和实效性。

其次，新媒体传播中的互动没有主次之分、上下之分和先后之分，呈现出平行式交流的特点。这种互动方式使得每一个用户都拥有平等的发言权，信息的传播更加公正和广泛。

再次，新媒体的互动可以以多种形式展开。无论是点对点、点对面还是面对面的互动，都可以根据不同的需求和场景进行选择。这种灵活性使得新媒体在信息传播中更加具有优势。

最后，新媒体的互动者之间是多维度、去中心化的。用户可以通过文字、图片、视频等多种形式进行交流和表达，使得信息的传播更加丰富和立体。同时，这种去中心化的特点也使得新媒体在信息的传播中更加平等和公正。

新媒体的互动性特质有效激发了人民群众在阅读过程中的主观能动精神，使个体能够积极主动提出即时需求信息，并对信息质量和服务效率进行客观评价。同时，借助信息技术的强大支撑，个体能够自主选择所需的信息内容及组织形式，实现了个性化的信息获取与利用。尽管当前对话效果仍有待进一步深入研究与优化，但新媒体已为我们提供了与服务者直接对话的技术手段和实质支持。这些因素的积极作用，对于提升阅读协同联盟的整体服务水平和效率具有举足轻重的意义。

### （四）成本低廉

新媒体在阅读引导和服务中的应用具有显著的成本优势，是符合经济性原则的理想选择。在经济快速发展的今天，成本控制是企业和社会组织不可忽视的重要因素，而新媒体正好满足了这一需求。

从人力成本角度来看，新媒体减少了大量的人工投入。传统的阅读引导和服务通常需要大量的工作人员进行内容的编辑、分发和推广，而新媒体则通过自动化、智能化的技术手段，实现了信息的快速处理和精准推送。这不仅提高了工作效率，也降低了人力成本。

在物力成本方面，新媒体同样展现出了明显的优势。传统的阅读推广可能需要印刷大量的宣传资料、租赁场地进行活动等，而新媒体则通过虚拟空间和网络平台，实现了信息的无界传播。这种虚拟化的运营方式，不仅节省了场地租赁、设备购置等物力成本，还使得信息的传播范围更加广泛。

此外，新媒体的信息资源成本也相对较低。通过网络平台，用户可以轻松地获取大量的阅读资源，这些资源往往以数字化的形式存在，无须支付高额的印刷和发行费用。同时，新媒体还可以通过算法和数据分析，精准地推送符合用户兴趣的阅读内容，进一步提高信息资源的利用效率。

在新媒体环境下，阅读信息服务在支付一般带宽成本后，可基本视为低成本乃至零成本服务，这充分体现了经济性原则的贯彻实施。也正是由于这种优势，以网络和手机等为代表的新媒体在短短数年间得以广泛应用和迅速推广，成为信息时代的重要推动力量。

## 三、新媒体在阅读引导和读者服务中的应用

新媒体的运用显著提升了文献资源的使用效率，并有效地提高了人们对阅读服务的满意度。其灵活性、开放性和个性化特点，为媒介应用服务的发展开辟了新的道路。目前，新媒体在引导国民阅读及提供服务方面的应用，

主要可以从以下几个方面深入进行。

## （一）即时发布各类阅读服务信息

根据服务营销理念，阅读协同联盟等信息服务机构可以充分利用新媒体平台的即时性特点，发布各类阅读服务信息。这种即时发布的方式能够迅速吸引读者的注意力，并有效推动阅读文化的传播。无论是最新的图书推荐、阅读活动预告，还是阅读技巧分享和读书心得交流，都可以借助新媒体平台迅速传达给广大读者。

此外，新媒体平台还为信息服务机构提供了更广阔的推广渠道。通过精准定位目标读者群体，服务机构可以将阅读服务信息精准推送给潜在读者，提高信息的触达率和转化率。同时，新媒体平台上的互动功能也能够帮助服务机构更好地了解读者的需求和反馈，为改进和优化服务内容提供有力支持。

因此，通过新媒体即时发布各类阅读服务信息，不仅能够促进阅读文化的普及和发展，还能够提升信息服务机构的影响力和竞争力，为整个阅读产业带来更大的发展动力。

## （二）协同开展数字参考咨询服务

在信息化浪潮中，协同开展数字参考咨询服务已成为图书馆和信息服务机构提升服务品质、拓宽服务渠道的重要途径。这种服务模式不仅充分利用了互联网的便捷性和综合信息资源的丰富性，还通过协同合作的方式，实现了资源共享和优势互补，为读者提供了更加全面、高效的信息服务。

在协同开展数字参考咨询服务的实践中，图书馆和信息服务机构可以通过建立联盟或合作平台的方式，实现资源共享和互通有无。这些联盟或平台可以汇集各成员单位的专业知识和信息资源，形成一个庞大的知识库和信息网络。当读者提出问题时，可以通过这个网络迅速找到相关的专业知识和信息资源，为读者提供更加准确、权威的解答。

此外，协同开展数字参考咨询服务还可以促进各成员单位之间的交流与合作。通过定期的会议、研讨会等活动，各成员单位可以分享彼此的经验和做法，共同探讨解决问题的方法和途径。这种交流与合作不仅可以提升各成员单位的服务水平，还可以推动整个信息学领域的发展。

随着新媒体技术的不断发展，协同开展数字参考咨询服务也将迎来更多的机遇和挑战。未来，我们可以期待更多的图书馆和信息服务机构加入到这个大家庭中来，共同推动数字参考咨询服务的发展和创新。同时，我们也需要不断探索和尝试新的服务模式和技术手段，以适应读者不断变化的需求和信息技术的快速发展。

### （三）信息素养科普服务

随着信息技术的持续革新和迅猛发展，人类社会已全面进入信息化新阶段。在全球信息浪潮汹涌的今天，信息素养已成为现代公民不可或缺的基本素质和能力，它标志着个体在信息社会中的适应力与竞争力。这一素养要求个体具备精准判断信息需求的能力、高效获取信息的技巧，以及科学评价和有效利用信息的智慧。这些能力的不断提升，对于个体在信息化社会中立足发展、实现自我价值具有不可替代的作用。

为了普及和提高公众的信息素养，科普服务在信息时代显得尤为重要。信息素养科普服务致力于通过各种途径和方式，帮助人们增强信息意识，提高信息技能，以更好地适应和利用信息社会。

一方面，信息素养科普服务注重信息知识的普及。通过开设信息素养培训课程、举办讲座和研讨会等形式，向公众传授信息检索、信息筛选、信息评价和信息利用等方面的知识和技能。这些活动不仅可以帮助人们了解信息社会的基本特点和规律，还可以提升他们在信息环境中的自我保护和鉴别能力。另一方面，信息素养科普服务还强调信息技能的实践应用。通过组织实践操作、案例分析等互动环节，让参与者在实践中掌握信息技能，提高信息利用效率。同时，科普服务还积极推广信息技术的应用，鼓励人们将信息技术融入到日常生活和工作中，以提高生活质量和工作效率。

此外，信息素养科普服务还关注特殊群体的信息需求。针对老年人、残障人士等群体，科普服务会提供定制化的信息素养培训和服务，帮助他们跨越数字鸿沟，享受信息社会带来的便利和福祉。

总之，信息素养科普服务在信息时代发挥着重要作用。通过普及信息知识、提高信息技能、关注特殊群体需求等措施，可以有效提升公众的信息素养水平，推动信息社会的健康发展。

### （四）新媒体阅读服务

新媒体阅读作为当代文化发展的重要趋势，正在持续且快速地推进。当前，新媒体阅读主要包括手机报、手机杂志和电子书等多种形式，这些形式极大地丰富了人们的信息获取渠道和阅读体验。

随着手机用户和手机上网用户数量的迅猛增长，以及国内 WAP 技术的持续进步，基于手机平台的新媒体阅读得到了显著的发展动力。通过各类阅读软件，广大用户可实现在线或离线阅读数字书籍、报纸和杂志，从而充分利用专题数据库中的丰富数字资源，进行便捷高效的碎片化移动阅读，满足日益个性化的信息需求。

新媒体阅读的兴起，为阅读引导和服务组织提供了难得的推广机遇。这些组织应充分发挥数字文献信息资源的独特优势，与移动通信运营商等相关企业开展深入合作，共同推动新媒体阅读服务的普及。通过充分利用各自优势资源协同合作，阅读协同联盟将在推动新媒体阅读发展方面发挥更加积极的作用，为构建全民阅读社会作出重要贡献。

借助新媒体服务，广大民众能够便捷地获取图书馆内海量的图书与多媒体资源，实现在网络端或移动端轻松进行电子书浏览及视频内容的播放。相较于传统的文字资料，多媒体资源凭借其独特的优势脱颖而出：其有效融合了视觉与听觉两大感官系统，相较于单一的文字信息，更易被大众所记忆，并为民众提供了更为丰富多元的阅读体验。

新媒体阅读服务因其信息呈现形式的多样化而备受青睐，为广大民众提供了包括有声图书、音频文件、图像多媒体电子读物以及多媒体数据库等在内的丰富多媒体资源。同时，民众同样能够利用智能手机的视频播放功能，便捷地观看视频多媒体课件，学习由指导与服务组织提供的学术课程、报告，以及类似于"百家讲坛"的专题讲座和多样化的培训视频，进而享受比纯文字更为丰富多元、趣味横生的数字资源。

新媒体阅读的核心优势在于其突破了时空限制，实现了信息的即时获取与传播。以新媒体环境下的 RSS 聚合阅读为例，这是一种创新的信息服务模式。它利用 RSS 聚合软件，高效整合了新书通报、阅读活动信息、数字参考咨询、数字文献等多种信息，并根据个人需求提供定制化的个性化内容服务。随着手机 RSS 阅读软件的不断完善，阅读引导和服务组织有望积极拓展新媒体阅读服务，以更科学、精准的方式引导和推动阅读活动的深入发展，为社会文化事业的繁荣作出积极贡献。

## 四、应用新媒体引导和服务阅读要注意的几个问题

新媒体在极大地便利了人们的工作、生活与学习之余，亦不可避免地带来了一系列负面影响。新媒体环境下数字化阅读信息质量的参差不齐，这无疑给广大读者在阅读过程中带来了诸多困惑；同时，阅读信息的不对称性进一步加剧了信息鸿沟现象；此外，国民基本阅读服务的非均衡性亦亟待解决。因此，在引导和服务基于新媒体的阅读活动时，需格外关注以下若干重要问题。

### （一）加大数字内容的建设力度

内容建设在提升国民阅读水平和质量方面扮演着至关重要的角色。因此，必须进一步增强对数字信息资源建设的投资，尤其是要集中力量开发和传播那些能够凸显社会主义核心价值观的阅读产品。

高质量的阅读产品，作为启迪民智和传承文化精粹的关键媒介，通过精

心塑造的艺术形象、生动的故事叙述以及广泛传播的科学知识，担负着传承和重塑人类智慧与思想的重任。

良好的阅读习惯和阅读行为对于个体心理调适具有独特的促进作用。无论阅读产品以何种形式呈现，它们都承载着传播价值观念、理想信念、道德准则、礼仪规范以及高尚情操的使命。这些阅读产品通过潜移默化的教化作用，引导社会主体明确"什么可以做"和"哪些不可以做"，以及"应该怎样做"和"不应该那样做"，进而影响其行为选择，有效化解人与自然、人与人以及人与社会之间的各种矛盾。

尤为值得一提的是，那些先进的阅读产品更是能够发挥熏陶、教化和激励的积极作用，有助于凝聚社会共识、润滑社会关系并整合社会资源。因此，我们应高度重视高品质阅读产品的研发与传播工作，以推动国民阅读水平和质量的持续提升。

在信息科技和媒介技术广泛应用的当下，新媒体环境下国民文化消费日益呈现出娱乐化倾向，其中阅读领域亦不例外。从客观角度来看，娱乐作为人类正常的心理需求，对于缓解心理压力、促进身心健康具有积极作用。然而，过度娱乐化现象的存在，却可能削弱民众的生活信仰和价值观念，进而对社会进步与个体全面发展产生消极影响。特别是低俗劣质的文化产品，不仅严重侵蚀着人们的精神世界，更成为引发社会摩擦与矛盾的重要诱因。

在当前推动文化产业繁荣发展、满足人民群众不断增长的精神文化需求的时代背景下，构建高质量的信息资源体系，尤其是数字信息资源体系，已经成为提升新媒体环境下国民阅读水平和质量的关键基础。

为了加速构建和谐社会的进程，我们必须重点强化那些承载着积极价值观和道德教育意义的主流阅读产品的创作能力、市场竞争力以及艺术影响力。通过培育浓郁的国民阅读环境，利用精神和文化的力量，进一步点燃人民群众的学习激情和创新活力，有效减轻社会心理压力，调和各种社会矛盾，从而有力地促进学习型和谐社会的全面进步。

### （二）以知识共享为理念，促进科学信息的交流和传播

为了全面提升国民的信息素养和综合素质，我们应当积极倡导知识共享的理念，并进一步推进信息资源的开放获取，从而促进科学信息的广泛传播和共享。在这一背景下，开放存取信息服务模式作为新媒体环境下信息资源共享的关键途径，能够显著减轻阅读引导和服务组织在信息资源建设方面的财务负担，降低采购成本，同时提供更为丰富的信息资源体系。这将有助于满足公众对信息资源日益增长的深度和广度需求，进而推动信息社会的全面进步。

实现信息资源的开放存取，其核心目标是确保每位公民都能平等、自由地获取科学信息，并促进科学信息的畅通交流与广泛传播。与发达国家相比，我国在开放存取信息服务领域起步较晚，差距仍然显著。为了更有效地推进科学信息的开放存取，加强信息的深入交流与广泛传播，需要着重关注以下几个关键领域。

第一，需要倡导知识共享理念。这一理念的核心在于消除知识产品的竞争壁垒与独占性，进而增强创意作品的传播效率，使得公众能够更加自由地获取并分享科学知识信息。目前，我们所面临的挑战并非技术瓶颈，而是观念上的阻碍。因此，需深入审视并纠正过往的认知偏差，打破在开放存取信息服务领域的思维桎梏，同时妥善管理开放存取信息服务与科学研究创新性的关系，确保两者能够相辅相成，共同发展。

第二，需要制定配套的政策法规。在缺乏明确政策指导和法律支持的情况下，草率地推出开放存取阅读服务，不仅会妨碍行业的健康有序发展，还可能引发潜在的法律风险。因此，迫切需要政府积极介入并提供有效指导，从宏观角度制定和实施一套科学、系统的战略规划，同时在微观层面，依靠具体且有针对性的法律法规来引导实践活动，以更有力地促进开放存取信息服务的稳定发展和持续改进。

第三，必须实施有效策略，以提高开放存取信息服务的质量，确保服务

的高效、卓越和规范化。

第四，应当积极促进由多元化的创建主体所提供的开放存取信息服务的发展。根据国内开放存取信息服务的现状，其服务模式大致可以分为四类：政府主导模式、科研机构引领模式、学术团体自主建设模式，以及个人开发者自发参与模式。这些服务模式各具特色。在实际操作中，应结合它们各自的特点，实施分类管理，明确不同主体的职责与定位，并持续丰富和完善，以推动开放存取信息服务的健康发展。

阅读协同联盟秉持的信息共享原则，与开放存取理念中的自由共享精神相契合。为了更有效地提供开放存取信息服务，阅读协同联盟应当借助联盟的平台优势，设计出科学而合理的激励机制，加大服务的投入力度，持续地对开放存取信息服务进行完善和优化，以期更全面地满足广大读者的阅读期待和需求。

作为一种新兴的信息服务模式，开放存取信息服务已展现出旺盛的生命力与辽阔的发展前景，充分满足了人民群众对信息资源的自由平等获取与高效利用的需求。其深入发展无疑在完善我国科学研究体系、充实数字信息资源库、促进科学信息的无障碍交流、广泛共享及高效流通等方面，均扮演了积极且关键的角色。此服务模式不仅与新媒体的传播理念不谋而合，更有助于进一步彰显新媒体在信息传播中的独特魅力与优势。

### （三）不断提高阅读引导和服务的能力

各信息生产和服务机构，特别是阅读协同联盟，应积极挖掘新媒体平台上的主动服务与增值服务潜力，不断丰富服务内容，提高服务质量，以更好地引导和服务全民阅读活动，推动文化事业的繁荣发展。

在传统背景下，阅读资源呈现为分散状态，缺乏科学系统的组织、精准细致的分类、高效有序的管理和深度开发的有效机制。然而，在新媒体时代背景下，阅读引导与服务工作应当构建在开放包容、动态适应、智能自适的框架之上，紧密围绕个体差异化的计算需求，通过对阅读资源的精细组织、主动发现与个性化定制，提供积极主动的服务与增值创新服务，进而充分满足读者个性化、多样化的阅读需求，从而全面提升阅读引导与服务工作的能力与水平。

积极服务的核心理念促使阅读引导与服务人员紧密关注读者的兴趣倾向与类型特性，精准预测其信息渴求，并积极主动地针对不同个体推送适宜的信息资源。此等积极服务模式旨在强化阅读引导与服务的互动性，深入洞悉个体需求，进而实现服务的更高程度个性化。

在传统环境下，信息服务主要依赖于文本，图像和动画内容相对较少，而音频和视频资料更是难得一见。但在新媒体时代的背景下，主动服务成功地打破了这些限制。通过采用先进的分析软件，对用户上一次访问时留下的历史数据进行深度挖掘和分析，能够精确地掌握用户的浏览偏好。当用户再次访问时，系统可以根据其个性化需求，实时推送与之精准匹配的信息资源，或者通过公众号等渠道进行推荐。

这种依托现代信息技术与媒介手段的个性化定制服务，不仅提高了信息获取的效率和便捷性，更有助于满足读者的多元化需求。因此，主动服务已成为提升阅读引导和服务质量的有效途径。

增值服务致力于针对不同个体或群体进行信息需求的深度剖析与加工，以提升原始信息的价值内涵。在提供此类服务时，需坚守深度原则、形式多样化原则、面向对象原则以及平衡原则四大基石。

在全新媒体环境的影响下，要达成阅读增值服务的创新性发展，关键在于充分发挥尖端设备与技术的基础性作用，推动阅读信息进入智能化、网络化、数字化的新纪元，实现信息的高效管理与深度处理。同时，还需细致挖掘信息内涵，从广泛的原始资源中提炼出独特的增值点，并基于用户的个性化需求，进行精确的整合与深入的优化。

此外，在拓展信息服务领域方面，应摒弃传统模式，充分利用现有资源，开展多层次、全方位的信息服务，以最大化地实现信息利用的价值增值。信息增值服务不仅顺应了信息化社会发展的内在规律，更是推动信息化社会向前发展的必然趋势。

### （四）关注弱势群体的阅读需求，促进公共阅读服务均等化

为有效推进公共阅读服务的均等化，阅读协同联盟必须高度重视并深入关注各类群体，特别是弱势群体的阅读需求。伴随社会的持续进步，数字鸿沟现象日益凸显，它已不仅仅是一种社会状态，更成为亟待解决的社会问题。在当前信息资源战略地位不断上升的背景下，努力缩小乃至消除这一鸿沟，具有深远的社会学、经济学意义，同时也是我们政治主张的重要体现，彰显出深厚的人文关怀精神。

针对信息弱势群体，可优先制定一系列公共政策，保障他们能够获取必要的信息资源，进而推动公共阅读服务走向均衡化、普及化。此外，加强相关培训同样重要，可以提高他们的信息技能与意识，确保他们能够有效利用各类信息服务，提升阅读层次，充分保障其阅读权益的实现。这些举措的落实，将有助于缩小不同群体间的数字鸿沟，推动社会和谐稳定发展。

阅读协同联盟承载着为特定群体提供特殊阅读服务的重要社会责任，尤其是关注并满足少儿读者的阅读需求。这一群体既是儿童中的特殊群体，也是阅读领域中的弱势群体，需要给予更多的关注和支持。

为实现这一目标，阅读协同联盟的成员组织需制定并实施有针对性的服务策略。在策划与实施过程中，应充分利用色彩效应、名人效应、参与效应以及假日效应等多种手段，以提升阅读活动的吸引力和参与度。

同时，应依据弱势少儿读者的心理和生理特点，创造性地设计、策划和组织各类特色阅读活动。这些活动应旨在激发他们的阅读兴趣，提升他们的阅读能力，并帮助他们养成良好的阅读习惯。

在新媒体时代背景下，为确保各社会群体，特别是弱势群体的信息需求得到有效满足与激发，必须着力推动公共阅读服务的全面均等化。均等化意味着政府应当为社会成员提供一系列基础且与社会经济发展水平相契合的公共阅读产品与服务，这些服务需充分彰显公平正义原则。此等均等化实践，

正是新媒体环境下缩小不同社会群体间数字信息鸿沟的先决条件与坚实基础。

目前，我国不同群体在公共阅读服务中的地位存在不平等，受到地域、民族和经济发展水平等多种因素的影响。这导致这些群体无法充分享受人类社会进步的成果，产生了社会进步成果不均等的现象。实际上，这种不平等导致了信息获取能力强的阅读群体能够优先享受社会进步的成果，而信息获取能力弱的群体则不得不承受信息不对称带来的严重后果。这种状况的持续存在，不仅会加剧社会矛盾和冲突，还会对社会的和谐与稳定产生消极影响。

因此，在新媒体时代，进行阅读引导和服务时，必须全面考量不同群体的特性，尽最大努力公平、公正地维护他们的阅读权益。这是实现社会和谐发展与个体全面发展之关键所在。

# 第四节　基于新媒体的阅读引导与服务新模式——以青岛市图书馆为例

随着时代演变，人类已步入尼葛洛庞帝所谓的"数字化生存"时代，即新媒体时代。在第二届全民阅读大会中，中国新闻出版研究院发布了第二十次全国国民阅读调查结果：2022 年，我国成年国民的图书阅读率为 59.8%，比 2021 年略高 0.1 个百分点。然而，报纸阅读率和期刊阅读率较 2021 年分别下降了 1.1%和 0.7%，数字化阅读方式的接触率则增长了 0.5%。

面对新媒体时代的信息过剩，有效引导人们进行有意义的阅读成为文化传承与创新的重要问题，也是信息服务组织需要着重解决的问题。因此，各层次相关组织正在全力推进阅读工作，形成了各具特色的阅读引导与读者服务模式。以青岛市图书馆为例，本文对新媒体环境下以图书馆为代表的信息服务组织的阅读引导和服务新模式进行分析和探讨，旨在为阅读引导和服务实践提供启示。

## 一、阅读推广与 AR 的结合

为欢庆中秋佳节，青岛市图书馆小贝壳快乐营特地策划了中秋特别活动——AR 趣读·"悦"赏中秋故事。本次活动将借助 AR 技术，使中秋故事跃然纸上，为读者打造一个沉浸式的阅读体验。以游戏通关的形式，参与者将深入感受中国博大精深的传统文化。

活动时间：2022 年 9 月 10 日至 9 月 16 日

读者通过扫描活动专属二维码，加入 AR 趣读·"悦"赏中秋故事活动，共同品味中秋佳节的韵味。

活动流程如下：

第一步，参与者进入活动后，根据界面提示，扫描任意的月饼图片，即可获得通关令，进入收集中秋故事碎片的闯关环节。

第二步，按照界面提示，完成复原圆月的任务，最终完成任务后并分享，即可获得抽奖机会。

随着全民阅读的推广，图书馆已成为文化知识的富矿，吸引各年龄层的读者，从儿童到老年人，都沉浸在书香之中。中秋节作为中国传统的节日之一，蕴含着深厚的文化内涵。为了使更多人能够亲身感受中秋节的文化魅力，小贝壳快乐营将 AR 技术融入其中。

在此次活动中，读者通过 AR 技术参与中秋节故事的互动。这种沉浸式的阅读情境使人仿佛身临故事情节之中，感受其中的情感和智慧。读者通过游戏通关逐渐解锁故事情节，有助于更好地理解和欣赏中国传统文化。

这个活动不仅为全民阅读注入新的活力，也使传统文化更富吸引力，尤其是对年轻一代。通过融合现代技术，中秋故事变得更加生动，吸引更多人的参与。这也表明图书馆的角色在不断演变，从传统的文化储存库转变为文化互动的场所。

通过举办这个 AR 趣读活动，期望更多人通过阅读和体验传统文化，发现文化传承的乐趣。在中秋佳节，不仅能品味美味的月饼，还能用心品味中国传统文化的独特魅力。这次活动将全民阅读和中秋传统巧妙结合，呈现了一场愉快的文化盛宴，以微笑迎接中秋佳节的到来。

## 二、线上视频绘本领读活动

为了满足现代家庭对多元化的阅读需求，青岛市图书馆不仅提供了丰富的纸质书籍，还积极开发线上资源，为读者带来更多元化的阅读体验。其中，线上视频绘本领读活动是该图书馆的一项重要举措。这项活动旨在引导家庭阅读，促进亲子之间的情感互动，并为家长提供了了解孩子需求和兴趣的机会，以便更好地进行正面引导。

通过线上视频绘本领读活动，孩子们不仅接触到文字，还锻炼了表达和思考能力，丰富了情感。更重要的是，这个过程有助于使阅读成为孩子们的爱好和习惯，为他们未来打下坚实的文化基础。

为了鼓励更多家庭参与亲子阅读，培养下一代的"小书苗"，青岛市图书馆采取了一系列创新措施。其中之一就是线上视频绘本领读活动。在这个活动中，图书馆馆长和其他工作人员运用专业知识，通过网络视频形式向公众传达阅读理念。通过与绘本故事的互动，他们激发了全民阅读的热情，将阅读推广工作深入基层，走进千家万户。

这个活动的目标不仅在于推广阅读，还在于建立一个更加充满书香氛围的社会。只有通过整个社会的共同努力，才能让更多人感受到阅读的力量，提高文化素养，培养未来的社会精英。亲子阅读和"小书苗"的培养正是这一愿景的具体体现。

此外，青岛市图书馆还通过其他方式鼓励家庭参与阅读。例如，定期举办亲子读书会、阅读分享会等活动，让家长和孩子一起分享阅读心得和体验。这些活动不仅增进了亲子之间的交流和互动，还为孩子们提供了更多与同龄人交流的机会，锻炼了他们的社交能力。

总之，青岛市图书馆通过多元化阅读服务的提供、创新措施的推广以及亲子阅读活动的举办等方式，致力于满足现代家庭对阅读的需求。他们希望通过这些努力，让更多人感受到阅读的力量和魅力，培养出更多热爱阅读、善于思考的下一代。

# 第十三章　当前协同推进阅读引导与读者服务中存在的问题及对策分析

根据目前的情况，政府部门、教育机构、信息生产和服务机构等相关组织正在协同推进阅读引导与读者服务的快速发展。然而，由于观念和实践等因素的影响，还存在一些问题，这些问题在一定程度上影响了阅读引导与服务取得的成效。

## 第一节　当前协同推进阅读引导与读者服务中存在的问题

### 一、阅读引导与服务工作的主体之间协同性不够，效果评判大多流于形式

当前，阅读引导和读者服务工作的主要执行者包括各级政府部门、教育机构、信息生产与服务机构，以及社会和民间组织等。这些主体通常都在积极开展相关工作，但根据我们的实证分析，它们往往各自为政，缺乏整合阅读引导和服务资源的协同能力，因此，尚未形成强大的阅读协同联盟。这导致目前的阅读引导工作难以发挥协同效应，反而表现为各自为政，分散而无序。

此外，目前对于这些活动的效果评估标准主要关注活动规模、参与人数、媒体关注度以及政府支持等方面。然而，这些因素仅构成了效果评估的一部分，尚未深入研究活动主体——读者的心理和实际收获，也没有对活动的运行模式进行足够深入的研究。单纯追求外部的关注和支持，在某种程度上反映了阅读引导主体对于自身活动的信心不足。以图书馆和出版社为例，它们通常通过竞赛性或娱乐性质的项目来吸引公众和媒体的关注，通常将征文比赛作为核心活动。然而，真正与阅读相关且能够直接接触读者的活动仅占读者活动的一小部分。此类阅读引导与服务活动，往往仅能凭借奖励与荣誉吸引读者短暂参与，却难以从根本上培育读者形成真正的阅读习惯，也无法使阅读引导达到应有的效果，以更好地满足读者的需求。

## 二、阅读引导与服务活动的投入大，成效小

在各种阅读引导和服务活动中，除了政府部门、学校、图书馆等非营利性组织的引导工作，商业性机构，以出版社为代表，也参与了阅读引导和服务活动。这些活动通常需要相当大的投入，尤其对于以盈利为目标的出版机构来说，这种投入往往是无偿甚至是亏本的。以广东出版集团为例，自2005年起，该集团每年均举办"南国书香"征文大赛，活动覆盖我国内地以及港、澳、台地区的中小学。尽管该活动连续多年举办，已具备一定影响力，但每年集团仍需在众多其他业务中投入大量人力物力。尽管名家讲座吸引了两三百人参与，但活动实际成效尚无明确评估。

此外，一些公益性阅读引导和服务活动中，出版机构的无偿捐赠书籍也可能被纳入企业所得税的范围，这可能会在一定程度上削弱出版机构参与此类活动的积极性。

## 三、总体上国民阅读积极性尚且不高，浅阅读流行，深阅读缺乏

目前，许多阅读引导和服务组织在进行阅读推广活动时，都面临一个尴尬的现实，即国民的整体阅读热情不高，互动较少，而最常见的回应是"没有时间"。例如，一些出版社的市场部在谈到校园阅读推广活动时表示，进入校园推广阅读是一项颇为费力的任务。因为学生读者课业压力大，业余时间有限，而陶冶情操的阅读往往被功利性阅读所取代。

此外，在社会各界进行阅读引导活动时，对于经典作品的引导仍然存在不足，这主要有以下原因：首先，社会的整体阅读水平不高，人们参与阅读的积极性有限，因为受到社会环境、教育体制以及评价标准等多种因素的影响，阅读在社会中未能得到足够的重视。其次，在新媒体时代，浅阅读和功利性阅读的趋势日益明显，导致各种娱乐读物、考试资料以及教辅材料等占据了读者的大部分阅读时间。再次，相关组织如出版界、图书馆界、政府部门等，对于引导人们进行深度阅读的研究相对欠缺，且这些研究零散而不系统，缺乏明确的指导和完整性，对于实际的阅读引导和读者服务的实践帮助有限。最后，现行的教育体制也是导致青少年难以养成良好阅读习惯的重要原因之一。在目前的教育制度下，学生读者需要应对激烈的竞争和繁重的学业压力，很难有足够的时间来进行深度和愉悦的阅读。为了真正培养良好的阅读习惯，我们需要从制度层面入手，为学生读者创造更多的阅读时间和空间。

## 四、移动阅读引导还需突破

经过与出版机构、公共图书馆和高校图书馆的深入交流，我们发现当前的移动阅读服务尚处于初级阶段，服务内容较为局限，主要集中在信息查询、通知提醒等基础功能上。为了推动移动阅读的进一步发展，我们需要在多个方面寻求突破。

首先，移动阅读的内容应更加丰富。目前，尽管大型出版集团已经率先

涉足移动阅读领域,但多数出版机构、图书馆等仍未能充分发挥其资源优势,提供更为丰富的阅读内容。为了吸引更多用户,这些机构应积极将更多优质图书、期刊、报纸等数字化,并推送到移动阅读平台,满足用户多样化的阅读需求。

其次,移动阅读服务应提升个性化与互动性。现有的移动阅读服务大多只是将纸质内容简单地数字化,缺乏与用户的深度互动。为了提升用户体验,我们可以借助大数据和人工智能技术,为用户推荐个性化的阅读内容;同时,设置互动社区,让用户能够分享阅读心得、交流观点,从而增强阅读的趣味性和社交性。

此外,移动阅读的安全性和隐私保护也至关重要。随着移动阅读的普及,用户的个人信息和阅读数据的安全问题日益凸显。因此,在提供移动阅读服务时,我们必须加强用户信息的保护,确保数据的安全性和隐私性,以赢得用户的信任和支持。

最后,移动阅读服务的推广力度也需加强。虽然移动阅读已经逐渐受到人们的关注,但仍有大量潜在用户尚未了解和使用过移动阅读服务。因此,出版机构、图书馆等应加大宣传力度,通过举办推广活动、开展合作等方式,提高移动阅读的知名度和影响力,吸引更多用户参与移动阅读。

# 第二节　解决问题的对策与建议

在新媒体蓬勃发展的当下,各阅读服务组织积极适应并主动拓展基于新媒体的阅读引导和服务模式,以满足日益变化的信息需求。然而,尽管已有一定改进,但仍存在一些待提升的方面,具体如下:

## 一、努力构建协同性的阅读引导与服务联盟

阅读引导与服务工作是一项长期且复杂的系统工程，需要采取科学的方法和有组织的措施来实施。为了确保该工作的有效推进，有必要成立一个由政府机构和图书馆等信息服务机构、出版企业等信息生产机构、学校、媒体以及非政府组织等组成的全国性阅读引导与服务联盟。各方在联盟中协同合作，共同推进阅读引导与服务活动。

如广受欢迎的"一城一书"活动，就是一个由政府机关、新闻出版单位、图书情报部门等共同参与和推动的活动。这个活动已经成为每个城市的名片，塑造了每个城市独特的阅读风格，同时也构建了一个协同推进阅读引导和服务的体系。

通过建立全国性的阅读引导与服务联盟，可以有效地提高国民的阅读水平和综合素养，这是阅读引导与服务工作的核心目标。联盟将各方资源整合在一起，形成合力，共同推进阅读引导与服务工作的开展。具体如图 13-1 所示。

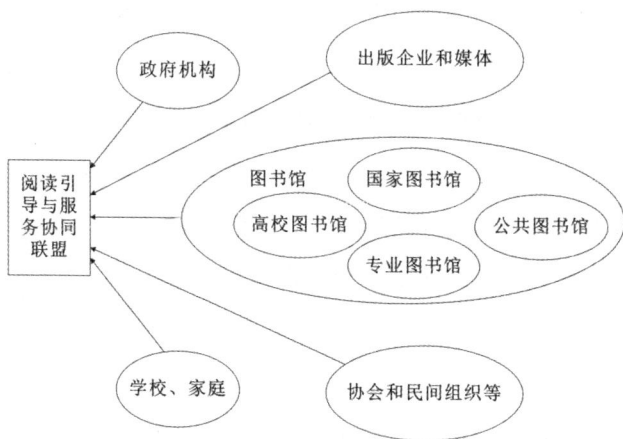

图 13-1  阅读引导和服务的协同联盟

## 二、积极利用心理学领域的已有成果指导阅读引导与服务实践

阅读是一个涉及动机、认知与情感相互交织的复杂过程。读者在筛选阅读内容、方式及环境时，需要作出极具意义的决策。在选择性阅读的过程中，读者常常面临着感性与理性的双重考验。感性因素往往受到网络舆论纷繁复杂和不确定信息的影响，导致读者在阅读时容易受到外界观点的左右；而理性因素则要求读者坚守个人阅读初衷，以内在需求为导向，进行有针对性、有深度的选择性阅读，从而避免受到外界的纷扰。

从心理学领域已有的成果来看，这些理论对于阅读引导与服务实践具有重要的借鉴意义。特别值得一提的是建构水平理论这一前沿领域，它深入探讨了读者在不同情境下如何依据理性思考与感性体验进行决策制定的过程。该理论主要包含两大研究脉络：一方面，从读者认知分析能力的维度切入，通过解析认知资源的充裕程度，来阐释感性体验和理性思考在影响态度和决策过程中的相对作用；另一方面，则聚焦于读者认知分析动机的层面，借助涉入度或个体重要性的考量，来检验感性体验和理性思考在决策制定中的相对重要性。这些研究思路为我们更全面地理解读者决策机制提供了重要的理论支撑。

为了有效地引导读者进行选择性阅读，提高国民阅读水平，各阅读服务组织在开展阅读引导与服务活动时，应积极吸收借鉴心理学领域的已有成果，特别是深入研究读者阅读选择的建构水平理论。通过深入把握读者进行选择性阅读的动机、认知和情感因素，为读者提供更具针对性和个性化的阅读服务。

## 三、进一步扩展与新媒体环境相适应的阅读引导与服务方式

在新媒体环境的推动下，阅读方式已发生了深刻变革，主要包括四种形式：知识点阅读，即从单一文本的阅读向系统化、主题化的知识网络阅读转

变；融合式阅读，即从单一的文本阅读向多元化、跨媒体信息融合的阅读模式转变；互动式阅读，即从个体独立的阅读向集体互动、交流分享的阅读形式转变；无缝隙阅读，即从特定场合、时间限制的阅读向随时随地、无缝衔接的阅读体验转变。各类阅读引导与服务机构需深入理解并适应这些新媒体阅读方式的特点和规律，不断创新和优化阅读引导策略，以更好地服务于广大读者的阅读需求。

随着 Web2.0 技术的发展，图书馆在其阅读推广网站上的应用也应与时俱进。Web2.0 技术使网络社区、微博和在线百科全书等平台展现出强大的生命力，读者可以通过这些平台创建个性化的网页和虚拟社交圈，利用多媒体手段进行阅读互动。这不仅包括文字交流，还涵盖图片、音频和视频等多种形式。读者可以在阅读过程中发表评论、提出问题，并自定义关注的话题和最新信息，与其他读者互动交流，从而实现更丰富、更互动的阅读体验。其次，图书馆应加速移动技术的应用，建立移动图书馆，以使图书馆的阅读引导服务能够覆盖更广泛的范围。

为创新阅读引导与服务方式，可借助新媒体在互动式阅读、融合阅读、知识点阅读及无缝隙阅读等方面下功夫。图书馆在 Web2.0 技术的支持下，可以大大提升互动阅读和融合阅读的体验。利用网络社区、微博和网络百科全书等平台，读者可以在阅读过程中评论、提问和定制感兴趣的话题，与其他读者互动交流。个人中心网络则让读者通过文字、图片、音频和视频等多种形式建立自己的客户端，进行融合式阅读，并通过微博分享和讨论知识。此外，平台服务聚合功能使读者可以使用二维码检索图书或多媒体信息，查看其他读者的评论，从而决定是否借阅这些内容资源。如果某个内容资源有相关的兴趣小组，读者还能浏览小组的讨论内容，甚至利用移动设备找到正在讨论的小组成员，进行面对面交流。移动技术的应用，如 iPhone App Store、Google 视觉检索软件和图片检索网站等，使得无缝隙阅读成为现实。这些产品使读者可以随时随地进行阅读。

## 四、积极创新传统的阅读引导与服务模式

在新媒体背景下，传统的阅读引导和服务模式依然具有其独特的价值和重要性。通过创新与优化，这些模式能够有效地激发读者的阅读兴趣和热情。在具备条件的图书馆中，可以实施以读者为主导的图书馆入馆导读活动。挑选那些具备一定图书馆知识素养、借阅量居于前列且拥有志愿者精神的读者进行培训，使他们成为图书馆的"导读大使"。借助他们的示范作用，对广大读者产生潜移默化的影响。此外，还可开设具有"实战性"的文献信息检索与利用课程，助力读者提升学习与日常生活的效率。同时，应优化图书馆环境，提升科技含量与美学氛围，以吸引更多读者到馆阅读。

## 五、革新阅读引导和服务内容

为确保良好的阅读引导效果，必须持续更新并优化阅读引导与服务的内容。当前，读者对阅读的需求日益多元化，不仅限于传统的线下阅读。因此，阅读协同联盟应集中资源以更有效地进行阅读引导和服务。

图书馆除了整合线上与线下的阅读引导和推广服务工作外，还亟须创新阅读引导和推广服务的内容。网络图书馆的出现改变了图书馆传统的信息加工和信息传播方式，为网络学习者带来了福音。同时，图书馆的各个部门应充分挖掘自身的资源，通过确定阅读引导的主题，增强阅读引导的意识，并与读者活动部（阅读部）进行合作，形成全馆参与阅读引导和推广的态势，为阅读引导与读者服务的协同提供更广阔的发展空间。

# 参考文献

[1]谭克贤.公共图书馆基于新媒体推进全民阅读方法探索[J].信息周刊，2020（11）：1.

[2]戴明.新媒体时代公共图书馆全民阅读推广策略研究[J].科技资讯，2021，19（24）：3.

[3]罗佳.公共图书馆推进全民阅读的方法探析[J].开封文化艺术职业学院学报，2021（08）：2.

[4]王宇，丁振伟，张艳伟主编.全民阅读新常态发展策略探索[M].北京：海洋出版社，2016.

[5]张婉婷.新媒体环境下"书香社会"建设策略研究：以南阳市为例[J].新闻研究导刊，2016，7（11）：24-25.

[6]韦美良.新媒体环境下图书馆引导读者移动阅读模式探析[J].智库时代，2018（47）：274-275.

[7]熊瑛，王湘玮.基于新媒体的图书馆阅读推广探析[J].内蒙古科技与经济，2018（07）：128-129，132.

[8]李婷，周仕参.新媒体环境下我国全民阅读创新推广策略探究[J].中国出版，2017（5）：26-29.

[9]张璐，王若佳.中美公共图书馆微博服务比较研究[J].图书馆，2020（1）：72-79.

[10]陈宗雁.新媒体环境下公共图书馆阅读推广活动的研究[M].北京：中国商务出版社，2019.

[11]周德明，林琳，唐良铁.图书馆服务：新载体·新平台[J].图书馆杂志，2016，35（8）：4-9，14.

[12]赵美.大数据应用在图书馆管理与服务中的作用[J].兰台内外，2021（34）：58-60.

[13]郑金玲.大数据在图书馆管理与服务中的应用及研究[J].传媒论坛，2021，4（12）：151-152.

[14]陈玲，陈丽.构建科技期刊融合发展的新模式[J].市场周刊，2019（6）：10-11.

[15]李晓燕，郑军卫，田欣，等.我国科技期刊媒体融合现状与发展方向[J].中国科技期刊研究，2019（1）：34-39.

[16]许力琴.期刊数字出版及全媒体传播系统研究[J].新媒体研究，2019（2）：24-26.

[17]韩小亚.图书选择与阅读方法：谈图书馆阅读引导职能[J].山东图书馆学刊，2017（1）：40-43.

[18]范并思.从阅读到全民阅读：图书馆阅读推广的理论逻辑[J].图书馆建设，2022（6）：44-52.

[19]陈雅.新媒体环境下公共图书馆阅读推广服务研究：基于SWOT矩阵分析[J].图书馆工作与研究，2022（3）：101-107.

[20]贺燕芝.新媒体时代大众阅读模式与图书馆工作的方式转变[J].新媒体研究，2017，3（06）：113-114.